权威·前沿·原创

皮书系列为
"十二五""十三五""十四五"时期国家重点出版物出版专项规划项目

BLUE BOOK

智库成果出版与传播平台

广东省社科基地国家文化安全研究中心、广州市新型智库广州大学广州发展研究院、广东省高校新型特色智库的研究成果

广州蓝皮书
BLUE BOOK OF GUANGZHOU

丛书主持 涂成林

2022年中国广州社会发展分析与展望

PROSPECTS AND ANALYSIS ON SOCIAL DEVELOPMENT OF
GUANGZHOU IN CHINA (2022)

主　编／涂成林　谭苑芳
副主编／丁旭光　王福军

社会科学文献出版社
SOCIAL SCIENCES ACADEMIC PRESS (CHINA)

图书在版编目(CIP)数据

2022年中国广州社会发展分析与展望/涂成林，谭苑芳主编；丁旭光，王福军副主编.—北京：社会科学文献出版社，2022.8
（广州蓝皮书）
ISBN 978-7-5228-0422-4

Ⅰ.①2… Ⅱ.①涂… ②谭… ③丁… ④王… Ⅲ.①社会发展-研究报告-广州-2022 Ⅳ.①D676.51

中国版本图书馆CIP数据核字（2022）第141011号

广州蓝皮书
2022年中国广州社会发展分析与展望

主　　编／涂成林　谭苑芳
副 主 编／丁旭光　王福军

出 版 人／王利民
组稿编辑／任文武
责任编辑／郭　峰
责任印制／王京美

出　　版／社会科学文献出版社·城市和绿色发展分社（010）59367143
　　　　　地址：北京市北三环中路甲29号院华龙大厦　邮编：100029
　　　　　网址：www.ssap.com.cn
发　　行／社会科学文献出版社（010）59367028
印　　装／天津千鹤文化传播有限公司
规　　格／开　本：787mm×1092mm　1/16
　　　　　印　张：22.75　字　数：341千字
版　　次／2022年8月第1版　2022年8月第1次印刷
书　　号／ISBN 978-7-5228-0422-4
定　　价／128.00元

读者服务电话：4008918866

▲▲ 版权所有 翻印必究

广州蓝皮书系列编辑委员会

丛书执行编委（以姓氏笔画为序）

丁旭光	王宏伟	王桂林	王福军	邓佑满
邓建富	冯 俊	刘 梅	刘保春	刘瑜梅
孙 玥	孙延明	李文新	吴开俊	何镜清
沈 奎	张 强	张其学	张跃国	陆志强
陈 爽	陈小华	陈浩钿	陈雄桥	屈哨兵
贺 忠	顾涧清	徐 柳	涂成林	陶镇广
桑晓龙	彭诗升	彭高峰	蓝小环	赖天生
赖志鸿	谭苑芳	薛小龙	魏明海	

《2022年中国广州社会发展分析与展望》
编　辑　部

主　　　编　涂成林　谭苑芳
副　主　编　丁旭光　王福军
本 书 编 委　(以姓氏笔画为序)
　　　　　　丁艳华　王国栋　王学通　王清明　邓尧伟
　　　　　　田　文　冯星树　刘　妍　刘　峰　汤　萱
　　　　　　孙晓莉　李　锐　李克伟　李盛祥　李毅强
　　　　　　何莉丽　陆财深　陈　敏　陈玉元　陈忠文
　　　　　　陈穗雄　林海英　林清才　周后鲜　周利敏
　　　　　　周林生　胡　浩　钟丽英　聂衍刚　郭炳发
　　　　　　涂敏霞　黄远飞　彭诗升　彭小刚　温凌飞
　　　　　　谢大均　谢志斌　谢俊贵　潘应强
编辑部成员　周　雨　曾恒皋　粟华英　张　薇　梁华秀

主要编撰者简介

涂成林 现任广州大学二级研究员，博士生导师，广州市新型智库广州大学广州发展研究院首席专家。获中宣部"文化名家暨四个一批"领军人才、广东省"特支计划"宣传思想文化领军人才、广州市杰出专家等称号，享受国务院政府特殊津贴。先后在四川大学、中山大学、中国人民大学学习并获得学士、硕士、博士学位。1985年起，先后在湖南省委理论研究室、广州市社会科学院、广州大学工作。兼任广东省区域发展蓝皮书研究会会长、广东省体制改革研究会副会长等社会职务。主要从事城市综合发展、文化科技、国家文化安全、马克思主义哲学等方面研究。在《中国社会科学》《哲学研究》《教育研究》等刊物发表论文100余篇；专著有《现象学的使命》《国家软实力和文化安全研究》《自主创新的制度安排》等10余部；主持和承担国家社科基金重大项目、一般项目、省市社科规划项目、省市政府委托项目60余项。获得教育部及省、市哲学社会科学奖项和人才奖项20余项，2017年获"皮书专业化20年致敬人物"，2019年获"皮书年会20年致敬人物"。

谭苑芳 现任广州大学广州发展研究院副院长，教授，博士，硕士生导师，广东省社科基地广州大学粤港澳大湾区改革创新研究院负责人、广东省高校社科重点研究基地负责人，兼任广东省区域发展蓝皮书研究会副会长、广州市粤港澳大湾区（南沙）改革创新研究院理事长、广州市政府重大行政决策论证专家等。主要从事宗教学、社会学、经济学和城市学等的理论与应用研究，主持国家社科基金项目、教育部人文社科规划项目、其他省市重大和一般社科规划项目10余项，在《宗教学研究》《光明日报》等发表学术论文30多篇，获广东省哲学社科优秀成果奖二等奖及"全国优秀皮书报告成果奖"一等奖等多个奖项。

丁旭光 现任广州市委党校（行政学院）副校长（副院长）、校委委员，兼任广东现代化研究会副会长，历史学博士学位，研究员。出版有《近代中国地方自治研究》《孙中山与近代广东社会》《中国地域文化——潮汕文化卷》等。

王福军 现任广州市民政局党组成员，兼广州市民政局新闻发言人。曾在广州市国土资源和房屋管理局、广州市市政园林局、共青团广州市委等单位工作。

摘　要

《2022年中国广州社会发展分析与展望》由广州大学、广东省区域发展蓝皮书研究会与广州市委宣传部、广州市人力资源和社会保障局、广州市民政局、广州市社会组织管理局联合编写。本书由总报告、社会治理篇、民生保障篇、城市服务篇、社会调查篇、专题研究篇六部分组成，会集了广州科研团队、高等院校和政府部门的诸多社会问题专家、学者和相关部门工作者的最新研究成果，是关于广州社会运行情况及相关专题分析与预测的重要参考资料。

2021年，广州市在努力做好新冠肺炎疫情常态化工作部署的同时，继续以经济稳中求进的总基调推动全市工作，全力推进普惠型社会公共福利制度建设，在交通运输、医疗保障、基础教育、劳动就业等民生领域按时保质完成十件民生实事，强化服务型政府建设，持续激发社会管理机制与创新活力，持续深化"放管服"改革，在推动智慧城市建设、医疗教育提质发展等社会治理与民生建设若干重要领域，继续保持稳步推进发展的良好态势。

2022年是党的二十大召开之年，是开展"十四五"规划、进入全面建设社会主义现代化国家、向第二个百年奋斗目标进军新征程的重要一年。广州市政府工作总体要求仍然是坚持稳中求进的总基调，全面贯彻新发展理念，构建新发展格局，统筹新冠肺炎疫情常态化防控管理和城乡经济社会发展，统筹发展民生和保障经济社会安全，持续改善和稳定民生，保持社会大局稳定。持续推动医疗卫生体系建设和改革，提升基础教育公办学位的供给能力，科学均衡配置社会教育、医疗卫生、健康养老等基本公共民生资源，

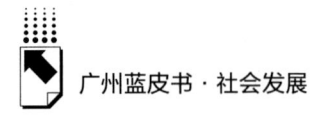

促进城乡区域协调均衡发展，促进新型智慧城市建设，构建韧性安全城市理念，做好区域城市建设统筹发展任务和总体安全防范任务。

关键词： 社会发展　公共服务　民生保障　广州

目 录

Ⅰ 总报告

B.1 2021年广州社会发展形势分析与2022年展望
　　……………………… 广州大学广州发展研究院课题组 / 001
　　一　2021年广州社会发展总体形势分析 ……………………… / 002
　　二　2021年广州社会发展面临的问题和挑战 ………………… / 019
　　三　2022年广州社会发展趋势及其建议 ……………………… / 026

Ⅱ 社会治理篇

B.2 坚持全周期理念　提升广州超大城市治理体系和治理能力
　　现代化水平的对策研究 ………… 广州市委政策研究室课题组 / 034

B.3 城市更新下的广州市基层治理体系与治理能力现代化建设的
　　对策研究 ……………… 广州市创新社区治理发展研究院课题组 / 045

B.4 关于打造广州社会治安防控体系3.0版本的研究
　　…………………………………………… 广州市公安局课题组 / 056

001

B.5 广州南沙创新网格化志愿服务的实践探索与建议
　　……………………………………………………………广州大学广州发展研究院课题组 / 068

B.6 关于广州电动自行车治理的现状分析与建议……………梁幸枝 / 077

Ⅲ 民生保障篇

B.7 2021年广州市生育意愿调查报告
　　……………………………………………………………广东社会学学会课题组 / 086

B.8 广州生活性服务业转型升级的现状、困境及对策
　　………………………………………………………………………潘　旭 / 103

B.9 关于广州市公共场所全覆盖配置自动体外除颤器的建议
　　……………………………………………………………广州大学广州发展研究院课题组 / 114

B.10 广州养老服务现状及需求公众评价调查报告
　　……………………………………………………………广州社情民意研究中心课题组 / 125

B.11 广州推进幼小衔接工作的现状与建议
　　……………………………………………………………国家统计局广州调查队课题组 / 145

B.12 广州建立"医药共管"分级诊疗模式的建议
　　……………………………………………………………民进广州市委员会课题组 / 154

Ⅳ 城市服务篇

B.13 广州打造超大城市最小应急处置单元的路径研究
　　……………………………………………………………广州市公安局课题组 / 165

B.14 广州市荔湾区以城市更新推动区域高质量发展的
　　　经验与对策……………………………………………谢小娜 / 176

B.15 广州建设慢行交通系统畅通交通微循环的研究与建议
　　………………………………………………………………………王丽娜 / 185

B.16 广州交通运输安全智能防控对策研究 ……………张　孜 / 198

Ⅴ 社会调查篇

B.17 "十三五"时期来穗农民工城市融入水平分析
与对策研究 ………………………………… 褚珊珊 / 210

B.18 2021年广州市居民幸福感状况的调研报告
………… 华南师范大学幸福广州心理服务与辅导研究课题组 / 224

B.19 广州青少年志愿服务的参与特征、短板与优化路径研究
………………………………………… 孙 慧 巫长林 / 248

B.20 关于粤港澳大湾区网红青年群体特质的分析研究 …… 谢素军 / 268

Ⅵ 专题研究篇

B.21 2021年广州实现碳达峰碳中和的法律行动调研报告
………………………………………………… 谢 伟 / 281

B.22 广州加强自然教育基地建设 培养市民生态文明
意识的建议 ……………………………………… 杜 红 / 297

B.23 广州在食品经营环节推行"申请人承诺制"的建议
………………………………………………… 杨姝琴 / 307

B.24 广州加快农业农村现代化面临的问题及对策建议
………………………………… 彭 振 左向宇 王 阳 / 316

Abstract ……………………………………………………… / 325
Contents ……………………………………………………… / 327

总 报 告
General Report

B.1
2021年广州社会发展形势分析与2022年展望[*]

广州大学广州发展研究院课题组[**]

摘　要： 2021年广州在努力做好新冠肺炎疫情常态化工作部署的同时，继续以经济稳中求进的总基调推动全市工作，重点推进保障和改善基层民生工作，全年按时保质完成十件民生实事，进一步大力推进基层社会保障体系改革建设，强化服务型政府建设，持续激发社会管理机制与创新活力，持续深化"放管服"改革，在推动智慧城市建设、医疗教育提质发展等社会治理与民生建

---

[*] 本报告为广东省社科研究基地国家文化安全研究中心，广州市新型智库广州大学广州发展研究院、广东省高校特色新型智库的研究成果。

[**] 课题组组长：涂成林，广州大学二级研究员，博士生导师，广州市新型智库广州大学广州发展研究院首席专家。课题组成员：周利敏，广州大学教授，博士生导师，广州市新型智库广州大学广州发展研究院研究员；谭苑芳，广州大学广州发展研究院副院长，教授；彭晓刚，广州大学广州发展研究院特聘研究员；周雨，广州大学广州发展研究院院长助理，讲师，博士；刘慧琳，硕士，广州大学公共管理学院学术助理，韦莉温莎，硕士，广州大学公共管理学院学术助理。执笔人：周利敏、刘慧琳、韦莉温莎。

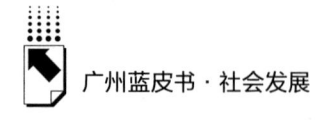

设若干重要领域，继续保持稳步推进发展的良好态势。展望2022年，广州市社会建设与发展的趋势是：统筹疫情防控、减灾消灾和广州经济社会发展，加强基本民生保障工作，科学均衡配置社会教育、医疗卫生、健康养老等优质基本公共民生资源，促进城乡区域协调均衡发展，完成区域城市建设统筹发展和总体安全防范任务。

关键词： 经济发展　民生建设　社会治理　统筹发展和安全

一　2021年广州社会发展总体形势分析

2021年，广州市在贯彻党中央提出的继续坚定保持当前稳中求进的总基调，推动各方面工作的基础上，凝心聚力攻坚克难，有力有效应对疫情波动和重大突发事件给经济运行带来的多重严峻考验，进一步扎实巩固常态化发展格局下重大传染病疫情的防控工作和稳中求进的高质量经济社会发展成果，在全面坚持党的领导下，全社会如期有序推进实现全面建成小康社会的第一个百年奋斗目标、第十三个五年计划的胜利收官、"十四五"工程的良好顺利开局，广州市经济社会发展取得一系列具有崭新意义的进步，在努力推动广州老城区迸发新增长活力、建设"四个出新出彩"工程等方面取得初步成效。

在经济发展方面，2021年广州市在有效应对因疫情波动、缺芯缺电缺柜、大宗商品价格上涨而引发物价上涨的多重考验下，仍能继续保持稳增长、蓄长能，实现广州市地区生产总值28231.97亿元，同比增长8.1%，在复杂的国内外形势下表现出较强的发展内生动力。三大国民经济重点产业增加值较同期总体数量相比实现较快增长，第一产业、第二产业、第三产业分别同比增长了5.5%、8.5%、8.0%。特别是高新技术制造领域发展迅速，增长值同比增长25.7%；新兴服务业释放出较强活力，发展势头较好①。2021年，全市经济在受到内外形势发展与环境因素的双重影响的大背景下，广州市经济形势仍继续保持稳中向好的恢复趋势，全市一般公共预算收入为1883.2亿元，同比增长9.4%，一般公共预算支出3020.7亿元，同比增长2.3%②。全市居民消费价格指数（CPI）相比上年同期上涨水平约为1.1%。2021年，城乡居民生活消费水平不断提高，居民收入得到稳步提高，民生基本保障能力进一步坚实有力。城镇居民人均可支配收入增加至74416元，同比增长8.9%；农村居民人均可支配收入增加至34533元，同比增长10.4%，城乡居民收入比进一步缩小。

在统筹社会发展全局方面，2021年广州市始终牢牢坚持"以人为本"的重大民生思维方式和党中央全心全意为人民服务的根本宗旨，民生福祉显著提升，人民群众拥有更加稳定充实的幸福感、更具物质保障的安全感和更全面可持续的获得感，在就业、医疗、养老、住房、教育文化等各大民生领域投入更多的资源以及进行更多创造性的革新探索。2021年在交通运输、医疗保障、基础教育、劳动就业等民生领域，全面、如期、高质量完成年初规划的十件民生实事，全力推进完善普惠型社会公共福利制度建设，不断完善广州市社会保障体系，进一步实现"幼有所育、学有所教、劳有所得、病有所医、老有所养、住有所居、弱有所扶"。

（一）推动实现民生财政，实现城乡公共服务优质、均等化发展

2021年广州市落实"政府过紧日子、百姓过稳日子"的重大民生理念，继续加大公共财政对当前民众迫切关注的热点问题的社会资金投入力度，以保障广州市民在社会治理参与过程中有更大的获得感、满足感以及幸福感。广州市2021年一般公共预算支出执行情况显示：2021年全市一

---

① 《关于广州市2021年国民经济和社会发展计划执行情况与2022年国民经济和社会发展计划草案的报告》，广州市人民政府网，http://fgw.gz.gov.cn/zfxxgk/zfxxgkml/zfxxgkml/bmwj/gzzjhjh/content/post_8079631.html，2022年3月16日。本报告数据如无特别说明均来自此处。

② 《广州市2021年一般公共预算收支执行情况》，广州市人民政府网，http://www.gz.gov.cn/zwgk/sjfb/tjsj/content/post_8072980.html，2022年2月10日。

般公共预算支出为人民币3020.7亿元，超额完成政府年初预算总额目标的11.6%，同比增长2.3%。其中：广州市本级支出金额为1034.4亿元，同比增长3.4%；区级支出金额为1986.3亿元，同比增长1.8%。

2021年度，市本级一般公共预算安排及其执行与落实工作情况均稳定良好，从广州市一般性公共预算支出中可以看出，政府财政资金将在民生领域继续保持较高的支出比例，主要集中在与民众生活息息相关的领域，如公共医疗卫生、就业、社会基本保障、教育发展以及保障性住房等。市级财政在推动广州市经济高质量发展上投入338.9亿元，与上年相比增加了5.1%，用以重点支持核心技术产品研发、加快推进国际科技创新中心建设等方面；在推进"四个出新出彩"工程上投入465.8亿元，全力推进提升中心地区城市交通枢纽门户功能，以保障城市道路体系现代化建设、提高城市整体治理效能；在保障和改善民生事业上投入635.4亿元，相比2020年增长9%，用以全面加快并深化基本养老服务、完善多渠道、多层次的城乡协调配置的社会保障政策体系建设。

1. 推进学前教育体系和基础教育体系朝普惠、健康、高质量方向持续发展，全面系统推进素质教育

为加快解决学前教育"入园难、入园贵"这一大家庭难题，进一步增强、增大全市公办幼儿园及其学位的优质供给能力，广州市人民政府出台《广州市促进学前教育普惠健康发展行动方案》，进一步巩固并提升学前教育"5085"改革成果，推动学前教育事业健康发展。据统计，2021年广州市新增约4.75万个公办幼儿园学位，其中公办园在园幼儿占比53.43%；新增约6.36万个普惠性幼儿园学位，其中普惠性幼儿园在园幼儿占比88.18%；新增约32.34万个公办基础教育学位，引进优质基础教育资源及增加优质基础学位供给，新增教育集团25个，获评广东省优质教育集团培育对象21个，示范性高中学位占比提高，已超过85%，基础教育进一步得到高质量发展[①]。

[①]《广州市教育局关于印发2021年广州教育工作总结和2022年工作要点的通知》，广州市人民政府网，http://jyj.gz.gov.cn/gk/zfxxgkml/qt/ghjh/content/post_8141346.html，2022年3月18日。

2021年同样也是实施教育课程改革的关键一年,即广州市开始对整个义务教育阶段实行"双减"教育试点工作。《关于切实减轻义务教育阶段学生作业负担提高教学质量的通知》主张强调学校作为素质教育的主阵地[①]。全面推进素质教育包括完善德育工作体系、提高学生体质健康水平、强化美育熏陶、推进劳动教育、加强智慧教育、深化国防教育等内容。其中,推进中小学普及劳动教育成果作为2021年广州十件民生实事的重要内容之一,在广州市内中小学建立试点基地,打造"全国中小学劳动教育试验区",搭建劳动实践教育成果展示平台,创建并认定劳动教育的试点学校、特色学校、基地学校和教育基地,推动义务教育阶段下素质教育改革创新走在全国前列。

2. 创新完善医疗救助服务体系,形成科学、便捷、高效的医疗保障体系,关注对特殊群体的健康服务

2021年,广州市继续坚持紧紧围绕医疗保障这件民生大事,为更多人民群众办实事、解难题。截至2021年末,在全市各街(镇)有近55家二级卫生保健标准以上的医疗机构开设常态化成人免疫接种的门诊工作;广州市印发《关于落实广州市推广农村一元钱看病民生实事项目实施方案》提到,广州共有816家村卫生站实现"一元看病",已覆盖广州全市乡镇村卫生站达87%,且超额完成本年度确定的工作目标[②]。广州市医疗保障部门按照"兜底线、织密网、建机制"的要求,织牢织密医疗救助兜底网,保障困难群众得到及时有效的治疗,让困难群众"生病不用怕,看病不用愁"。2021年1月起,7个月内广州市共开展困难群众医疗救助工作近70.96万人次,支出医疗救助金超过3.12亿元,其中全年已累计资助近4万人次居民继续参保,支出参保费用总额约2882.35万元,全年"穗岁康"投保人数达367万人,切实保障困难群众的医疗救助权益,充分发挥了医疗救助

---

① 《广州市部署减轻义务教育阶段学生作业和校外培训负担工作》,广州市人民政府网,http://www.gz.gov.cn/xw/gzyw/content/post_7745400.html,2021年8月30日。
② 广州机关党建:《2021年广州市十件民生实事如期完成》,http://www.gzsjgdj.gov.cn/gzdj/news.html?id=174dea1e124642dbb004175af93202d5,2022年1月12日。

在医疗保障体系中的兜底保障作用。[1]

2020年新冠肺炎疫情突袭而至,医疗救助体系承载了巨大压力。为了保障医疗救助工作的有序进行,广州市实现普通门诊医疗救助"一站式"结算服务,优化困难群众报销流程,减轻资金垫付压力,积极引导困难群众尽量通过医疗救助"一站式"结算方式,在定点医疗机构办理救助业务,做到不见面办理,以"马上办、网上办、就近办、一次办"为出发点,主动梳理医疗救助工作中的难点、堵点、痛点,优化完善医疗救助零星报销等业务办理,不断提升便民利民服务水平。特别是2021年新一轮本土疫情出现,市民对医疗服务提出了更高的要求。对比2018年和2021年的"对公共服务及公共事业相关指标的满意度变化"民调报告中显示,"医疗服务"的市民满意度从2018年的46%大幅度上升了18个百分点,升至64%(见图1),是所有指标中涨幅最大的指标,市民的安心感在增强。[2]

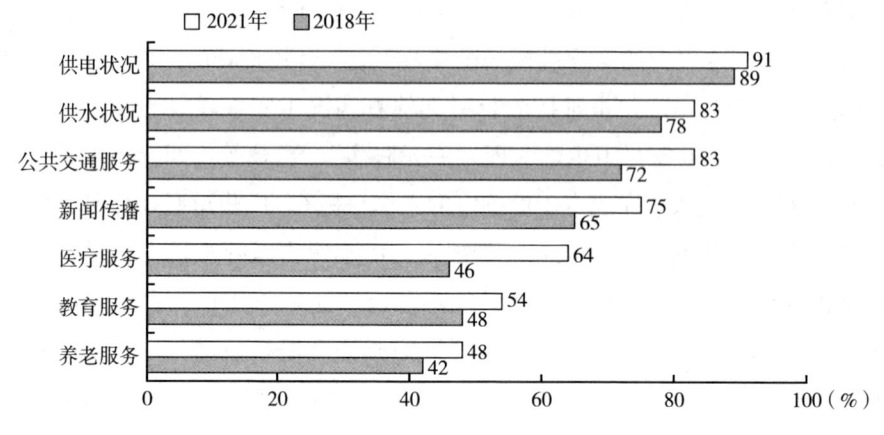

图1 对公共服务及公共事业相关指标的满意度变化

资料来源:广州社情民意研究中心官网。

---

[1] 《广州市2021年预算执行情况和2022年预算草案的报告》,广州市人民政府网,http://www.gz.gov.cn/jj2022gzlhzt/hyjj/content/post_8051334.html,2022年1月26日。

[2] 广州社情民意调研中心:《广州城市状况获大多数市民肯定,评价整体提升》,http://www.c-por.org/index.php?c=news&a=baogaodetail&id=4568&pid=5,2021年11月23日。

（二）社会保障水平逐步提升，居民获得感明显增强

广州市多年以来始终坚持以人为本的工作理念，政府财政资金支出不断向民众热切关注的民生实事倾斜，不断加强对社会保障体系的完善，各领域的民生事业均得到长远发展，广州市民的获得感、幸福感、安心感明显增强。

1. 大幅提高职工医保、城乡居民医保、大病医保年度报销最高支付限额，医疗保险和救助水平持续提升

2021年，为确保进一步解决职工在社会医疗保险缴费方面的一系列问题，继续沿用"用人单位的职工社会医疗保险缴费率降低至5.5%，灵活就业人员、退休延缴人员、失业人员的职工社会医疗保险缴费率降低至7.5%"这一基本报销制度条件。[1] 为了更好地实现"收支平衡、略有结余"的医保基金管理目标，根据《广东省医疗保障局　广东省财政厅　国家税务总局广东省税务局转发国家医保局　财政部　国家税务总局关于做好2021年城乡居民基本医疗保障工作的通知》（粤医保发〔2021〕35号）有关规定：在校学生的个人缴费率为0.73%，财政补助标准费率为1.69%；其他参保人员的个人缴费率为0.97%、财政补助标准费率为1.45%。[2] 现行待遇政策较好地体现了基本医疗保险权责义务对等的要求，尤其是提升了未成年人及在校学生的普通门诊报销比例，直接到指定医院就医的报销比例由原来的40%提高至50%，进一步减轻了居民医疗费用负担，缓解"看病贵"的问题。

---

[1] 《广州市医疗保障局　广州市财政局关于印发阶段性降低职工社会医疗保险缴费率的通知》，广州市人民政府网，http://www.gz.gov.cn/gzybj/gkmlpt/content/5/5495/post_5495149.html#14461，2019年5月21日。

[2] 《广东省医疗保障局　广东省财政厅　国家税务总局广东省税务局转发国家医保局　财政部　国家税务总局关于做好2021年城乡居民基本医疗保障工作的通知》（粤医保发〔2021〕35号），广州市人民政府网，http://www.gz.gov.cn/zwgk/zcjd/zcjd/content/post_7836471.html。

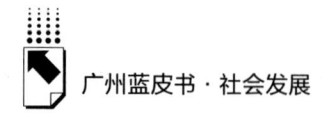

2. 进一步统筹提高城乡社会医疗保障水平，加大对广州市困难群体的各项保障政策扶持倾斜力度，居民获得感进一步显著增强

在广州市经济社会发展水平不断提高的背景下，广州市根据《广州市城乡大病医疗保险办法》对社会医疗保障体系进一步完善提升，逐步提高城乡居民大病基本医疗保障水平。在大病医疗保险政策方面，对于全年医疗费用累计3.6万元以上，城乡居民医保统筹基金最高支付限额及以下部分由大病保险资金支付，比例从调整前的60%提高到75%。[1] 加大社保政策对困难群体的倾斜力度，将广州市困难群众大病保险起付标准降低至3500元并将报销比例提高到80%[2]。

2021年，广州市城乡最低生活保障标准由1080元/（人·月）提高至1120元/（人·月），对于低收入困难家庭认定标准从1620元/（人·月）提高到1680元/（人·月）[3]。对于特困人员而言，其基本生活标准不低于最低生活保障标准的1.6倍，同时也不低于所在区现行特困人员基本生活标准。

3. 多渠道筹集建设保障性住房，不断完善满足广州需求的住房保障体系，维系城市住房困难群体的"安居梦"

第七次全国人口普查数据结果显示，2021年广州市常住人口数高达1867.66万人，呈现出较快的增长态势。面对高价的商品房，"望房兴叹"成为常态。根据广州社情民意调研中心数据显示，受访者里不足50%的青年人对目前的"住房状况"持满意的态度，超过50%的青年人对解决住房问题热切期盼[4]。为此，广州市住房困难群体对住房保障提出了更高的要

---

[1] 《广州市人民政府办公厅关于印发广州市城乡居民大病医疗保险办法的通知》（穗府办规〔2021〕15号），广州市人民政府网，http://www.gz.gov.cn/zwgk/fggw/sfbgtwj/content/post_7834383.html。

[2] 《广州市医疗保障局 广州市财政局关于调整广州市城乡居民社会医疗保险和城乡居民大病医疗保险有关规定的通知》（穗医保规〔2019〕13号），广州市人民政府网，http://www.gz.gov.cn/gfxwj/sbmgfxwj/gzsylbzj/content/post_5567173.html。

[3] 《广州市民政局广州市财政局关于提高广州市2021年最低生活保障及相关社会救助标准的通知》（穗民规字〔2021〕2号），广州市人民政府网，http://www.gz.gov.cn/gfxwj/sbmgfxwj/gzsmzj/content/post_7217621.html。

[4] 广州社情民意调研中心：《广州青年人获得感稳步提升，盼改善住房就业》，http://www.c-por.org/index.php?c=news&a=ztdetail&id=4599&pid=28，2021年5月4日。

求。2021年，广州市继续加大各级财政支出，全面用于改善住房保障体系，圆满完成17万套保障性租赁住房筹建工程任务，帮助更多低收入市民早日实现"安居梦"，全年全市建成各项保障性安居工程12.05万套，筹集发放保障性租赁住房17.1万套，新增住房保障13.2万户家庭，完成公共租赁住房0.2万套、共有产权住房0.6万套。[1] 在广州市2021年十件民生实事中，继续加快对公租房的投入建设，全年基本建成1.08万套公租房，完成目标任务（9000套）的120%；全市发放住房租赁补贴1.77万户，完成目标任务（1.5万户）的118%。[2] "十四五"期间，广州住房保障以解决新市民、青年人等的住房问题为主要出发点，充分发挥政府、企事业单位和社会组织等各类主体作用，多渠道筹集建设保障性房源，不断完善符合广州实际的住房保障体系，逐步提高中等偏下收入户籍人口住房困难家庭住房保障标准，帮助新市民、青年人等缓解住房困难[3]。

（三）经济发展稳中蓄能，就业形式持续稳定

就业就是最大的民生，实施好就业优先政策是统筹推进新冠肺炎疫情常态化防控和城乡经济持续健康发展的必要工作举措。2021年，广州市继续巩固做好疫情防控常态化下的经济社会发展工作，实现全年整体经济运行平稳，扎实推进"六稳""六保"各项制度建设工作，纵深推进"四个出新出彩"，实现第十四个五年计划的良好开局。与此同时，广州市善于审时度势，把握新阶段发展机遇、贯彻实施新经济发展理念、构建新时代发展空间格局，从而加快推动广州经济社会高质量健康发展，尤其是在新能源汽车、高新技术制造、集成电路、光电子器件和移动通信基站等新兴产业迅速发展，加快推动发展"数字经济"。2021年，广州市地区生产总值为

---

[1] 《2022年广州市政府工作报告》，广州市人民政府网，http://www.gz.gov.cn/zwgk/zjgb/zfgzbg/content/post_8065943.html，2022年1月30日。

[2] 广州机关党建：《2021年广州市十件民生实事如期完成》，http://www.gzsjgdj.gov.cn/gzdj/news.html？id=174dea1e124642dbb004175af93202d5，2022年1月12日。

[3] 全杰：《"十四五"期间广州力争筹建保障性住房66万套》，《广州日报》2021年8月6日。

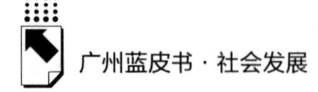

28231.97亿元，同比增长8.1%。其中，第一产业增加值为306.41亿元，同比增长5.5%；第二产业增加值为7722.67亿元，同比增长8.5%；第三产业增加值为20202.89亿元，同比增长8.0%。2021年，全市规模以上工业增加值同比增长7.8%，其中，高新技术制造领域实现增加值同比增长25.7%，尤其是电子及通信设备制造业、医药制造业、计算机及办公设备制造业等发展迅速。此外，广州市服务业及消费市场开始恢复，全市规模以上服务业营业收入同比增长20.0%，新兴服务业释放活力。在新市场消费观念、新营销环境进一步转变过程中，广州继续发挥传统商业贸易中心优势，2021年全市社会消费品零售总额达10122.56亿元，同比增长9.8%，首次突破万亿元大关。受新冠肺炎疫情等影响，居民药品健康消费防护意识明显增强，中西复合药品类零售额同比增长23.9%。同时，广州市民对网络消费的热度高涨，限上实物商品网上零售额同比增长12.6%。在全市进出口贸易和吸引外资上，全市外贸进出口总额达10825.9亿元，同比增长13.5%。其中，出口总额达6312.2亿元，同比增长16.4%；进口总额达4513.7亿元，同比增长9.6%。① 贸易结构布局持续优化，明显提升广州的现代化开放型外贸经济水平，促进共建"一带一路"国家和地区市场进出口总额实现年均增长8.2%；在穗投资世界500强企业增至330家；全市实际使用外资543.26亿元，同比增长10.0%。②

2021年第130届秋季广交会成为互联网快速发展和新冠肺炎疫情背景下全球最大规模线下及线上交易融合展会。为促进跨境电子商务发展，广州市出台了全国首个有关促进直播跨境电商规范发展的行动方案，以及鼓励推行跨境电子商务高质量发展的若干政策条文，为我国跨境电子商务的良好发展提供制度环境和条件。2021年广州市跨境电商进出口额连续七年

---

① 广州市发展和改革委员会：《关于广州市2021年国民经济和社会发展计划执行情况与2022年国民经济和社会发展计划草案的报告》，http://fgw.gz.gov.cn/zfxxgk/zfxxgkml/zfxxgkml/bmwj/gzzjhjh/content/post_8079631.html，2022年3月16日。
② 《广州市2021年预算执行情况和2022年预算草案的报告》，广州市人民政府网，http://www.gz.gov.cn/jj2022gzlhzt/hyjj/content/post_8051334.html，2022年1月26日。

居全国之首①。拉动经济增长的"三驾马车"稳中有进,为广州市民提供了井然有序的就业环境。据统计,2021年全年广州市场主体总量保持平稳增长,截至2021年底,广州市场主体达303.77万户,同比增长12.65%,高于全省10.22%的平均增速,其中,广州新登记各类市场主体达64.34万户,同比增长16.41%。②

2021年广州经济运行稳中蓄能,就业局势总体上仍继续保持稳定。全市城镇新增约33.55万的就业人口,同比上升了13.7%,累计新增城镇就业人数163.83万,城镇登记失业率为2.22%,被控制在3.5%的目标之内。③回顾2021年政府十大民生实事,广州市切实加大各项社会就业资源支持就业保障力度,包括通过加大社会对高校毕业生的就业帮扶力度,举办免费的校园供需见面会和网络匹配会,为广州各大中专优秀的应届毕业生提供了总计85465个就业岗位;政府还支持多渠道扩大灵活用工就业,取消灵活就业参保工作年限限制,全市公共就业服务机构共举办灵活就业专场招聘会194场次,其中线上网络招聘会148场,线下招聘会46场,共超过0.37万家次参会企业,提供共计13.40万个招聘岗位。④

(四)探索具有广州特色的养老服务体系建设,为广州基本养老服务改革按下"快速键",构建特色"大城市大养老"新模式

据第七次人口普查数据统计,2021年末广州市常住人口高达1867.66万人,其中60周岁及以上人口占比为11.41%,达213.06万人;65周岁

---

① 《2021年广州经济运行平稳、稳中蓄能》,广州市人民政府网,http://www.gz.gov.cn/zwgk/sjfb/tjfx/content/post_8054292.html,2022年1月27日。
② 广州市市场监督管理局:《2021年广州市市场主体发展情况》,http://scjgj.gz.gov.cn/zwgk/sjfb/sczttj/content/post_8122515.html,2022年3月27日。
③ 《2021年广州经济运行平稳、稳中蓄能》,广州市人民政府网,http://www.gz.gov.cn/zwgk/sjfb/tjfx/content/post_8054292.html,2022年1月27日。
④ 广州机关党建:《2021年广州市十件民生实事如期完成》,http://www.gzsjgdj.gov.cn/gzdj/news.html?id=174dea1e124642dbb004175af93202d5,2022年1月12日。

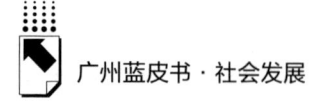

及以上人口占比为7.82%，达146.03万人。[1] 老年人口数的增加意味着广州即将面临人口结构进一步向老龄化发展的趋势与老龄化背后存在公共服务资源配置供给的巨大压力，广州社会逐渐向"五化叠加"的方向发展，全社会具有较大的养老服务需求。[2] 2021年广州市继续深入推进全覆盖、多层次、多支撑、多主体的"9064"养老服务体系构建，推动养老服务模式朝着精细化、个性化方向发展，统筹有序推进智慧家庭养老服务模式的创新试点工作，持续研究全面提升助餐配餐、医养结合、"家政+养老"等养老服务供给的质量与数量，创造性推出高龄重度失能老年人照护商业保险、家庭照护床位及家居适老化改造等系列广州特色养老服务，不断拓展大城市养老服务内涵，在养老服务上出新出彩。为深化养老服务改革创新，更好地发挥广州作为全国养老服务改革先行示范作用，目前全市已建成179个颐康中心，进一步实现全市街（镇）全覆盖并逐步辐射村（居）；已开设1.6万张家庭养老床位并率先实现"养老三入户"服务——适老化家居改造、智能化设备、专业化养老服务，[3] 为暂时不需入住养老护理机构但有临时照顾需求的60周岁及以上的户籍居家老年人提供护理服务[4]；为缓解"一床难求"的民生难题，全市医疗卫生机构数、床位数分别比2016年增长了45.8%和15.6%。[5] 2021年，在进一步严格规范落实常态化疫情综合防控措施体系的原则下，有序恢复长者饭堂、居家养老综合服务平台、街镇综合养老服务中心（颐康中心）、日间照料中心等场所的服务；[6] 继续实施2019~2021年"南粤家政"特色羊城行动，建设广州特色养老

---

[1] 涂端玉：《广州第七次全国人口普查数据解读来啦!》，《广州日报》2021年5月18日。
[2] "五化叠加"指老龄化、高龄化、空巢化、失能化、家庭小型化。
[3] 苏赞、杨欣、刘春林：《广州基本养老服务体系建设按下加速键 打造大城市养老样本》，《广州日报》2021年9月26日。
[4] 马泽望：《将养老床位"搬"进家，广州已有600多名老人享受居家养老服务》，《信息时报》2020年12月28日。
[5] 《2022年广州市政府工作报告》，广州市人民政府网，http://www.gz.gov.cn/zwgk/zjgb/zfgzbg/content/post_8065943.html，2022年1月30日。
[6] 《广东：部署做好养老服务机构疫情常态化防控和有序恢复服务》，南方新闻网，https://baijiahao.baidu.com/s?id=1693839801647115807&wfr=spider&for=pc，2021年3月10日。

服务培训，实现"家政+养老"全覆盖。在照料护理方面，广州全面推进的长期护理保险已覆盖全体医保参保人员，为符合条件的失能老年人享受41项基本生活照料和与之密切相关的34项医疗护理服务提供保障，并率先实施高龄重度失能老年人照护商业保险，实现80周岁及以上重度失能人员照护险全覆盖，构建"大城市大养老"模式。

与此同时，在常态化疫情防控阶段，为了全面保障特殊长者的基本生活需求，广州市建立覆盖全市特殊困难老年群体的动态数据库和关爱地图，加强对独居、空巢、失能等特殊老年群体的社会关爱救助服务；在新冠肺炎疫情发生之际，广州社工专门开通"红棉守护热线"及"长者心声热线"业务，组织各街道民政部门、社区办事处干部及专业社工、心理咨询师对特殊老年人群体开展"每日一问候"业务，提供生活应急救助支援、精神慰问辅导等支持。自"平安通"平台正式上线以来，截至2021年底已累计为广州市约11.6万名长者用户提供智慧养老服务，其中定期健康关怀管理服务2799万人次、紧急电话呼援6.7万人次、健康管理档案在线监测管理服务3175万人次。[1] 在2021年政府十件民生实事中，广州市积极有序开展老年人疫苗接种工作，《广州市65岁及以上户籍老年人流感疫苗免费接种项目实施方案》的制定推动建立55家开展成人免费接种试点门诊，为疫情常态化背景下全面组织开展老年人流感疫苗免费接种工作。加大对老年人接种疫苗的宣传教育力度，确保各阶段长者新冠疫苗接种全流程安全管理规范。2021年全市老年人累计接种36.2万余人，疫苗全过程接种工作进展顺利，超额完成年度工作任务[2]。根据广州社情民意研究中心所做的《广州养老服务现状公众评价调查报告》显示，受访市民对本地养老服务评价有一定改善，超五成人表示养老服务可满足老年人需求，虽然市民群众对养老服务的评价近年来有所改善，但与公共交通服务、供电、供水

---

[1] 苏赞、杨欣、刘春林：《广州基本养老服务体系建设按下加速键 打造大城市养老样本》，《广州日报》2021年9月26日。

[2] 广州机关党建：《2021年广州市十件民生实事如期完成》，http：//www.gzsjgdj.gov.cn/gzdj/news.html？id=174dea1e124642dbb004175af93202d5，2022年1月12日。

等公共服务满意度超八成相比，市民对养老服务的满意度不足50%，反映出养老服务与市民群众的期盼有一定差距，仍有较大的改善空间（见图2）。①

图2 对本地养老的评价变化

年份	满意度	不满意度
2015	34	19
2016	39	16
2017	41	14
2018	42	12
2019	45	12
2020	52	8
2021	48	8

资料来源：广州社情民意研究中心：《广州养老服务现状公众评价调查报告》。

（五）社会治理体制不断创新推进，社会组织活力持续增强

2021年广州市深入学习贯彻习近平总书记提出的社会治理创新理念，推进"以人为本"为导向的社会治理管理体制变革，推动社会组织创新转型升级变革，挖掘社会组织发展的内生新动能，各类社会组织在继续保持培育自身可持续性创新发展能力的同时，强化党建机制对社会组织的政治统率，积极动员社会组织参与到社会建设、社会治理体系当中。社会组织是实现多元主体参与社会治理的重要组织基础。目前广州市各类社会组织以较为健康、良好的发展态势在各领域发挥着重要作用，通过主动承接购买政府资源与政府服务、公益基金和创投等社会项目、加强自身建设以改善服务等一系列有效活动形式，积极、有效地参与或投身社会治理、乡村振兴建设、脱

---

① 李焕坤：《广州民意调查：超五成受访者表示养老服务可满足需求》，《羊城晚报》2021年12月28日。

贫攻坚、提供各类基本公共服务以及参与政府大型专项公益慈善事业等社会各项重要公共与民生事务建设过程，在"共建共治共享"的社会治理格局中发挥着重要依托的功能。截至2021年底，广州市共有8030家社会组织进行登记注册，主体形式有三类，分别为社会团体、社会服务机构（民办非企业单位）、基金会，登记注册的数量分别为3467家、4440家、123家；新成立367家社会组织。在2021年末有14家社会组织获评5A等级，对55个非法社会组织进行打击整治，集中曝光4批次共29个涉嫌非法社会组织名单，一定程度上净化了社会组织发展环境和社会治理局势，为社会组织的长足发展提供了晴朗的外部环境。

2021年，广州市注重对基层社区社会组织的培育。在社区社会组织管理办法的试行情况下，目前广州市已有2万多个社区社会组织，在广州市每个中心街镇建成1个社区社会组织联合会，在此推动下社区慈善组织、社区志愿服务组织等社区社会组织均迅速发展起来[1]。在社区参与方面，全市社会组织在响应党和政府的号召下积极参与抗疫服务，在广州新一轮新冠肺炎疫情发生时广泛联系并捐赠口罩、防护服等各类防控物资8000万余元，4700多名社会组织党员参与到疫情防控志愿服务之中；广州市内各类社会工作服务机构开设"红棉守护热线"，将专业社会工作服务送入家庭；投入1450万福利彩票公益金项目资助125个公益项目。在深化乡村产业振兴战略方面，全市社会团体组织继续积极参与、巩固和拓展产业脱贫攻坚成果，并同西部乡村振兴工作有效衔接，深入抓好东西部精准协作定点扶贫，对口转移支援西藏向新疆延伸、向四川至甘孜延伸巩固再拓展。2020年广州市社会组织共参与贫困帮扶项目近330个，累计捐款捐物逾2.9亿元，有效促进农村发展；在慈善事业方面，创新实施"社工+慈善+志愿服务"的融合发展模式，优化"珠珠大病救助""爱蕾行动——困境儿童救助"等慈善救助平台以及"微心愿·善暖万家""如愿行动"等微心愿帮扶平台，发挥

---

[1] 广州市社会组织综合信息服务平台：《融入新发展格局 服务高质量发展广州市召开2022年社会组织交流大会》，http://smzt.gd.gov.cn/shzz/xwzx/ywdt/content/post_3766903.html，2022年1月18日。

"社工+慈善+志愿服务"优势,让困难群众感受来自党和政府的温暖。全市社会组织参与、领办困难群众微心愿超13000个,推动广州"慈善之城"迈向新高度。在基层治理方面,围绕群众对社区生活品质的需求,优化城乡社区服务,培育并扶持社区社会组织发展,全面建成城乡社区便民生活圈,继续拓展社区服务网上驿站、城乡社区协商、社区大配餐、网格化等平台资源整合功能,推广社区慈善基金(会)、"五社联动"、"时间银行"等经验做法,深入实施"社工+"战略,不断提高城乡社区居民生活品质。[1]

(六)稳步推进"平安广州"建设,持续提高广州市民的城市安全感及对治安的满意度

2021年是"十四五"规划的开局之年,广州市以庆祝建党100周年为工作的主题主线,全力以赴加强政府防范化解系统性社会风险、保障国家社会发展安全、守护社会大局稳定、战胜各类疫情灾害以及有效维护广州社会治安防控体系建设。在过去一年里,广州市严厉打击各类治安危险违法事件和新型犯罪行为,包括突出刑事犯罪、网络信息诈骗犯罪、经济金融犯罪、食品药品环境污染犯罪、毒品犯罪以及走私违法犯罪等,[2] 同时也对严重扰乱社会治安综合管理情况和影响交通安全秩序等事件进行整治,在全社会的热情关注与支持下,广州市政府与广州市民一起共同守护羊城平安,提升人民群众的安全感和幸福感。

1. 开展专项整治,社会环境持续稳定

广州警方仍持续依法实施高压,严打各类重大刑事犯罪事件,多次主动组织或参与公安部各类"破小案"专案专项抓捕打击行动。2021年,警方主动接报全市各类普通刑事警情案件总数同比下降13.3%,全市发生各类入室盗窃案件同比下降34.5%;继续扎实全力加快推进常态化下扫黑除恶

---

[1] 《2021年广州社会组织交出优异答卷》,https://sdxw.iqilu.com/w/article/YS0yMS0xMTc1Mzg2Mw.html,2022年1月15日。
[2] 《广州电诈警情同比下降18.7%》,南方新闻网,https://baijiahao.baidu.com/s?id=1727746967404619153&wfr=spider&for=pc,2022年3月20日。

工作，共扫除揪出1个涉黑犯罪团伙组织、14个恶势力犯罪集团以及24个网络黑恶犯罪团伙；[1]运用DNA数据库定位追踪的新技术，共追踪找回失踪、被拐儿童142名，同时广州还公布了12个固定DNA采集点，开通涉拐犯罪举报热线，助力失踪被拐儿童家庭团圆[2]；侦破电信网络金融反诈骗案件较2020年同比上升39.8%，而全市电诈警情和立案案件实现"双下降"，分别同比下降18.7%和25.8%，成功拦截并追回1.7亿元的电信集资诈骗转账资金。[3]自主研发的"广州反诈预警宣传平台"，打造了全国首个关注粉丝超2000万的反诈服务号，开启了全警全民反诈和网络宣防结合新形式，打通了政务服务的"最后一公里"，联合发动176个街道（镇）、3.9万个基层党组织、76万名党员、52万名团员和400万工会会员开展反诈宣讲活动，全面筑牢反诈防火墙。[4]

2021年，广州坚持"全心全意为人民服务"的宗旨，紧紧围绕广州市民所思所盼所想，持续开展食品安全、社会治安、交通秩序整治，织密社会安全防控网，全力提升市民群众对广州政府的安全感和信任感。食品药品违法犯罪问题一直以来被老百姓深恶痛绝，广州市以近年来社会大众反映强烈的食品药品问题为重点攻打方向，大力打击制假售假，其中包括品牌名酒、医用口罩、品牌月饼、品牌香水、日常用品等，破获食品药物及其知识产权犯罪案件1572宗，刑事拘留2974人；持续做好以"肉、菜、鱼"为主的重点农产品食品安全快速检测，全市全年共对261.1万批次食用农产品进行快速检测，对筛查发现的4.47万公斤的不合格品进行100%处置，全力守护好

---

[1] 《不断提升人民群众安全感 建设更高水平平安广州 广州公安晒出2021年"成绩单"》，广州市公安局网，http://gaj.gz.gov.cn/gaxw/sjfb/content/post_8141368.html，2022年3月17日。
[2] 关喜如意：《新年前一天失散26年的家团圆了》，《南方日报》2022年1月1日。
[3] 《广州公安2021年成功拦截诈骗转账资金1.7亿元》，新快报，http://app.myzaker.com/news/article.php?pk=6234500c1bc8e0b65100025e&f=Normal，2022年3月18日。
[4] 《不断提升人民群众安全感 建设更高水平平安广州 广州公安晒出2021年"成绩单"》，广州市公安局网，http://gaj.gz.gov.cn/gaxw/sjfb/content/post_8141368.html，2022年3月17日。

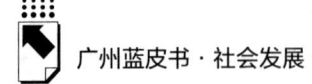

广州市民"舌尖上的安全";① 在社会治安方面，全市共有1778个综合执法警务区、1796个巡逻警务室，配备4613名社区民警、5825名辅警，全面统筹完成城乡社区民警、辅警服务队伍建设与社会综合治安警务区"一一对应"，实现城区"一警务区一警"和农村"一村一辅警"社会治安队伍建设。② 全市学校通过教育局牵头协调组建并完善校园内部安全防控网，一键式紧急报警达标率达到100%，市、区两级学校视频监控联网接入市监控平台完成率100%③；在交通秩序方面，创新搭建"11个大网格、177个小网格"的交通秩序网格化整治模式，全年较大事故首度实现"零发生"，交通事故死亡人数同比下降14.6%，连续三年在广东省"减量控大"专项工作中排名第一。④

为尽心尽力解决人民群众"急难愁盼"问题，进一步提升市民群众对广州的幸福感和认同感，广州警方不断创新问题解决措施，"12345热线"在2021年全年共受理办结工单170万件，推出"民声热点榜"上榜销账工作机制，开通"局长信箱"，100%答复收到的3512件群众来信，办结率达99.6%。2021年"平安广州"建设保持稳中求进的工作总基调，为广州市民营造平安稳定的生活环境，广州社会治安满意度逐年上升。

2.疫情防控安全常态化，市民安心感提升

2021年广州市坚持社会治安与疫情防控两大事项并举，以防范化解社会风险的决心来坚决战胜疫情，切实保障人民安全与社会稳定。在"5·21本土疫情"防控中，首创"黄码"标识手段，科学精准划分涉疫区域，实施分级分类综合防控工作措施，建成并投入使用广东省首个国家级"猎

---

① 《不断提升人民群众安全感 建设更高水平平安广州 广州公安晒出2021年"成绩单"》，广州市公安局网，http://gaj.gz.gov.cn/gaxw/sjfb/content/post_8141368.html，2022年3月17日。
② 广州机关党建：《2021年广州市十件民生实事如期完成》，http://www.gzsjgdj.gov.cn/gzdj/news.html?id=174dea1e124642dbb004175af93202d5，2022年1月12日。
③ 《广州市十件民生实事出炉》，广州市人民政府网，http://www.gz.gov.cn/jj2022gzlhzt/hyjj/content/post_8057946.html，2022年1月29日。
④ "减量"指减少交通事故死亡总量，"控大"指控制较大以上道路交通事故发生。

鹰号"气膜实验室,创造了单日采样1120万份的核酸检测"广州速度"。在落实"12·03发散疫情"中,巩固提升"外防输入、内防反弹"各项行动计划举措,累计对70万余名入境人员全面实施全工作流程式健康管理,收治境外输入确诊病例约占全国的1/8,坚决死守疫情防控"南疆大门"。广州市在2021年先后经历了两个疫情潜伏期,在全社会的协同配合下有效处置境内首起德尔塔变异株疫情,做到没有向省外输出一例病例、没有出现一例死亡病例、没有一名中高考考生因疫缺考、因考染疫,良好完成疫情总体控制,153例感染者全部治愈出院。截至2021年12月31日,累计接种新冠肺炎疫苗4559.5万剂、2063.8万人,其中加强免疫人数630.8万人,全民免疫屏障进一步巩固,公共卫生应急体系全面加强。[1]

二 2021年广州社会发展面临的问题和挑战

总的来说,2021年广州市经济社会发展运行呈现平稳运行、稳中趋好的良好形势,广州市民对社会发展的总体满意度较高。但无论是从外部环境还是从内部的结构和质量看,广州社会发展仍面临不少的问题和挑战,主要表现在居民日益增长的多样化、个性化的公共服务需求与滞后的社会供给能力之间的矛盾,尤其表现在与人民密切相关的社会教育、医疗保障、养老体系、住房等民生领域。作为广东省内仅次于深圳的第二大经济体,广州始终保持旺盛的经济活力,经济发展迅猛,提供众多的就业和发展机会,以一个多元、包容开放的城市胸怀持续吸引着来自国内外人口的流入,具有较强的人口聚集力和容纳度。2021年末,广州以10.033的人口吸引力指数位列十大最具吸引力城市的第二位,远超北京市和上海市。据第七次人口普查统计,2021年末广州市户籍人口1011.53万人(见表1),城镇化率为

---

[1] 《2022年广州市政府工作报告》,广州市人民政府网,http://www.gz.gov.cn/zwgk/zjgb/zfgzbg/content/post_8065943.html,2022年1月30日。

80.81%，其中户籍迁入人口24.16万人，迁出人口4.03万人，机械增长人口20.13万人。① 人口快速增长为广州带来更多人才，与此同时，也为社会治理带来挑战，让广州在公共服务方面临更大的压力，这些压力主要表现在养老、教育、医疗等民生领域。

表1 广州市2021年末户籍人口和城市化率

单位：万人，%

地　区	户籍人口	城镇化率
广州市	1011.53	80.81
荔湾区	78.30	100.00
越秀区	117.45	100.00
海珠区	109.52	100.00
天河区	104.93	100.00
白云区	116.20	68.73
黄埔区	63.66	84.87
番禺区	112.82	91.84
花都区	86.36	58.35
南沙区	51.75	67.56
从化区	65.54	32.82
增城区	105.00	59.89

资料来源：广州市统计局发布《2021年广州市人口规模及分布情况》。

（一）广州快速老龄化的发展趋势和滞后的养老服务体系之间的矛盾

广州市老龄工作委员会办公室、广州市统计局联合发布《2020年广州老龄事业发展报告和老年人口数据手册》（以下简称《数据手册》），《数据手册》在综合统计广州2020年老年人口基础数据指标的同时，还将2016年以来连续五年时间内广州市同类老年人口基础数据进行横向交叉对比，能

---

① 广州市统计局发布《2021年广州市人口规模及分布情况》，http://tjj.gz.gov.cn/tjgb/qtgb/content/post_8120709.html，2022年3月4日。

够确保更准确、更全面地反映广州市老龄人口发展趋势以及今后老龄事业的战略发展方向。

1. 广州整体处于轻度老龄化社会，老城区进入中度老龄化社会

2016~2020年，广州市户籍60岁及以上人口规模保持增长趋势，截至2020年底，广州市户籍60岁及以上人口达到179.95万，占户籍人口的18.27%；户籍65岁及以上人口占户籍人口的13.01%。按照联合国关于老龄化社会的划分标准，2016~2020年广州整体上处于轻度老龄化阶段，以越秀区、海珠区和荔湾区为代表的老城区已进入中度老龄化社会。广州市户籍60岁及以上人口数超过20万的共有三个区，其中，越秀区为31.43万人、海珠区为28.45万人以及荔湾区为22.31万人，占广州市户籍60岁及以上人口的比例分别为17.46%、15.81%和12.40%。[1] 老年人口数量的增加意味着广州老龄化程度不断加深，与此同时，市民对养老服务的需求越来越大，对政府养老政策的适用性、可行性提出了更大挑战。

2. 广州养老服务供不应求

根据上文可知，目前广州整体处于轻度老龄化社会阶段，正在面临"五化叠加""未富先老"给社会带来的巨大现实挑战和社会舆论压力，而目前全市的养老服务、社会保障、医疗救助等应对老龄化社会的举措并不完善，城乡养老服务发展不均衡问题突出。相关数据显示，2021年全市共有养老机构228家，其中市级以上的养老机构有3家，其余各类养老机构也主要集中分布在老年人口最密集地带，例如荔湾区、白云区、海珠区、越秀区，占比分别为14.9%、14.0%、15.7%、9.6%；从养老机构提供床位数量上看，2021年全市共提供了62735个养老床位，其中老龄化较严重的越秀区、海珠区、荔湾区全年分别提供了3173个、6510个、7155个养老床位，而白云区以提供15471个养老床位列广州市首位。[2] 目前，广州市养老机构共有三种以不同经营主体为代表的经营模式：公办机

---

[1] 广州市卫生健康委员会：《广州市发布2020年老年人口和老龄事业数据》。
[2] 广州市民政局：《2021年广州市养老机构一览表》，http://mzj.gz.gov.cn/gk/fwjgylb/content/post_7025322.html，2021年1月12日。

构、公建民营机构以及民办机构，分别占比21.3%、4.1%、69.1%，特别地，存在以越秀区东山福利院四期为代表的"PPP"模式的养老机构。①在三种养老机构中，公办机构和公建民营机构的入住率明显较高，而民办机构入住率较低，其原因在于其月均收费最高，约为公办机构的两倍，对于广州市绝大多数家庭和个人来说，难以支撑高昂的养老支出。因此政府应加大对民办养老机构的扶持力度，使其收费标准趋于市民可接受的程度，提高经济欠发达市区的民办养老机构入住率，推动广州市总体养老服务水平的提高。

即使广州持续推进养老服务体系建设，但在实际工作中，随着广州老龄化程度不断加重，根据广州社情民意调研中心编写的《广州养老服务现状公众评价调查报告》中的数据，市民对养老服务的满意度不超过50%，反映养老服务发展明显出现滞后现象，仍有较大的改善空间。目前广州养老服务以机构养老、居家养老和社区养老三种形式为主。调查结果显示，61%的受访市民认为"居家养老"方式符合自身的养老需求，但传统意义上的居家养老服务门槛较高，普及范围小，新环境下推出的家庭养老床位服务，为有需要的老人提供"三合一"入户服务时也面临制度规定不成熟、人员配置不足的问题。对于机构养老而言，各类养老机构存在价格高低不一、服务质量参差不齐、机构设备不更新、服务系统智能化不高等问题，影响市民选择养老机构作为养老的方式。对于社区养老而言，调研数据显示，受访市民对社区养老形式的满意程度较高，主要表现在长者日托中心、长者饭堂以及社区养老院和星光老年之家，满意度分别为69%、61%、50%左右。②

（二）增强对普惠性托育服务的供给能力，推进广州托幼一体化建设

我国开放二孩的政策于2016年1月1日开始实施。相关数据显示，广

---

① "PPP"养老机构即政府和社会资本合作，是公共基础设施中的一种项目运作模式。
② 广州社情民意研究中心发布《广州养老服务现状公众评价调查报告》，http://www.c-por.org/index.php?c=news&a=baogaodetail&id=4580&pid=6，2021年12月29日。

州市2016年与2017年户籍人口出生数分别为13.73万人和17.23万人，二孩出生占比大幅上升。[1] 随着二孩政策实施，0~3岁幼儿的托育需求逐渐凸显。2021年9月13日，广东省卫生健康委官网正式发布提出开放三孩生育政策。三孩政策的出台，对于双职工家庭而言，将会面临更加严峻的家庭抚育压力，为缓解双职工家庭教育抚养孩子的刚需，作为改革发展的前沿城市，广州首先提出要完善关于三孩生育政策的各项配套措施，要加快建设社会普惠性托育服务建设，推动全社会形成托幼一体化体系建设。[2] 2021年12月，在广州市卫健委指导下，广州市妇女儿童医疗中心、广州市3岁以下婴幼儿照护服务指导中心联合推出了"广州市托育地图"，为市内0~3岁幼儿家庭提供服务。

该地图收录了广州市200余家通过卫生保健评价的托育机构，其中包括10家示范机构，该地图还会根据实际情况实时更新。市民可通过"保健熊"微信小程序，选择"托育地图"查找最近的托育机构，查看托育机构的详细地址、咨询方式、环境情况、备案信息等，并实现一键导航功能，从而挑选最合适的婴幼儿照护方式或机构，一定程度上满足了广州市民对托育服务的需求，但仍存在以下问题。

1. 在户籍人口出生数与非户籍人口出生数不断增加的情况下，广州目前可供家长选择的托育机构数量还处于紧张的局面

截至2021年12月底，广州有2300多家托育机构已初步完成登记注册或注册审批的工作，但仅有900多家合格的托育机构处于实际运营管理的状态，在已经实际开始运营管理的合法托育机构中，仅有220余家获得卫生保健评价审核合格，130家在卫健部门完成了备案工作。[3] 其中，增城区的托育机构数量最多达78家，天河区有28家，番禺区有27家，其余各区均不

---

[1] 李秀婷：《每10个新生儿6个是二孩！广州去年户籍人口出生17.23万人》，《南方日报》2018年2月1日。
[2] 《广东省卫生健康委转发国家卫生健康委贯彻落实〈中共中央国务院关于优化生育政策促进人口长期均衡发展的决定〉的通知》，广州市人民政府网，http://www.conghua.gov.cn/zwfw/ztfw/ylzcfg/content/post_7717226.html，2021年9月13日。
[3] 刘春林：《广东计划2022年提供约20万个家庭托育托位》，《广州日报》2022年1月27日。

超过20家（见图3）。此外，数据分析还发现，233家托育机构中，有47家机构的收托人数不超过50人，其中最少的一家仅收托18人。这远远不能满足市民不断增长的托育需求。

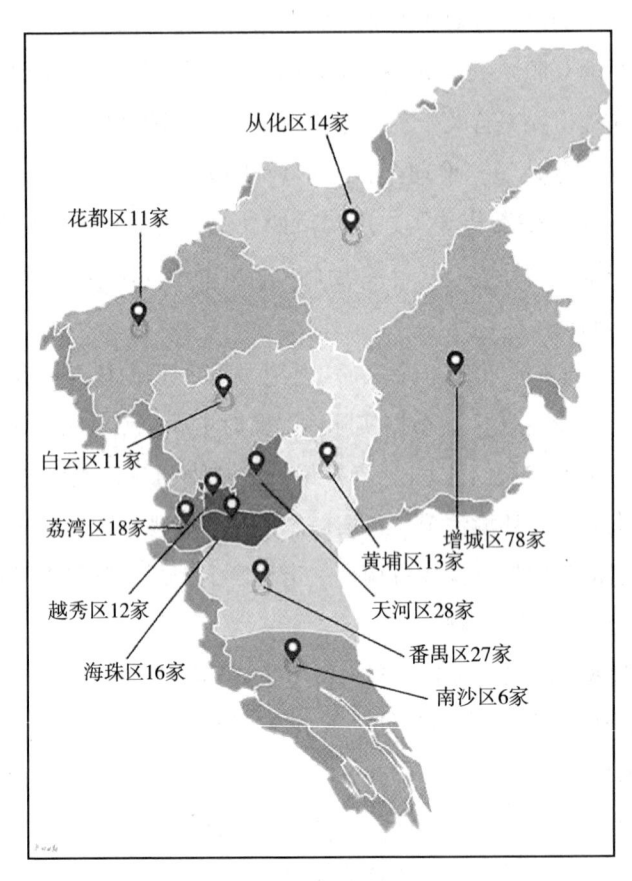

图3　广州市托育地图

资料来源：《广州托育地图来了！首批233家通过卫健评价机构上线》，《南方都市报》2022年1月7日。

2.社会需求的不断提升和托育机构收费高昂之间的矛盾

据相关新闻了解，目前托育机构的收费价格普遍在每月4000元以上，更有甚者每月接近8000元。托育机构定价如此之高，其原因离不开机构场地租金、高支出的运营团队以及较高人力成本的专业认证师资，因此出现托育费用居高不下的现象。政府可以采取政企携手合办，由政府在社区提供合适的场地供机构免费运营，这样将大大减少场地租赁成本，托育费用也会随之降低，实现真正惠民；同时要进一步建立和完善从业人员执业资格管理体系，强调师资品德和技能并重。①

（三）民生社会积累的风险隐患不容忽视，统筹发展和安全任务艰巨

2021年，广州进一步牢固树立安全发展理念，着眼于国家总体战略安全、社会安定、人民幸福安宁，坚持以政治底线思维，全面统一协调推进加强安全体系建设，统筹和考虑传统国家安全和非传统安全，防范和及时排查广州市当前可能影响经济社会发展和社会健康和谐的重大公共灾害风险事件和重大治安隐患，保障人民生命安全，在社会治安、社会治理等方面提高城市化解风险的应急管理能力，维护社会稳定和安全。②但社会仍存在一定的治安事件风险，广州要统筹社会发展和保证城市安全的任务依旧艰巨。

一是要坚决保障公共场所治安安全和人民安全，制定目标创建国家安全示范城市，认真开展保障公共场所治安安全的专项治理活动。③二是从广东省气象和应急部门公布的《2021广东预警发布年度报告》中获悉，广东在2021年发布各类预警信息超过10万条，每一条预警都可能成为一个灾害隐患，不断健全应急管理体制机制，提高公共区域见警率，确保找准问题、狠抓整改、严丝合缝、滴水不漏、绝对安全。三是严密防范打击敌对势力的渗透颠覆破坏活动，2021年全市共查办各类走私案件16157宗，

---

① 《宝宝谁来带？托育需求大？全国人大代表林勇建议：大力发展婴幼儿照护服务 将幼儿园纳入义务教育》，新浪网，http://k.sina.com.cn/article_7517400647_1c0126e4705903086k.html，2022年3月7日。
② 《2022年广州市政府工作报告》，广州市人民政府网，http://www.gz.gov.cn/zwgk/zjgb/zfgzbg/content/post_8065943.html，2022年1月30日。
③ 广州机关党建：《统筹发展和安全 确保社会大局稳定》，http://www.gzsjgdj.gov.cn/news.html?id=0a1ca68085844ae68e91bf3ea5e974f9，2020年9月22日。

进行了"海啸2021""百日攻坚""清湾"等专项行动，境内外勾结走私活动仍频繁开展，坚决维护国家政治安全，守住意识形态安全大门。[①] 四是坚决抓好疫情常态化防控，扎实做好进口冷冻食品全链条闭环监管和境外快递的消杀工作，避免出现因进口物品、食品而引发的本土大范围疫情传染。五是扎实做好"六稳"工作、全面落实"六保"任务，千方百计帮助企业保订单、稳客户、拓市场，加快补齐产业链、供应链安全等领域的短板弱项，依法打击非法集资等各类违法犯罪行为，保持房地产市场平稳健康发展，贯彻"房子是用来住的"理念；六是坚决办好民生实事，深入推进"粤菜师傅""广东技工""南粤家政"等特色羊城工程，切实保障粮食和能源安全，提升基层公共服务水平，不断增强人民群众的获得感、幸福感和安全感。

三 2022年广州社会发展趋势及其建议

回顾2021年，广州始终坚持经济运行稳定、稳中蓄能，社会发展形势稳定、整体向好，在医疗、就业、养老、教育等热点话题中民生指数显著上升，圆满完成每年十件民生实事，解决人民群众反映强烈的问题。在新冠肺炎疫情防控成为常态化的形势下，广州政府对境内外病例严防死守，广泛动员党团组织、社会组织、慈善机构以及广州街坊助力社区疫情防控工作，有效推动工作开展，维护社会稳定。从总体上看，虽然广州民生发展整体向好，但在发展过程中仍面临不少难题和挑战，主要表现在社会保障体系的系统整合仍有提升空间，公共服务供需不平衡且存在滞后性，尤其是在人民广泛关注的教育、养老、就业等民生领域。2022年广州市政府工作总体要求依然是在巩固2021年经济社会发展成果的基础上，持续努力坚持全面稳中求进的工作

[①] 《不断提升人民群众安全感 建设更高水平平安广州 广州公安晒出2021年"成绩单"》，广州市公安局网站，http://gaj.gz.gov.cn/gaxw/sjfb/content/post_8141368.html，2022年3月17日。

总基调，全面牢固贯彻树立新发展理念，构建新发展格局，①统筹新冠肺炎疫情防控管理和城乡经济社会发展，统筹发展民生和保障经济社会安全，持续巩固改善和稳定民生，保持社会大局稳定。

（一）广州社会建设和社会发展趋势

基于广州市政府提出的相关工作部署，本报告认为，2022年广州市在统筹社会经济建设发展和政治发展大体呈现以下基本态势。

1. 疫情常态化管理下严防死守，持续推动医疗卫生体系建设和改革

首先，科学规划新冠肺炎疫情防控常态化管理下各项工作，做好疫情全过程的指挥调度工作，强化管理疫情防控的问题清单、任务清单以及责任清单。严格加强进口冷冻食品、水产品的检测与监管，实行外来检疫入境人员全流程跟踪监测、闭环管理，强化国际收发包裹邮件的日常管理和动态控制；强化从国内中高风险地区来（返）穗人员的健康管理等各项各类疫情防控措施；充分利用财政拨付的医疗经费，实施疾病预防控制机构核心能力提升工程，加快构建高标准国际健康驿站二期、三期，推动广州市第八人民医院三期等项目的建设。其次，明确四级公共卫生委员会工作机制及重点任务，推动建立"四纵四横"公共卫生体系和运行机制；②加强医疗领域技术创新，表现在药物和疫苗研发、医疗器械设备研发以及医务人员专业技能培训提升等方面，也表现在对疾病监控、预警、反馈、修复机制的完善等方面；稳妥有序推进社会各阶层、各年龄段公民的新冠肺炎疫苗接种工作，做到疫苗接种全覆盖；适时对疫情成果进行回顾与巩固，加大对在疫情防控中一线工作者的事迹宣扬，在社会上营造全民志愿的社会氛围。最后，继续推进医疗卫生机构建设，推动医疗资源城乡均衡分布，由中心城区医疗卫生事业辐射带动周边基层医疗卫生服务能力的提升，深化县级公立医院改革和基

---

① 《2022年广州市政府工作报告》，广州市人民政府网，http：//www.gz.gov.cn/zwgk/zjgb/zfgzbg/content/post_ 8065943.html，2022年1月30日。
② 《2022年广州市政府工作报告》，广州市人民政府网，http：//www.gz.gov.cn/zwgk/zjgb/zfgzbg/content/post_ 8065943.html，2022年1月30日。

层医疗卫生机构综合改革，优化基层卫生机构绩效考核机制，激发基层一线医务工作人员积极性，推行基层转诊和双向转诊，加强传染性疾病防控社区宣传和知识普及。

2. 推动城乡教育优质均衡发展，大力发展素质教育

巩固并提升学前教育"5085"成果，继续启动实施学前教育三年行动计划，加大学前教育普惠性幼儿园建设投入力度，加强0~3岁儿童普惠性托育服务供给，推进托幼一体化建设，缓解双职工家庭抚养孩子的刚性需求[①]。实施中小学基础设施建设三年行动计划，新增公办基础教育学位6万个，规范民办义务教育发展，积极推进"公参民"治理。广州陆续推进义务教育阶段"双减"试点工作，落实"双减"目标任务。持续办好特殊教育，关注特殊教育资源安排，对特殊教育和困境儿童的教育提供政策、财政的支持，加快农村特殊教育学校的建设，做到义务教育全覆盖。加快广州科教城建设，支持各大技术学院基础建设，发展职业教育；深化高水平大学建设，支持广州各大高校建设"双一流"大学。办好老年教育，构建终身教育体系。

3. 逐步提高社会保障水平，有力推动社会民生事业快速发展

坚持落实以人民幸福为基本中心目标的发展思想，在坚持经济高质量发展中全力促进经济社会共同富裕，坚决推进兜住、兜牢、兜紧民生底线，高质量扎实办好每年十件民生实事的工作任务，不断满足人民日益增长的美好生活需要。全面推广实施"进一步稳定和扩大就业"3.0版方案，解决好大中专高校毕业生就业问题，强化对大龄劳动者的就业帮扶和权益保护服务；持续稳定开展困难群体就业援助，健全灵活就业劳动用工和社会保障政策；持续擦亮具有广州特色的三项品牌工程——"粤菜师傅""广东技工""南粤家政"，开展各类补贴性职业技能培训[②]。持续缩小城乡收入差距，加大

[①] 广州市教育局：《广州市教育局关于印发2021年广州教育工作总结和2022年工作要点的通知》，http://jyj.gz.gov.cn/gk/zfxxgkml/qt/ghjh/content/post_8141346.html，2022年3月18日。

[②] 《2022年广州市政府工作报告》，广州市人民政府网，http://www.gz.gov.cn/zwgk/zjgb/zfgzbg/content/post_8065943.html，2022年1月30日。

重大农业投资项目联农带农力度，扎实推进"乡村工匠"工程；完善公共服务政策制度体系，出台《广州市基本公共服务标准》，加强"一老一小"关爱照护，出台"一老一小"整体解决方案，建设高标准的市老年医院、老年病康复医院；① 完善社保政策体系，发展多层次、多支柱养老社会保险和商业；坚持"房子是用来住的、不是用来炒的"定位，加快发展长租房市场，推进保障性安居工程建设。

4. 全面推进乡村振兴建设，提高人民生活品质

推动都市农业产业链建设，落实广州特色种业振兴行动实施方案，加快隆平院士港等种业创新平台建设，保障重要农产品的持续供给质量和力度。深入实施乡村振兴战略行动，因地制宜开展农村改厕、生活垃圾处理和污水处理等改善村容村貌计划工程，支持建成一批村级垃圾压缩站、环保驿站。完善城乡融合发展体制机制，在花都、从化、增城建立一批先行示范点，推动从化探索建立生态产品价值实现机制，形成一批可复制、可推广的乡村振兴经典案例。巩固脱贫攻坚成果有效衔接乡村振兴战略，落实新一轮东西部协作部署和对口帮扶、对口支援任务。

5. 提高城市综合管理效能，推行城市数字化服务

为进一步全面建设广州成为智慧城市试点城市，广州市致力增强"穗智管"的中枢功能，完善人、企、地、物、政五张数据信息全景图，在基层治理中开展数据赋能试点工作。在新一轮城市服务中，适时推进开展基层政务数据信息优化升级工作，通过系统更新与升级，完善"信任广州"公共服务电子平台，实现广州市"跨省通办"乃至"湾区通办"的全程便民服务。对"一照通行"的企业行政一站式受理审批服务进行改革，开设"穗好办"企业服务专区。加快建设"城市码"，推行"码上办"电子化窗口办理。实施"证照分离"清单管理制度，深化简易注销登记改革，打造

---

① 《广州市人民政府关于印发广州市国民经济和社会发展第十四个五年规划和2035年远景目标纲要的通知》，广州市人民政府网，http://www.gz.gov.cn/zt/jjsswgh/ghgy/content/post_7338078.html，2021年5月19日。

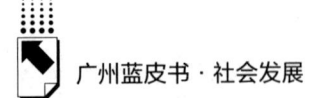

"线下一窗""线上一网"不动产登记服务模式。① 在基层治理中，建立健全村务公开系统，使得办事系统、办事流程、决策信息公开透明化，坚持"小政府大社会"，引导社会组织参与社会治理，有效提高政府工作管理效能。

（二）广州社会发展建议

针对2021年广州社会建设和发展中存在的若干问题，我们提出以下四个方面的建议。

1. 提升基础教育公办学位的供给能力，推动基础教育高质量发展

随着二孩政策乃至三孩政策的放宽以及来穗务工人员逐渐增加，不断增加的婴幼儿数量和来穗学生数量与广州能供给的基础教育学位数量存在差距，应继续扶持发展普惠性幼儿园，完善普惠性幼儿园成本分担机制，继续实施《广州市中小学校基础设施建设三年行动计划（2022—2024年）》，巩固学前教育"5085"成果。编制基础教育公办学位建设专项规划，通过新改扩建等方式加大公办义务教育学位供给，促进集团化办学规范管理和提升质量②。扎实推进"双减"试点工作，把着力减轻义务教育阶段学生日常作业负担和中小学生校外培训负担作为教育督导"一号工程"，强化学校育人主阵地功能③，提升学校作业活动设计效果与提高教育教学质量，丰富各类学科课后服务实践活动资源，提供更加丰富、优质、全面的学生课后服务，确保"双减"走在全国前列。④ 继续围绕办好特殊教育，巩固提高义务

---

① 广州市人民政府：《2022年广州市政府工作报告》。
② 广州市教育局：《广州市教育局关于印发2021年广州教育工作总结和2022年工作要点的通知》，http://jyj.gz.gov.cn/gk/zfxxgkml/qt/ghjh/content/post_8141346.html，2022年3月18日。
③ 《2021年广州义务教育段学科类线下培训机构数量、参培人数和预收费均减少98%以上》，《羊城晚报》2022年3月28日。
④ 《广州市教育局关于做好减轻义务教育阶段学生校外培训负担工作的通知》，广州市人民政府网，http://www.gz.gov.cn/zfjg/gzsjyj/tzgg/content/post_7725921.html，2021年8月18日。

教育，实施特殊学生 15 年免费特殊教育，巩固适龄特殊儿童少年入学率达 95%的目标。

2. 大力扶持推动现代家庭社会化养老服务运营模式，完善广州特色社会养老服务标准化体系

坚持要以贯彻政府决策为主导、社会协同共同参与、市场机制为核心推动、全民动员齐参与的总体原则，深化广州养老服务改革，推动社会化养老产业迅速规范发展，构建具有广州特色的"大城市大养老"的社会养老服务模式。养老服务一直是广州市民十分关注的热点话题，并多次列入广州政府十件民生实事。面对老龄化越来越严重的广州，完善城乡养老保障服务体系，满足不同阶段、不同家庭的居家养老服务需求迫在眉睫。目前，我国主要实行以"9073"为主的养老模式，[1] 但在经济的快速发展以及年轻人身陷"汉堡包"夹层，承受上下巨大压力的社会现象背景下，青年人一方面忙于工作而产生职场压力，另一方面忙于自身家庭琐事而往往会忽视老年人照顾需求的满足。随着时代的发展，传统养儿防老的观念逐渐改变，不少家庭逐渐增加对机构养老的需求，机构养老成为养老产业的朝阳产业。然而在现实市场情形下，机构养老高昂的收费要求，供不应求的养老床位又让部分家庭望而却步。因此，养老服务不能仅靠机构养老，更不能依赖政府资金补助，而应该大力推动家庭养老服务模式。《广州养老服务现状公众评价调查报告》数据显示，61%的受访市民认为"社区居家养老"方式符合自身的养老需求。[2] 从 2019 年开始，广州市率先在越秀、海珠、荔湾 3 个老龄化程度较高、老年人口较为密集的中心城区开展家庭养老床位服务试点工作。[3] 经过一年多试点，截至 2020 年 12 月 25 日，全市共建成家庭养老床位 677

---

[1] "9073"养老模式：90%的老年人由家庭自我照顾，7%的老年人享受社区居家养老服务，3%的老年人享受机构养老服务。
[2] 广州社情民意研究中心：《广州养老服务现状公众评价调查报告》，http://www.c-por.org/index.php? c=news&a=baogaodetail&id=4580&pid=6，2021 年 12 月 29 日。
[3] 《广州：全天动态管理和远程监护 在家也能享受专业养老护理服务》，中国经济网，https://baijiahao.baidu.com/s? id=1687551302642583871&wfr=spider&for=pc，2020 年 12 月 31 日。

张,有24家专业化养老服务机构参与服务[1]。通过引入第三方专业养老服务机构,为有照顾需求但暂未入住养老机构,且经统一评估为老年人照顾需求2~5级的居家老年人进行适老化和智能化家居改造,并按照专业养老护理机构制定的护理服务相关标准免费为长者提供全天候、全方位的居家照顾服务,为居家的失能、失智老年人提供"机构化"专业养老服务,让老年群众足不出户就可享受生活照料、康复护理等专业服务。同时,也减轻中心城区养老床位紧张的压力,有效推动机构专业护理服务向社区居家服务延伸。

3. 持续提高公共服务水平,促进新型智慧城市建设

持续推进"一网通办"政务服务水平,推出更多"一件事一次办"主题服务。深化12345热线标准体系与法治化、智慧化建设,提升政务服务便民水平。作为2022年十大民生实事的重要内容之一,提升政务服务全流程网上办理率,推动企业、群众办事"四少一快"。打造以"穗好办"为全市统一移动政务服务平台,探索推动政务服务"全城通办",深入推进"互联网+政务服务"建设,扩大服务领域范围,提升网上办理政务服务水平,创新便民化的政务审批服务,深化行政审批中介服务改革,最大限度地减少企业和群众办事跑动次数,实现"最多跑一次",不断优化民众办事环境,完善政务服务评价和监督机制。借助"互联网+"模式,提供便民化举措,提升服务效率和水平,为特殊群体提供更多便利化服务。

4. 着力统筹广州发展与安全,构建韧性安全城市理念

广州坚决防范化解城市中各类危害公共生命安全的重大风险及隐患,全力共同维护和保障人民群众生命财产安全和城市安全稳定运行。一是要长期坚持并持续深入做好基层筑牢新冠肺炎疫情防控工作防线,落实疫情常态化下对新冠肺炎疫情监测的各项防控技术保障和举措,完善四级疫情应急联合处置防控机制和联防指挥应急联动工作调度工作机制体系,强化疫情防控协

---

[1]《广州建成家庭养老床位677张》,广州市人民政府网,http://www.gz.gov.cn/zwfw/zxfw/sbfw/content/post_ 6999699.html,2020年12月29日。

调机制下各项问题清单、任务清单、责任清单。二是进一步强调要切实夯实全市粮食能源产业生态安全和保障体系。巩固发展并着力提升2021年优质粮食项目的各项综合生态保障设施生产能力，计划2022年新建高标准农田1万亩，大力推动"粮安工程"；统筹安排好煤电油气等保障，推动天然气采购落实上游气源，夯实煤炭煤电兜底保障。三是要全面切实地抓好广州海绵城市建设持续安全高效平稳地运行，加快和推进海绵城市的示范基地建设，在2022年实现广州建成区海绵城市达标率约30%左右的目标；[①] 实施社区社会组织发展专项行动，促进"慈善+社工+志愿服务"融合发展；深化全市社会治安防控体系标准化创建，开展"全民反诈"专项工作、毒品整治"攻坚年"系列活动、走私犯罪治理、校园安全排查、道路交通秩序整治等行动。四是通过完善灾害监测预警系统、应急庇护场所建设，加强城市重要基础设施监管和运行维护，提升巩固完善全市开展抗灾救灾应急管理能力建设、核心救援能力，有效科学防范并安全应对未来广州各类重大灾害，防范化解社会风险，建设安全韧性城市。

参考文献

涂成林、何镜清主编《2021年中国广州社会形势分析与预测》，社会科学文献出版社，2021。

《关于广州市2021年国民经济和社会发展计划执行情况与2022年国民经济和社会发展计划草案的报告》，广州市人民政府网，http://fgw.gz.gov.cn/zfxxgk/zfxxgkml/zfxxgkml/bmwj/gzzjhjh/content/post_8079631.html，2022年3月16日。

《2022年广州市政府工作报告》，广州市人民政府网，http://www.gz.gov.cn/zwgk/zjgb/zfgzbg/content/post_8065943.html，2022年1月30日。

[①] 《广州系统化全域推进海绵城市建设示范工作》，新华网，http://www.gd.xinhuanet.com/newscenter/2022-03/14/c_1128468375.htm。

社会治理篇
Social Governance

B.2
坚持全周期理念　提升广州超大城市治理体系和治理能力现代化水平的对策研究

广州市委政策研究室课题组*

摘　要： 本报告介绍了广州推进全周期管理、探索超大城市治理的实践路径和工作成效。广州要探索构建全流程、全要素、全场景、全方位、多主体的超大城市治理体系，把全周期管理理念贯穿到城市规划、建设、管理和生产、生活、生态全过程各方面，打造人与人、人与自然和谐共生的美丽家园，加快实现老城市新活力。

关键词： 全周期理念　超大城市　治理现代化

---

* 左向宇，广州市委政研室城乡研究处处长，主要研究方向为城乡发展与乡村振兴；王阳，广州市委政研室城乡研究处三级主任科员，主要研究方向为城乡发展与规划；彭振，广州市委政研室城乡研究处三级主任科员，主要研究方向为城市管理与乡村振兴。

坚持全周期理念　提升广州超大城市治理体系和治理能力现代化水平的对策研究

全周期管理理念是以习近平同志为核心的党中央站在全面建设社会主义现代化国家、实现中华民族伟大复兴中国梦的战略高度，深刻认识我国城镇化和城市发展存在的问题，准确预判我国进入新发展阶段城市发展面临的新形势、新任务，对推动城市高质量发展、高品质生活、高水平治理提出的重大理论创新。习近平总书记多次围绕全周期管理做出重要论述，强调城市是生命体、有机体，要敬畏城市、善待城市，树立全周期管理意识，把全周期管理理念贯穿到城市规划、建设、管理全过程各环节，加快推动城市治理体系和治理能力现代化，努力走出一条符合超大型城市特点和规律的治理新路子。

作为国家中心城市和省会城市，广州在广东省乃至全国的发展大局中地位重要、责任重大。2018年10月，习近平总书记视察广东，要求广州实现老城市新活力，在综合城市功能、城市文化综合实力、现代服务业、现代化国际化营商环境方面出新出彩，为广州发展指明了前进方向、注入了强大动力。作为有着两千多年历史和两千多万人口的超大型城市，广州经济社会结构复杂，资源环境约束趋紧，城市治理任务重、责任大、难度高，必须立足新发展阶段，贯彻新发展理念，服务和融入新发展格局，推动高质量发展，牢固树立全周期管理意识，加快推动城市治理体系和治理能力现代化，努力走出一条符合超大型城市特点和规律、具有广州特色的治理新路子，加快实现老城市新活力，着力建设具有经典魅力和时代活力的国际大都市。[①]

一　广州推进全周期管理、探索超大城市治理的实践路径

近年来，广州深入学习贯彻习近平总书记对广东系列重要讲话、重要指

---

① 本报告资料来源：2021年广州市第十二次党代会报告、2022年广州市人民政府工作报告及广州市有关部门2021年工作总结。

示批示精神和关于城市工作的重要论述精神，聚焦提升环境品质、深化城市更新、推动产业升级、完善民生保障、保障城市安全、建设智慧城市等重点任务，全面加强城市规划建设管理，不断提升城市治理效能，推动综合城市功能出新出彩。

（一）生态环境树立了城市发展新名片

空气质量全面达标，PM 2.5连续稳定达标，全面推行河长制、湖长制，16个国考省考断面水质全部达到考核要求，纳入国家监管的147条黑臭水体全部消除黑臭，获评国家黑臭水体治理、海绵城市建设示范城市，原生生活垃圾实现"零填埋"，"厕所革命"走在全国前列，"还绿于民"深入推进，海珠湿地二期、三期建成开园，6.2公里的"空中云道"正式开放，建成碧道821公里，海珠湿地碧道、增江碧道、蕉门河碧道成为水利部"美丽河湖、幸福河湖"典范。

（二）城市更新拓展了高质量发展新空间

统筹推进超大城市有机更新，完成6个旧村、109个旧厂、752个老旧小区改造项目，治理违建2.05亿平方米，清理"散乱污"场所6.4万个，完成"三旧"改造48.5平方公里，盘活存量用地88.5平方公里，新增公共服务设施535万平方米，新增绿化面积1036万平方米，划定工业产业区块621平方公里，打造一批高端服务业园区、高新技术基地、众创空间、孵化器等发展新平台。

（三）科技创新激发了产业升级新动能

广州实验室、粤港澳大湾区国家技术创新中心挂牌运作，人类细胞谱系、冷泉生态系统列入国家专项规划，高标准建设广州人工智能与数字经济试验区，国家、省重点实验室分别增至21家和256家，全社会研发投入强度跃升至3.15%，高新技术企业突破1.2万家，在穗工作院士达122人。累计获国家级科技奖励91项，钟南山呼吸疾病防控创新团队获2020年度国家科技进步奖唯一创新团队奖。成功创建首批国家知识产权强市，国家海外引才计划有效申报人数比上一轮增长10倍，第45届世界技能大赛金牌数居全国第一。获批培育建设国际消费中心城市，广州期货交易所设立，形成6个产值超千亿元的先进制造产业集群，6个增加值超千亿元的服务行业，集成电路等新兴产业初具规模。本土世界500强企业5家，在穗投资的世界500强企业达330家，市场主体突破300万家，国有资产总额突破5万亿元，民营经济增加值突破1万亿元。

（四）文化传承提升了千年古城新魅力

坚持以社会主义核心价值观引领文化建设，围绕举旗帜、聚民心、育新人、兴文化、展形象，打造社会主义文化强国的城市范例。城市文化综合实力稳步提升，挂牌成立市、区融媒体中心，新时代文明实践中心（所、站）实现全覆盖，红色文化传承弘扬示范区、岭南文化中心区加快建设，每万人室内公共文化设施面积稳居全国前列，《掬水月在手》《点点星光》获中国电影金鸡奖，国家级文化产业园区（基地）达22个，文化产业增加值年均增长13%，奥林匹克运动会、亚洲运动会、全国运动会金牌及奖牌数均居全国前列、广东省第一。

（五）宜居宜业成为城市活力新表现

广州市入选中国顶级医院100强的数量居全国第三，市属医院7个专科排名全国前十，国家呼吸医学中心和国家儿童区域医疗中心挂牌，创新开展"穗岁康"保险和长期护理保险试点，基本养老服务体系建设经验在全国推广，全市人均期望寿命达82.9岁。公办幼儿园、普惠性幼儿园在园幼儿占比提高到53.43%和88.18%，11个区全部建成全国义务教育发展基本均衡区。广州地区5所高校18个学科入选"双一流"，普通高校在校学生全国第一，香港科技大学（广州）等加快建设。城镇登记失业率控制在3.5%以内，居民人均可支配收入年均增长8%以上。国家营商环境评价所有18项指标连续两年获评标杆，南沙自贸区43项制度创新成果获全国推广，政务服务能力考核全国第二，12345热线入选首批国家级试点典型案例。

（六）城市韧性强化了安全发展新保障

在抗击新冠肺炎疫情中，钟南山院士被授予"共和国勋章"，"穗康码"、大数据追踪、AI辅助诊断系统等措施得到推广。作为首个试点城市，推进与世界银行联合开展"中国可持续城市降温项目"，获评法治政府建设典范城市，成立广州互联网法院，司法透明度指数实现全国"六连冠"，检察院检务透明度指数居全国较大市第一。成为首批全国市域社会治理现代化试点城市，案件类警情、刑事立案数分别比2016年下降了50.7%和36.4%，平安建设、扫黑除恶专项斗争考评均居广东省第一。加强食品药品安全监管，生产安全事故起数、死亡人数连年"双下降"。

（七）党建引领汇聚了社会治理新优势

贯彻广州市委坚决落实"两个维护"十二项制度机制，深入开展党史学习教育，顺利完成区镇领导班子和村（社区）"两委"换届，被中央组织部评为全国城市基层党建示范市。全面落实中央八项规定及其实施细则精神，深入实施基层正风反腐三年行动，十一届市委巡察实现全覆盖，一体推进不敢腐、不能腐、不想腐，管党治党宽松软状况得到根本扭转，反腐败斗争取得压倒性胜利并全面巩固。构建"穗智管"城市运行管理系统、"穗好办"政务服务系统，实现一网通办、一网统管，"穗智管"对接业务系统115个，"穗好办"上线便民服务事项超2000项，与省内所有地市、省外17个城市"跨域通办"事项近9000项，智慧城市管理与服务水平不断提升。

同时，对标中央、省的要求和人民群众新期待，对标"全周期管理"和超大城市治理体系与治理能力现代化等要求，广州在城市规划建设管理、社会治理等方面还面临诸多短板和问题：生态环境持续改善压力增大，城市安全风险防范能力仍需加强，城市综合服务功能配套不够完善，产城融合、职住平衡水平仍需提升，存量低效土地量大面广、结构破碎，城市更新任务繁重，新型智慧城市建设任重道远，共建共治共享社会治理格局有待完善等，特别是大规模迁移砍伐城市树木问题暴露出政绩观有偏差、科学民主依法决策未落实、城市规划建设制度机制不健全、事中事后监管不到位等问题，需要进一步践行全周期管理理念，充分把握和尊重城市发展规律，坚持问题导向，加快补齐城市建设中的短板问题，为推动城市治理体系和治理能力现代化打下良好基础。

二　广州深化全周期管理、提升超大城市治理体系和治理能力现代化水平的对策建议

深入学习贯彻习近平总书记关于全周期管理、完善城市现代化治理的重要论述精神，把全周期管理理念贯穿城市规划、建设、管理和生产、生活、生态全过程各方面，深刻吸取大规模迁移砍伐城市树木问题教训，敬畏历史、敬畏文化、敬畏生态，慎重决策、慎重用权，探索构建全流程、全要素、全场景、全方位、多主体的超大城市治理体系，加快推动城市治理体系和治理能力现代化，打造人与人、人与自然和谐共生的美丽家园，加快实现老城市新活力、"四个出新出彩"，着力建设具有经典魅力和时代活力的国际大都市。

（一）全流程系统化治理，在把握城市发展规律中加快建设品质广州

一是切实转变城市发展方式。坚决落实"一个尊重、五个统筹"要求，贯彻落实创新、协调、绿色、开放、共享的新发展理念，把城市作为有机生命体，坚决摒弃过于追求速度和规模的倾向，推动城市发展由大规模增量建设向存量提质改造和增量结构调整并重转变，不要轻率搞大手笔、盲目追求大气魄，建设宜居、绿色、韧性、智慧、人文城市。二是强化美丽国土空间规划管控。高水平编制实施国土空间总体规划，注重人口资源环境相协调、经济社会生态效益相统一，统筹划定并严守生态保护红线、永久基本农田、

城镇开发边界三条控制线，统筹安排生态、农业、城镇三类空间。三是强化国际综合交通枢纽能级。持续提升国际航运、航空、国际铁路枢纽能级，加快推进南沙港区五期、白云机场三期和广湛高铁、广清永高铁等交通基础设施规划建设，完善贯通全省、联通全国、融通全球的现代交通网络，建设具有全球影响力的综合性门户枢纽城市。四是科学有序实施城市更新行动。健全城市更新政策体系，完善城市更新专项规划，合理划分改造策略分区，优化"三旧"改造规模、布局、方式、时序，坚决防止大拆大建，保护好城市绿地、古树名木和历史文化遗产，推动城市结构优化、功能完善、人居环境品质提升，保护好城市绿地、古树名木和历史文化遗产。深化村级工业园、专业批发市场、中心城区物流园整治提升，常态化推动违法建设、黑臭水体、"散乱污"场所治理，持续优化城市发展空间，提升城市环境面貌。五是加强城市精细化、品质化管理。塑造"依山沿江滨海""古今交融"的现代化、品质化城市风貌，重点提升珠江两岸、旅游景点、交通枢纽、城市主干道沿线以及城郊接合部、城区结合部等环境品质，推动城市管理手段、管理模式、管理理念创新，构建市政基础设施智能化管理平台，推动科技赋能社区治理，深化交通拥堵等"大城市病"治理，加强交通微循环建设管理，规范电动自行车、共享单车等管理，解决高空坠物等顽疾。

（二）全要素精准供给，在树立正确政绩观中加快建设幸福广州

一是突出"人民城市为人民"理念。坚持以人民为中心的发展思想，把为民造福作为最重要的政绩，充分尊重群众的知情权、参与权、监督权，用心用情用功问需于民、问计于民、问效于民，保障好广大市民衣食住行、生老病死的服务需求，让群众的获得感成色更足、幸福感更可持续、安全感更有保障。二是突出创新引领、数字赋能。坚持创新在现代化建设全局中的核心地位，高质量打造引领广州高质量发展的科技创新轴，加快建设科技创新强市，坚持把发展经济的着力点放在实体经济上，把制造业作为立市之本，推动数字产业化、产业数字化，促进现代服务业与先进制造业深度融合，建设先进制造业强市、现代服务业强市，构建具有全球竞争力的现代产

业体系。三是突出产城融合、职住平衡。在城市规划建设管理和城市更新中更加注重优质产业导入，落实城市更新规划建设圈层管理要求，促进科技创新产业和现代服务业等高质量产业集聚发展，吸引高端产业向中心城区聚集，提升外围城区综合承载力和内生动力，推动区域内就业、居住、休闲、服务等功能相匹配，合理确定各类型住房比例和结构，努力破解产城功能失衡难题。四是突出文化传承、生态宜居。把历史文化保护放在突出位置，完善城乡历史文化遗产保护制度体系，更多采用微改造"绣花功夫"开展历史文化遗产改造活化，传承保护历史文脉，彰显岭南特色、广州特色。牢固树立绿水青山就是金山银山的理念，大力推进城市生态修复，科学推进城乡绿化，优先选用榕树等乡土树种，加快建设生态碧道，深化白云山、麓湖、越秀山"还绿于民、还景于民"，深入打好打赢污染防治攻坚战，推动建设人与自然和谐共生的现代化。五是突出交通便捷、生活便利。坚持把最好的资源留给人民，优化基础设施和公共服务设施布局，深化公交都市建设，补齐教育、医疗、文化、体育、养老等公共服务和交通、停车、环保、绿化、安全等基础设施短板，重视解决好新市民和低收入群体"一间房、一张床"的居住需求，不断提升市民生活质量。六是突出城乡融合、共同繁荣。深入实施乡村振兴战略，推进巩固拓展脱贫攻坚成果同乡村振兴有效衔接，大力发展都市现代农业，提升现代农业产业园建设水平，深入实施乡村建设行动，补齐农村基础设施和公共服务短板，持续改善农村人居环境，健全城乡融合发展体制机制和政策体系，促进农业高质高效、乡村宜居宜业、农民富裕富足，持续当好全省乡村振兴的示范和表率。

（三）全场景智能服务，在把握数字时代新机遇中加快建设智慧广州

一是强化数字"转型"，打造国际一流智慧城市。全面推进城市经济、生活、治理等各领域数字化转型，推进粤港澳大湾区智慧城市试点示范，深化城市信息模型平台建设试点，搭建城市数字底座，有序推进教育医疗、生态环境、公共安全、公共交通、政务司法、社会治理等领域数字化、网络

化、智能化升级，打造具有全国影响力的应用示范场景。二是强化数字"筑基"，建设智慧基础设施体系。实施数字新基建三年行动计划，以信息基础设施、创新基础设施、融合基础设施为主体，打造新基建试点示范项目，重点加快建设5G网络、工业互联网、人工智能、云计算、区块链、大数据中心、智慧超算平台等信息基础设施和智路、智车、智杆、智桩、智园、加氢站、智慧零售终端体系等应用基础设施，建设具有国际领先水平的新型基础设施。三是强化数字"赋智"，让城市运行管理更聪明更智慧。强化"穗智管"中枢功能，丰富应用场景，实现"城市运行一网统管"，强化国际信息枢纽功能，完善城市信息模型平台，打造数字孪生城市，全面支撑城市运行管理智能化智慧化。加快智慧社区、智慧园区建设，实施数字乡村建设行动，推动智慧教育融合创新发展，提升健康医疗服务智慧化水平，发展商业、文旅、出行等民生服务数字化新模式，打造融合普惠的数字社会。四是强化数字"惠民"，构建国际一流营商环境。抓住"上云、用数、赋智"新风口，以信息化平台建设和数据共享为重要抓手，以数字技术推动政府治理流程再造和模式优化，创建全省数字政府改革建设示范区，推动现代化国际化营商环境出新出彩，打造全球企业投资首选地和最佳发展地。擦亮"穗好办"政务服务品牌，推动"信任广州"平台升级，推动"政务服务一网通办"，实现高频事项"全城通办"。引入5G（第五代移动通信技术）、AI（人工智能，Artificial Intelligence）、4K（3840×2160超高清分辨率）等技术和应用，实现政务服务可视化、移动化、智能化，打造全国领先的"智慧政务"平台。

（四）全方位守住底线，在防范化解各类风险中加快建设平安广州

一是全力防范化解政治安全风险。坚持总体国家安全观，强化维护政治安全能力建设，牢牢把握意识形态工作领导权、主动权，坚决守好意识形态安全"南大门"。二是全力防范化解经济安全风险。深化地方金融监管体制改革，健全政府债务管理制度。全面维护产业链供应链安全，增强产业体系抗冲击能力。构建安全高效的现代能源体系，保障粮食安全，确保水利、电力、供水、油气、

交通、通信、网络等重要基础设施安全。三是全力防范化解人民安全风险。创建国家级安全发展示范城市，完善重大疫情防控体制机制和公共卫生应急管理体系，提高应对突发公共卫生事件能力。严格落实安全生产责任制，严防发生交通、危化品、建筑施工等重特大安全事故，保障食品药品安全。提高防灾、减灾、抗灾、救灾能力，推进灾害监测预警系统和防御、应急庇护设施建设，打造韧性城市。完善应急指挥管理体系，健全应急救援队伍、物资储备和物流体系。四是全力防范化解社会安全稳定风险。坚持和发展新时代"枫桥经验"，深入开展社会矛盾纠纷源头治理、系统治理、综合治理、依法治理，最大限度地把矛盾解决在早、化解在小。全面提升社会治安防控体系建设水平，严厉打击突出违法犯罪和新型网络犯罪，常态化推进扫黑除恶专项斗争，建设最安全稳定、最公平公正、法治环境最好的国际大都市。

（五）多主体协同治理，在完善城市建设制度中加快建设善治广州

一是加强党的全面领导和党的建设。全面贯彻落实新时代党的建设总要求，以高质量党建引领经济社会高质量发展，坚持和完善党领导经济社会发展的体制机制，强化各级党委把方向、谋大局、定政策、促改革的领导核心作用，坚决推进全面从严治党向纵深发展，实现正气充盈、政治清明，为推动城市高质量发展、高水平治理提供坚强的政治保证和组织保证。二是健全城市建设政策制度和体制机制。健全城市建设重大决策机制，制定政府重大行政决策目录，建立健全城市建设重大事项报告、重大工程备案和地标项目提级管理等制度，健全城市规划建设管理制度，常态化开展城市体检评估，持续深化"放管服"改革，科学审慎推进审批事权下放，加强培训指导，强化事中事后监管，确保放得下、接得住、管得好。三是营造共建共治共享社会治理格局。用好统一战线这个法宝，更好团结一切可以团结的力量，调动一切可以调动的积极因素，更好地支持参与广州现代化建设和现代化治理。统筹好政府、市场和社会力量，完善基层党组织领导的共建共治共享社会治理格局，建设人人有责、人人尽责、人人享有的社会治理共同体。

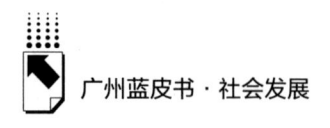

参考文献

闫铭：《"全周期管理"视域下城市治理路径探析》，《改革与开放》2021年第14期。

司海燕：《以"全周期管理"思维推进城市治理》，《世纪桥》2021年第5期。

郑长忠：《"全周期管理"释放城市治理新信号》，《人民论坛》2020年第18期。

王凡荣：《特大城市治理"全周期管理"的三个维度》，《党政论坛》2020年第12期。

黄建：《引领与承载：全周期管理视域下的城市治理现代化》，《学术界》2020年第9期。

周昕、冯玥：《树立"全周期管理"意识 探索武汉城市治理新路径》，《学习月刊》2020年第8期。

柳青：《"全周期管理"视阈下超大城市治理的实现路径分析》，《中共乐山市委党校学报》（新论）2020年第6期。

B.3
城市更新下的广州市基层治理体系与治理能力现代化建设的对策研究

广州市创新社区治理发展研究院课题组*

摘　要： 广州城市更新的增量和速度处于全国前列，广州城市更新基层治理的难点集中在旧村改造，城市更新社区的人口数量呈翻倍增长态势，城市更新带来新的人口结构与新业态。同时存在城市更新与基层治理发展不平衡、不充分，城市更新与基层治理协同发展的规划存在短板，基层社区尚未形成有效的多元共建机制与合力等现象，针对基层治理队伍能力建设的投入、供给不足等问题，课题组分别从机制、模式、能力和保障四个方面提出相应的解决方案及政策建议，为加强基层治理体系和治理能力现代化建设提供"广州范本"。

关键词： 城市更新　基层治理体系　基层治理能力

2021年，全国"两会"首次将城市更新写入政府工作报告，标志着城市更新已经由地方创新实践正式上升为国家统一行动，成为推动城市高质量、可持续发展的重要抓手。据住房和城乡建设部消息，经汇总各地统计、上报情况，2021年1~7月，全国新开工改造城镇老旧小区4.22万个，占年度目标

---

* 课题组组长：张良广，广州市创新社区治理发展研究院执行院长、广州市黄埔区优势力社会工作发展中心首席督导、广州市社会工作协会常务副会长。课题组成员：杨煌，广州市创新社区治理发展研究院副院长、广州市黄埔区优势力社会工作发展中心项目经理；李美兰，广州市创新社区治理发展研究院研究员。执笔人：张良广、杨煌、李美兰。

任务的78.2%。较6月末增加了10.7个百分点。作为广东省省会、国家中心城市，广州一直走在城市更新的前列。2020年8月，广州市印发《关于深化城市更新工作推进高质量发展的实施意见》等系列文件，提出"三年实施计划"，即三年内推进以中心城区为重点的83条城中村改造，力争到2023年底前，33条已批复改造实施方案的城中村基本完成回迁安置房建设，其余50条城中村回迁安置房开工建设。同时，三年内推进285个旧城街区、176个旧厂房、273个村级工业园、95个专业批发市场、3个物流园改造。[1] 为实现老城市新活力，广州正开展一场关乎未来发展的大规模城市更新行动。

城市更新分类推进，社区面貌必定焕然一新，但基层治理的更新仍在路上，在实现国家治理体系和治理能力现代化的进程中，城市更新背景下的基层治理体系与治理能力建设显得尤为重要。因此，实现城市更新背景下的基层治理体系与治理能力现代化建设，必须加强以基层党建为引领，将社区治理能力建设融入城市更新过程，推动社会治理和服务重心向基层下移，形成城市更新与治理创新齐头并进的态势。

一　研究现状

（一）广州城市更新的增量和速度处于全国前列

广州市新一轮城市更新"1+1+N"政策体系逐渐成形，广州将以高标准、高效率、高品质的"绣花功夫"，加速推进城市更新。2019年以来，广州城市更新九项重点工作累计完成固定资产投资3017亿元，盘活存量用地85平方公里，新增公建配套535万平方米，新增绿化1036万平方米，完成519个老旧小区改造。[2] 以广州市黄埔区为例，2020年，该区旧

---

[1] 广州市住房和城乡建设局：《广州市深化城市更新推进高质量发展专题新闻发言》，http：//zfcj.gz.gov.cn/zjdt/xwfyr/content/post_6865420.html，2020年9月30日。
[2] 广州市人民政府：《打造城市更新"广州范例"》，http：//www.gz.gov.cn/xw/jrgz/content/mpost_7377579.html，2021年7月14日。

村拆除面积1489万平方米,当年拆除面积占过去10年的78%,总量超历年总和,创历史之最。黄埔区先后出台了"城市更新10条""城市更新项目审批流程再造20条",将60项审批手续压缩为3项,从批复改造方案到开工,时间从1年半最快可压缩至3个月,提速高达300%以上。[1]

(二)广州城市更新基层治理的难点集中在旧村改造

广州市城中村改造项目的改造面积是"三旧"改造项目中最多的。据统计,至2018年底,广州全市"三旧"图斑总面积为590平方公里,其中旧村庄占比达54%。[2] 在快速城市化及城乡二元制度下产生的"旧村",由于城乡户籍和土地管理的差异,其改造具有利益关系繁复、历史遗留问题多样、管理存在自发性和盲目性等特征。旧村在物质形态方面与城市交错融合,在人居环境、市政配套设施及社会管理等方面则与城区存在明显差距,是城市更新中最为复杂、棘手的类型,也是城市更新中基层治理的主要矛盾点。

(三)城市更新社区的人口数量呈翻倍增长态势

近年来,广州市人口数量保持了相对稳定的增长态势,广州市统计局2021年5月18日发布的广州市第七次全国人口普查公报显示,截至2020年11月1日零时,广州常住人口为1867.66万人,与2010年第六次全国人口普查相比,10年共增加了597.58万人,增长了47.05%。[3] 经过城市更新后的社区将成为新增人口的居住优选,相比城市更新前,无论是安置区还是融资区,其人口数量都呈现翻倍增长态势。以广州市黄埔区为例,根据截至2021年8月的数据测算,黄埔区51个正在进行的旧村改造项目将增加

---

[1] 广州黄埔发布《全年拆除1489万㎡!旧改实施速度全市第一!2020黄埔城市更新大盘点强势出炉》,https://mp.weixin.qq.com/s/XqSwZZMDNA4laChmoKUEJg,2021年1月12日。

[2] 邓毛颖、邓策方:《利益统筹视角下的城市更新实施路径——以广州城中村改造为例》,《热带地理》2021年第4期。

[3] 广州市统计局:《广州市第七次全国人口普查公报》,http://tjj.gz.gov.cn/tjgb/glpcgb/content/post_7286033.html,2021年5月18日。

647134套住房,规划新建融资区面积3254.28万平方米,这些融资区楼盘的规划人口预计将增加190万人。① 与原有"只需要管好村里人"相比,城市更新后势必增加非户籍人口居住数量,社区治理难度将骤增。

(四)城市更新带来新的人口结构与新业态

课题组在调研中发现,目前推进的城市更新项目,基本上采取"1+1"(即复建区+融资区)模式进行重建,城市更新将新建大量楼盘小区,这也将改变社区的人口结构。

在改造之前,居民以自建房出租为主,租金相对便宜,为大量的外来务工人员提供了性价比较高的住所,尤其是刚毕业的大学生、临时务工人员等人群。经过城市更新之后,原来的城中村变成楼盘小区或公寓,租金增长翻倍。因此,原来的租客会倾向于寻找新的城中村,流入的则是收入水平相对较高的技术人才以及对居住环境有更高要求的年轻人。

(五)城市更新与基层治理发展不平衡、不充分

广州进一步提高城市更新加速度,在"3年完成66条村旧改""5年完成183条村旧改"等计划分类推进的同时,城市更新社区的基层治理发展却出现不平衡、不充分。一方面,安置区(回迁区)仍然停留在原有的村治模式,社区治理的成效主要取决于社区干部治理能力和集体经济发展情况。另一方面,融资区楼盘由开发商规划建设,有的社区干部将过多的精力放在硬件改造,而忽略了城市更新后的公建配套规划、社区居委会建设以及外来人口治理等方面的软件升级,导致未来社区存在治理缺位的隐患。课题组在调研中发现,以天河区猎德社区、黄埔区文冲新村为代表的村改居社区,其集体经济运作良好,可反哺于社区治理,而大部分融资区新增的社区为纯粹的城市社区,只能依靠政府财政开展社区治理,无论是人力资源还是经费支持,都远远比不上拥有集体经济的村改居社区。

---

① 资料来源:黄埔区城市更新局。

二 问题分析

（一）城市更新与基层治理协同发展的规划存在短板

2021年以来，广州市政府发布了近160份与城市更新相关的文件和新闻稿，涉及城市更新的政策支持、政策解读、土地规划、合作企业、土地整备、建筑质量、现场督导、调研学习、时间节点、旧改规模、效益评估、历史文化保护、交通影响等方面，都基本着眼于项目改造前、中的各项事宜，但对于城市更新后出现新的社区生态、基层治理格局，与之相关的顶层设计和规划较少。对于改造完成后可能出现的基层治理问题预测不足。课题组在调研过程中发现，有的社区居委会办公场地偏僻或未规划；安置区融资区共用公建配套，因资源不足引发安置区融资区双方居民争执；对项目开发商关于公建配套的规则要求培训不足，导致便民设施不便民等情况。

根据调研数据，广州市城市更新后的居委会缺口将激增，"融资区"楼盘需新建居委会填补治理空白。以黄埔区为例，按2000户6000人设置一个居委会，截至2021年8月改造项目数据，黄埔区需新建168个居委会（见表1）。现场调研穗东街道和九佛街道，村（居）委负责人表示，原村（居）委既无能力也无意愿服务改造后扩张好几倍的居民区域。城市更新后融资区新建楼盘将导致非户籍人口的激增，需提前做好规划填补治理空白。需对"融资区"楼盘社区的居委会建设和社区治理做好提前规划，实现城市更新与治理更新"两条腿走路"。

表1 黄埔区各镇（街）城市更新后新增居委会估算

街（镇）	更新后复建区面积（万平方米）	改造后融资区面积（万平方米）	复建区现有居委会数量（个）	融资区人口（人）	预测融资区新增居委会（个）
红山街	139.75	104.11	1	33315	6
联合街	258.96	144.51	3	46243	8

续表

街(镇)	更新后复建区面积(万平方米)	改造后融资区面积(万平方米)	复建区现有居委会数量(个)	融资区人口(人)	预测融资区新增居委会(个)
南岗街	253.19	126.09	3	40349	7
穗东街	367.96	285.07	3	91222	15
黄埔街	62.42	58.20	3	18624	3
大沙街	248.28	124.86	1	39955	7
龙湖街	47.33	73.54	2	23533	4
新龙街	660.98	658.32	9	210662	35
九佛街	524.14	374.26	5	119763	20
云埔街	348.92	388.66	6	124371	21
长岭街	223.15	145.48	4	46554	8
夏港街	65.33	69.67	2	22294	4
鱼珠街	137.14	97.13	2	31082	5
萝岗街	80.37	46.16	1	14771	2
文冲街	154.41	76.13	1	24362	4
永和街	343.87	354.25	4	113360	19
总数	3916.20	3126.44	50	1000460	168

资料来源：黄埔区城市更新局。

（二）基层社区尚未形成有效的多元共建机制与合力

经过城市更新，复建区仍将归属原村委会和"村改居"社区居委会管辖，并依托原集体经济组织进行社区管理。复建区以村（社区）原户籍村（居）民为主体，规划预增人口主要来自村（居）民出租或转卖房屋带来的常住人口，与改造前区别不大，而且出租屋由单间变成套间后，预计租住人口相较改造前会有减少，原村（社区）治理难度也相应降低。

受到经济利益的约束，原村（居）民更容易服从村（居）委会的管理。城市社区改造完成后，除由原分散的、无物业管理的楼栋变成有物业管理的集中小区外，预计形态不会有大的变化。行政村在未改为社区前，复建区仍延续原管理模式。村民和"村改居"社区居民从自建住房搬进楼盘小区，表面上看与城市居民无异，但村民利益与村经联社挂钩，村民也是经联社股东。随着经联社股份制深化改革，未来会涉及股份继承等权益，村民如划归其他居委管理，没有集体经济这个抓手，居委会在管理上会比较困难，甚至会出现"公共服务上要求居委会提供，但参与社区治理方面只听原村委的安排"的情况。

复建区内的"村改居"社区，居委会成员基本由更新前原居委会原班人马（多由经联社董事会成员兼任）组成，开展社区治理仍然停留在原有的村治模式，社区治理的成效主要取决于社区干部治理能力和集体经济发展情况，对社区干部的治理能力提出了更高的要求，尤其是"党社经"职能三肩挑的社区干部。课题组在调研中发现，以黄埔区文冲新村为代表的"村改居"社区，其集体经济运作良好，可反哺社区治理，而大部分融资区新增的社区为纯粹的城市社区，只能依靠政府财政开展社区治理，无论是人力资源还是经费支持，都远远比不上拥有良好集体经济的"村改居"社区。

融资区内的"新楼盘"社区，将在融资区全新的公建配套场地设置居委会，与目前的城市楼盘社区一致，社区居委会与辖区内各组织联动，协同治理与服务社区将成为新常态。课题组在调研中发现，融资区内的"新楼盘"社区主要存在人手不足、经费有限、居民参与不足等方面的挑战，这类社区居委会在日后管理工作中，能否发动小区内可以团结的力量，进行有效联动非常关键。融资区新居委在没有额外的经联社经济支持下，如何系统地联动辖区的物业、业委会、志愿者组织等主体，共同担负管理好美丽家园的责任，是城市更新后融资区新增居委会需要重点思考的问题。

（三）针对基层治理队伍能力建设的投入、供给不足

一方面，目前村（社区）干部主要精力多用在改造前的"拆"和"建"上，尚未提前对城市更新完成后新的村（社区）治理进行谋划，也缺乏向本区或外地改造成功案例学习借鉴的意识。大多数城市拆迁安置社区居委会的

职能尚处于乡村治理向现代化城市社区治理过渡的中间环节,既要对原有村庄遗留的利益分配、拆迁补偿、民政优抚等社会事务进行管理,又要在再就业、宣传教育、公共事务、治安、卫生、社会保障等多方面为居民提供便利和服务。安置社区对比纯城市社区,涉及的日常事务更复杂,对安置社区工作人员的治理能力要求更高。

另一方面,大多数"村改居"社区治理手段单一,基层社区尚未形成有效的多元共建机制。大多数"村改居"社区只会独自面对基层治理问题,未能学会有效联动辖区内的物业、业委会、志愿者组织等各方力量。目前课题组调研个别优秀的"村改居"社区,也仅加强了与物业公司的联动。例如萝岗社区管理的复建区线坑花园楼盘,虽已在经联社的支持下成立了自己的物业团队,有了基层治理的"助手",但在面对繁重的疫情防控、大规模核酸检测时,依然会出现基层人员不足的窘况。另因缺乏业委会及各种社区志愿组织的支持,较难推动村民养成楼盘小区的居民道德习惯。

三 对策建议

城市更新与三旧改造将极大地改变广州市社区面貌与产业形态,但在社区治理方式上,"村改居"社区继续沿用原有的村庄治理模式,与融资区内"新楼盘"社区的城市社区治理模式并存,这一局面将在一段时间内长期存在。在社区治理层面,这种城乡二元的"双轨制"治理模式不会因为城市更新与三旧改造发生彻底改变,基层社区治理将随着社区面貌、产业、人口及生活方式的转变而缓慢革新,这是一场"静悄悄的革命",也是"城市治理更新永远在路上"的表现。为此,课题组分别从机制、模式、能力和保障四个方面对加强基层治理体系和治理能力现代化建设提供对策建议。

(一)建立健全城市更新与基层治理协同发展机制

国务院办公厅《关于全面推进城镇老旧小区改造工作的指导意见》(国办发

〔2020〕23号）明确指出，要坚持建管并重，加强长效管理。以加强基层党建为引领，将社区治理能力建设融入改造过程，具体有以下几方面的对策。

（1）完善顶层设计。可组织社区治理专业研究团队、专家学者对城市更新与基层治理协同发展的机制与模式进行研究，并形成配套的政策法规。课题组调研发现，黄埔区作为广州市城市更新速度最快的区域，已率先开展三旧改造背景下的居委会建设与社区治理前瞻性研究，为城市更新后的社区治理布局提前做好谋划。

（2）用好联席会议。推动将城市更新与基层治理协同发展纳入街（镇）、村（社区）两级联席会议的常规议题内容，引导街（镇）、村（社区）领导干部在城市更新过程中充分考虑未来社区基层治理的需要，形成区—街（镇）—村（社区）在城市更新与社区治理规划的管理闭环。

（3）提高社会参与。提高城市更新参与主体的基层治理意识，一方面组织引导村民积极参与旧村改造后社区建设与治理规划，另一方面对涉及城市更新的开发商从业人员进行社区建设与基层治理相关培训，引导其将基层治理纳入社区建设考量因素。

（二）完善社区党建引领多元共建与社区治理模式

（1）加强党委对城市更新与社区治理规划的统一领导，进一步发挥"令行禁止，有呼必应"综合指挥调度平台等服务管理载体的作用，在城市更新的过程中，同时推动党组织领导下的基层群众性自治组织社区组织动员体系建设。

（2）引导城市更新后社区合法成立业主委员会，引导业委会广泛收集居民意见，反映居民的正当诉求，维护社区公共设施和积极组织开展各类丰富多彩的活动。

（3）提高物业管理队伍的社区治理专业能力，把城市基层党建与小区物业有机融合，以"红色物业"为引领，积极构建党组织领导下的居委会、业委会、物业服务企业等多方联动的"红色物业"体系。

（4）鼓励外部具有专业资质的社会机构以项目制方式向社区居民提供

生活扶助、关系整合、社会融入、资本链接、生计拓展、社区矫正等专业化社会服务，承接部分社区事务，提高社区治理与服务的精细化程度。例如探索社区党组织向业委会和物业公司分别派驻业委会社工和物业社工的管理模式。

（5）引导群团组织、驻区单位与社区内生组织服务职能的关联，提供资源支持，运用各种政策措施支持关注公益慈善类、协调管理类、文化娱乐类等社区社会组织的培育，并通过直接资助、购买服务、公益创投等方式给予财政和资金支持。

（三）加强基层社区治理队伍培训体系与能力建设

基础不牢，地动山摇。以村（社区）居委会干部为主的社区治理队伍是基层治理的基础，为此，加强基层社区治理队伍培训体系与能力建设是实现基层治理体系与治理能力现代化建设的关键所在。

（1）制定完善社区治理队伍的专业培训体系，设立面向社区工作者的专项培训经费，设计系统性、持续性的培训课程，分层次、分类型、分阶段开展社区工作者培训。

（2）将城市更新与社区治理协同发展相关理念、知识与方法纳入社区工作者培训内容，例如组织涉及城市更新项目的社区工作者到已经完成"三旧"改造的模范社区参访交流，学习先进的社区治理经验。

（3）挖掘社区内部存量资源，通过选举社区贤人、评选社区达人、培育志愿者骨干等方式，激发群众参与热情，充实基层社区治理队伍的群众力量。

（4）及时总结广州市城市更新与社区治理协同发展的经验模式，挖掘城市更新背景下的社区治理创新经验、典型案例和典型人物，培育本土社区治理导师队伍。

（四）增强城市更新与基层治理协同发展保障力量

（1）加强对城市更新过程中涉及社区治理相关规划的指导与监管，例如制定城市更新项目公建配套建设操作指引，进一步明晰社区居委会的场地位置、规划用地、内部条件等方面的细则。

（2）完善城市更新与基层治理协同发展激励机制。在涉及城市更新项目的村（社区）选点创建城市更新与基层治理协同发展创新示范点，在稳步推进城市更新硬件升级的同时，重点考核该村（社区）在基层治理布局与规划、治理模式的更新，并对基层治理工作表现优异的社区干部在人事任免、绩效考核等方面提供支持。

（3）加强城市更新过程中涉及社区治理相关规划的全流程监管，并设立监管后的反馈机制。例如在规划审批社区公建配套后，项目建设中要组织检查、项目建成后要验收，要确保相关的指导和要求正确落实，避免指引只停留在纸面审批上。

（4）加大城市更新与基层治理协同发展的宣传力度，转变居民原村生活常态，合理利用社区橱窗宣传、举办市民公共道德规范宣讲课程，倡导居民积极参与社区活动，潜移默化地影响和改变村民的原有生活习俗，尽快融入城市社区生活，提升市民文化素养和道德意识。

参考文献

郁建兴：《社会治理共同体及其建设路径》，《公共管理评论》2019 年第 3 期。

刘红、张洪雨、王娟：《多中心治理理论视角下的村改居社区治理研究》，《理论与改革》2018 年第 5 期。

范斌、赵欣：《结构、组织与话语：社区动员的三维整合》，《学术界》2012 年第 8 期。

顾永红、向德平、胡振光：《"村改居"社区：治理困境、目标取向与对策》，《社会主义研究》2014 年第 3 期。

王诗宗、杨帆：《基层政策执行中的调适性社会动员：行政控制与多元参与》，《中国社会科学》2018 年第 11 期。

闫铭：《"全周期管理"视域下城市治理路径探析》，《改革与开放》2021 年第 14 期。

B.4
关于打造广州社会治安防控体系3.0版本的研究

广州市公安局课题组[*]

摘　要： 广州市公安机关深入贯彻习近平总书记关于创新完善社会治安防控体系建设的重要指示精神，全面落实中共中央办公厅、国务院办公厅《关于加强社会治安防控体系建设的意见》要求，主动顺应时代发展和现实需要，以智慧新警务为引领，以基层基础建设为支撑，积极探索信息化、大数据条件下社会治安防控体系升级优化路径，有效预防、减少和打击违法犯罪。案件警情、刑事立案数连续五年同比下降，影响群众安全感的"两抢"、入屋盗窃等犯罪类型创下历史新低（2021实现251天"两抢"零发生），人民群众安全感常年保持在95%以上，社会治安持续向好，高质量高水平的平安广州建设成效明显。

关键词： 社会治安　治安防控体系　智慧警务

一　研究背景

社会治安防控体系建设是维护公共安全的核心工程，也是建设平安中国的基础工程，其本质是在公安机关主导下有组织的社会化控制，目标在于维

---

[*] 课题组组长：杨炳升，广州市公安局党委委员、副局长；课题组成员：姚艳辉，广州市公安局指挥中心调研处研究科科长；陈剑锋：广州市公安局指挥中心社会面防控科科长。执笔人：姚艳辉。

护社会秩序平安稳定和提高公众的安全感。2001年,中央正式提出构建社会治安防控体系后,各地以公安机关为主导加强社会治安防控体系建设。2003年,广州公安开始构建社会治安防控体系,经过15年连续发展,2018年基本形成立体化社会治安防控体系的"广州模式"。近年来,随着大数据、云计算、人工智能等新一代信息技术快速发展应用,社会治理的理念、主体、方式不断改变,广州公安立足自身实际,不断升级优化与时代进步相适应、技术发展相同步、社会治理相契合的社会治安防控体系,形成了一批标志性的建设成果。

(一)从发展历程看,升级优化社会治安防控体系是警务发展的必由之路

广州公安社会治安防控体系建设大体经历了萌芽发展、系统发展、成熟定型、创新发展四个阶段。一是萌芽发展阶段(2003~2008年)。2003年,为全面落实《中共中央关于进一步加强和改进公安工作的决定》(中发〔2003〕13号)要求,在完善人民警察巡逻体制和建立110指挥中心的基础上,正式建立全市网格化巡逻机制,开启社会治安防控体系建设工程,并在实践中不断发展壮大。二是系统发展阶段(2009~2010年)。2010年,以亚运会安保实战为契机,全面开展社会治安防控体系建设,探索建立由"三道防线""四张网"等阵地控制组成的基础防控、以"110"指挥中心为中枢,以多警种合成为主体,以快速反应和信息化机制为保障的防控体系,系统打造广州公安社会治安防控体系1.0版本。三是成熟定型阶段(2011~2013年)。2011年,为深化落实《公安部关于进一步加强社会治安防控体系建设的指导意见》(公通字〔2011〕37号),在巩固优化亚运安保做法基础上,进一步拓展社会治安防控内涵和外延,固化"一个平台、两个重点、三道防线、四张网络、五项机制",逐步实现全方位、多维度构建信息化、立体化治安防控体系。四是创新发展阶段(2014~2020年)。深入贯彻党的十八大"完善立体化社会治安防控体系"的总体部署,通过不断创新工作理念,于2014年5月建立"情报、指挥、巡逻、视频、

卡口、网络""六位一体"社会治安防控体系和警务运行机制，并于2018年完成公安指挥云平台的开发应用，形成"智能预警—动态指挥—精准盘查—处置反馈"运行链条，创新打造广州公安社会治安防控体系。不难看出，持续升级优化社会治安防控体系是广州公安发展的历史选择和必由之路。

（二）从城市定位看，升级优化社会治安防控体系是加强市域社会治理、建设高质量高水平平安广州的必然要求

2020年6月，广州市被中央政法委确定为全国市域社会治理现代化第一期试点地区。广州公安紧紧围绕国家、省、市"十四五"规划和2035年远景目标等重要部署，锚定"建设更高水平的平安中国"，牢牢把握市域治理的阶段性目标，推出平安建设的本地化方案，将升级优化社会治安防控体系作为全面夯实市域社会治理的基础性工程来抓。紧扣城市发展实际，以实现老城市新活力、"四个出新出彩"引领带动社会治安防控体系升级优化工作，以"全方位、全过程、高水平、高站位"走在全国全省的前列为目标，努力让群众的获得感、幸福感、安全感更加充实、更有保障、更可持续。

（三）从技术进步看，升级优化社会治安防控体系是智慧新警务发展的必然趋势

随着大数据战略和智慧警务建设持续深化，社会治安防控各领域新技术不断涌现，为社会治安防控体系建设提供了技术条件，也提出了升级优化的客观要求。近年来，广州公安认真落实公安部大数据战略和省公安厅智慧新警务总体工作部署，在全市公安机关启动大数据智能化应用建设，突出以发挥数据要素价值、深化全警智能应用为支撑，再造警务流程，推动警务变革。在新的历史发展阶段，以制定实施《广州市公安机关信息化"十四五"规划》为契机，加速推动广州公安智慧新警务牵引升级优化社会治安防控体系3.0版本成为必然趋势。

（四）从自身建设看，升级优化社会治安防控体系是广州公安改进现行治安防控体系不足的重要举措

随着社会经济发展和警务大数据变革深入推进，对标公安部《全国公安机关社会治安防控体系建设指南》要求，广州公安现行治安防控体系存在一些不适应的问题。一是整体布局不适应新形势、新技术、新业态发展。对社区防控、重点单位和行业场所、网络防控等方面缺乏信息化手段支撑，对新兴业态、新型违法犯罪等方面的防控能力和水平有待提升。二是组织体系不适应当前警务运行实际。在多警种交叉业务、警种协作共享等方面较为乏力，整体效能发挥及部分专业领域统筹推进力度不够。三是智能感知前端覆盖面不适应国际化中心城市定位。社会面电子围栏、人脸识别、WIFI 采集及人工智能、AI 视觉、三维图像等高新技术应用不足，部分系统存在数据接口不兼容问题。四是一线勤务模式不适应智慧新警务建设要求。大数据应用工作与业务流、实战结合的可塑空间大，基层民警工作"大数据"思维有待进一步开拓，个别基层单位对终端应用力度明显不足，系统应用的人机交互有待优化。五是运行机制不适应精准化、专业化的用警需求。一些新兴领域防控运行机制与系统应用未能有机结合，勤务响应机制对基层勤务缺乏精准指导，大数据环境下勤务运行、实战指挥等机制需要升级。

二 主要做法

2020 年以来，广州公安按照市委、市政府和上级公安机关部署，牢固树立大数据警务理念，立足超大城市风险防控需求，积极探索大数据智能化社会治安防控体系建设，以"顶层设计更优化、基础板块更扎实、智能感知更精准、勤务布局更科学、运行机制更高效"为目标，升级优化"一图、两云、三级、四库、五网、六机制"即"123456"社会治安防控体系，以"数据+感知+勤务"整体架构，全力打造广州公安 3.0 版本社会治安防控体

系，实现社会治安防控由动态防控向多维化防控覆盖转变、由碎片化防控向全域数据支撑智能化防控转变、由被动防控向主动精准化防控转变。

（一）打造指挥调度新模式，实现"一张图式"精准指挥

坚持需求导向、问题导向和实战导向相结合，通过大数据应用和"指挥云平台"建设，做强公安机关指挥中心"最强大脑"，提升智能感知治安动态、精准预测风险隐患、科学决策指挥处置的综合能力。一是依托市局大数据平台，汇聚各类与社会治安防控相关的基础信息、勤务数据上图，实现信息"一图展示"。二是融合各警种治安防控专业平台信息和应对处置预案库、应急装备库等，实现要素"一图调阅"。三是融合升级各类指挥调度基础应用系统，推动指挥系统与指挥业务流融合，实现"一图指挥"。同时，利用4G、5G网络，推动移动终端定位、移动可视对讲等警令传输渠道和载体升级，实现全警全方位、自动化、实时性共建共享共用。

（二）融合"两云全要素基础数据"，实现全域数据化支撑"三层级"智防体系

推进融合警务云、视频云"两云"平台建设，突出数据应用的功能性、准确性和实战性，为优化市局、分局、派出所三级指挥智慧防控体系提供全要素基础数据支撑。一是打造警务云建设应用。推动警种、行业数据实时共享接入，培育"共建共享，众筹众包"的大数据建设应用生态，完善警务数据中台，引导全警创新和个性化发展，全面推进警务运作模式改变。二是打造视频云建设应用。加强全市图像围栏建设应用，从海量视频图像信息中进一步"智萃"价值信息，积极拓展视频实战应用场景、提升视频图像大数据智能化应用意识、技能和水平。在此基础上，整合"智感前端"体系建设，推进业务警种"视频+技防"赋能应用。三是升级完善三级指挥及勤务体系。优化市局、分局、派出所及规范动态警务指挥机制，以相关领域和业务板块为牵引，统筹规范联勤指挥模式和实战勤务体系，完善等级勤务响应、分类分级防控等勤务运行机制，实现"指挥高效、运行有序"。

（三）建设四大重点库，实现全时空感知系统智能应用

通过建立以重点人、地、事、物为目标的四大重点库，统筹广州市治安、交通、水域等视频监控、人/车卡口、电子围栏、门禁/道闸、安全检查等多维物联前端的建设，构建一张全时空泛在感知网，推进现实感知和网上感知，进一步完善全时空防控触角。一是建设重点风险库。围绕"八大风险领域"建立主题库，完善风险隐患全链条全息档案，夯实风险隐患预警预知、应对处置的数据分析基础。二是建设重点人员库。完善市域重点人员库，夯实人员全息电子档案库建设，完善人员背景、轨迹、行为、关系等四大维度信息；同时通过人员特征标签+积分模型运算，发现"可疑坏人"和"灰色人员"。三是建设重点部位和行业库。围绕各类型社会面防控重点场所、部位以及行业，建立动态更新数据库，全量掌握目标地理、内部结构、场所人员、内部安保等信息。四是建设重点物品库。以各类治安管制物品、敏感物资等为重点，建立重点物品库，围绕重点物品"产、销、运、储、用"等环节，全量掌握重点物品信息。

（四）织密"五张立体防控网"，实现"实兵+智感""现实+网络"多维覆盖

将社会面作为治安防控工作主战场，依托"五张网"构建起点线面紧密呼应、形成"水陆空、地上地下实兵+智感""现实+网络"立体全域防控。一是织密社会面巡逻防控网。整合"圈层防控"和社会面巡逻，打造"智慧支撑、实兵落地"的社会面巡逻防控网络。一方面，织密电子化"圈层防控"、延伸智感安防区建设覆盖，提升对进出广州市车辆、人员实时感知。逐步推动智感前端在市内实现"全域建设、全面覆盖"。另一方面，推动指挥云平台、智慧新巡防系统建设应用，完善配套的勤务机制和工作规范，实现巡防警力扁平化指挥、巡逻勤务可视化监管、盘查信息实时化采集。二是织密社区防控网。推广智感安防小区建设，全面提升社会基础单元智慧防控基础支撑。推动社区警务从传统"面对面"向大数据、智感网络、

互联网等条件下的"线对线"精准管理转型。建立"民警牵头、辅警辅助、义务力量广泛参与"的等级化社区巡防勤务机制，全面压降社区可防性案件；提升基层群防群治力量发动组织和风险化解能力，推动基层治理能力优化升级。三是织密重点目标和行业场所防控网。强化"智慧治安"专项业务系统功能建设，推动各类社会面重点目标部位和场所"智感防控区域"布设。完善治安保卫和治安防控等级化勤务规范、新兴行业和危险物品安全监管规范，建立健全各类人员密集场所人流监测预警处置机制，推动大型活动安保标准化、市场化、智能化建设。四是织密智感技术防控网。推进社会治安智感技术防控网络建设，支撑实体防控勤务高效运作，牵引勤务机制变革升级。以加快智能感知前端建设、升级换代新一代警务终端、构建统一的智感技术防控平台为基础，建设"智感技术一张网"整体布局和赋能应用，基本实现"人留影，车留痕，手机留信息"。五是织密网络防控网。充分发挥网安大数据分析、数据模型构建等技术优势，提高"八大领域风险"的预警监测、分析、落地能力。推动建立全警参与的网络舆情巡查机制，形成"业务先导、自主巡查"的网络巡查模式。进一步加强网络违法犯罪线索侦查打击，深化公共场所WIFI无线上网管控、做强做实网安警务室工作，强力整治网络犯罪生态。

（五）建立"六项关键机制"，实现全流程警务高效规范运作

坚持以效能为核心，从社会治安防控体系建设的各环节入手，健全情报预警、实战指挥、勤务部署、联勤联动全流程警务运行新机制。一是建立"情指勤舆"一体化运行机制。以联勤指挥中心为中枢，夯实"情报研判""应急指挥""网络舆情监控""舆情应对"4个运作单元建设，构建起"指挥一张图、管控一张网、行动一体化、舆情全过程"一体化联合作战运行机制。二是优化等级勤务响应机制。对现行区域性和全局性等级勤务响应机制进行全面优化：围绕不同节点、不同情形的防控侧重点，修订完善"分类分级"勤务响应规范，细化、量化工作措施，切实解决当前等级勤务响应针对性不强、执行难、落实不足等短板问题。三是完善重大突发事件点对点可视化应急指挥机制。主要包括：（1）完善"指挥发起、警种响应"的联合指挥处置模式，进一步健全完善各类重大突发案事件先期处置和指挥机构搭建规范。（2）完善三级动态指挥模式和职责分工，以重大敏感警情提前介入处置、情报分析预警防范为抓手，层级跟进督导，做实"点对点"扁平指挥。（3）推进移动警务终端的勤务末端通信应用，逐步推广警务终端可视化实时通联，构筑"电台+终端+电话"多渠道指令传输模式。四是强化重点目标分级分类防控运行机制。主要包括：（1）全面梳理全市各类目标类型（分类标准），明确防控责任警种。（2）各责任警种按照管理职责建立各类目标级别划分、防控标准和基础信息动态更新工作体系，完善各级目标防控勤务动态调整制度，强化目标防控的针对性。（3）属地公安机关负责推动重点目标与行业智能感知技术"防控圈"和"警企、警民"联动的人力"防控圈"建设，提升风险"事前发现和处置率"。五是提升社会面巡逻防控"1、3、5"分钟快速响应机制。按照"突出重点、分类分级"的工作思路，整合各级巡特警警力和社会治安力量，以全市各类重点目标部位为基础，分级分类优化巡防力量部署。主要包括：（1）对重中之重的区域，逐一建立1分钟快反圈，由市局、分局、派出所、武警多方力量联合设防。（2）对区级相对重要部位，建立3分钟快反圈，由分局特警力量、派出所联合设防。（3）对各街镇辖内人员密集场所或重要地标，由派出所依托C类巡组，设立5分钟快反圈。在重中之重的部位，探索升级"15秒、30秒、60秒"快速现场处置战术。六是建立全警参与的网络巡查机制。推动互联网巡查工作从网警巡查向警种巡查、属地巡查、基层巡查延伸，发挥警种专业领域和属地优势，建立对苗头性、行动性、线索性等信息的快速发现、核查、打击、处置机制，规范常态和应急条件下的巡查力量、要求、时间、报送方式等标准。

三　经验启示

广州公安依托智慧新警务建设升级优化社会治安防控体系的探索与实践，较好满足了城市定位和警务实战化建设的客观需求，有力提升了公安机关在动

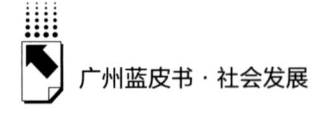

态化、信息化条件下的治安防控水平，有效回应了人民群众对公安工作的新期待，对平安建设及面向未来的治安防控体系谋划发展具有一定的启示意义。

（一）加强顶层设计和统筹兼顾，是升级优化社会治安防控体系的组织保障

充分发挥党委顶层设计、统筹协调作用，加强前瞻性的方案部署和规划措施，明确社会治安防控体系专业化组织架构体系，健全完善内部运作机制。一是构建完善组织指挥架构。按照构建职能科学、事权清晰、指挥顺畅、运行高效的社会治安防控体系的总体思路，成立由市公安局局长任组长、其他市局领导任副组长的升级优化社会治安防控体系工作领导小组，以指挥（秘书）部门为龙头，制定总体方案、项目实施方案及考核评价体系，深化纵横联勤联动机制。二是构建专业化防控组织体系。在指挥中心设置"市局防控办"的基础上，进一步细分专业板块的统筹组织，设置"综合协调、情报支撑、数据支撑、街面防控、社区防控、重点目标和行业场所、智感防控、网络防控"等八大功能组，分别由对口警种牵头，打造"专业捆绑、专业引领"组织体系。三是推动各级"防控办"实体化运行。规范设置市局、警种、分局"防控办"实体化机构，明确责任领导和具体经办人员，实行定人定岗、专职负责；同时完善配套的联席会议、考核评估、效能反馈等系列组织运行机制，实现"打击更有力、防范更严密、应对更有效"的目标。

（二）强化科技引领和数据赋能，是升级优化社会治安防控体系的基础支撑

以加快提升智慧新警务背景下社会治安防控工作智能化水平，积极拓展各类物联网感知设备、数据自动采集设备、视频智能化应用技术，构建起智能防控新格局。一是强化科技引领。时刻关注信息技术发展态势，综合应用互联网技术、物联网技术，切实把大数据、云计算、人工智能等最新科技应用到智慧新警务建设领域，加快形成"人在干、数在转、云在算"的运行模式。二是强化全要素数据支撑。完善以大数据支撑为基础的警务运行机制,建立以智能化采集数据为主、人工采集为补充的数据采集模式,汇聚公安内部数据、社会数据和互联网数据,为重点人群管控、重大事件预警提供精准支撑服务。充分利用大数据资源综合分析风险因素,突出数据应用的功能性、准确性和实战性,构建信息共享体系,实现跨层级、跨地域、跨系统、跨部门、跨业务的协同管理服务。三是强化感知系统支撑。依托智慧城市建设,全市建成视频监控,高清卡口系统、人脸识别设备、WIFI采集设备,构建全时空泛在感知网,科学布建泛在感知的"神经元",实现多维数据采集,加快构建以人为中心的全息档案,全程掌握活动轨迹。以具备智能感知功能的新一代移动警务、执法记录仪、机器人、无人机等信息化手段为有益补充,加强可穿戴类等智能设备的配置和升级换代,丰富多形式智感前端载体,进一步延伸防控触角,满足不同场景下的实战运用需要,不断提升预知预警预防水平。四是强化"云平台+新应用"体系支撑。按照"统建+赋能"建设思路,构建云管理、接入、解析、服务、后台、应用等六大中心,接入汇聚视频监控、人脸识别、车辆识别等三大基础数据与各项公安业务信息关联融合,打造具有"广州特色"的视频云平台,构建"视频云+新应用"体系,实现赋能支撑指挥、管控、侦查、防控、交管、监管、警卫等多项专题应用,推动形成以数据为关键要素的公安机关新型战斗力,为社会治安防控提供有力支撑。

(三)聚力创新驱动和效能防控,是升级优化社会治安防控体系的有力举措

坚持推进警务体制和工作运行机制改革创新,以效能为核心,从社会治安防控体系建设的各环节入手,构建起效能防控新格局。一是坚持开拓创新。拓展创新思维,尊重基层一线首创精神,鼓励基层实践创造,调动各方积极性,把治安防控体系建设的过程变成基层广泛参与的过程。向外拓宽视野,积极借鉴其他地方成功经验,有效避免走弯路、出差错。二是坚持开展评估督导。实施"预判在前、战略防范、以面找点、捆绑整治"的情报主导警务模式,每季度组织全局20个警种评估治安重点地区,对被督办的单

位，实行治安警情实时监控、维稳态势滚动评估、工作措施纠偏扶正、市局结对支援等措施，形成齐抓共管局面。三是坚持等级勤务响应。按照"立足实战、分级分类，梯次投入、动态部署"的工作思路，坚持战时与常态相结合，对全市公安机关社会治安防控勤务实行阶段性、等级化部署，增强社会治安防控精细化、集约化、规范化警务效能。四是坚持警务联勤联动。深化专业警种系统数据整合、业务警种资源整合、防控力量优化整合、政府部门协作配合、社会力量联勤联动等五项机制，建立各类突发事件跨区域调警、多警种增援、多部门联动的应急处置体系，通过立体化纵横布阵，网络化联勤联动，形成资源共享、优势互补、勤务联动、合成作战的社会治安防控新局面。

（四）实现全社会治理资源融合，是升级优化社会治安防控体系的有力保证

升级优化社会治安防控体系建设是一项系统工程，需要全社会力量共同参与，汇聚多方资源，落实广州治安防控体系建设保障，构建起基础防控新格局。一是借助多元力量。密切与相关职能部门的协作配合，合力推动建设工作落地落细。鼓励企业、社团等组织和个人参与社会治安防控体系建设，通过市场化运作方式，把适合社会组织承担的公共服务和社会管理职能转移出去，为社会提供有偿服务。二是挖掘内部资源。加强治安防控体系建设统筹规划和顶层设计，通过合理配置使用，构建起高产出、低成本、高效益的良性运作机制，使有限的人、财、物发挥最大作用，获得社会治安防控体系建设的最佳效益。三是推进群众参与共建共享。整合专业、半专业力量及行业、社会志愿力量，打造"广州街坊"群防共治队伍品牌，在广州市200个重点镇街成立平安促进会，超过100万群众加入"广州街坊"群防共治专群互动平台，实名注册超过48万人。建立群防群治力量等级投放机制，实行与公安机关社会治安防控等级勤务响应捆绑运作，切实发挥社情民意的"信息员"、邻里守望的"巡防员"、矛盾纠纷的"调解员"、平安法治的"宣传员"等作用，为社会治安防控体系建设注入新活力。

参考文献

中共中央文献研究室：《十八大以来重要文献选编》，中央文献出版社，2014。

广州市公安局：《广州公安警务创新精要》，广州，2016。

李长安、杨粤：《公安机关数字侦查打击效能提升研究》，《中国刑事警察》2021年第6期。

史亚杰：《信息化背景下立体化治安防控体系建设研究》，《边疆经济与文化》2016年第7期。

章程：《"广州街坊"守护街坊》，《广州日报》2020年8月10日。

B.5
广州南沙创新网格化志愿服务的实践探索与建议*

广州大学广州发展研究院课题组**

摘　要： 广州南沙区充分发挥广州"志愿者之城"的独特优势，创新构建"党建引领、多联共治、着眼安全、深化服务"网格化管理新模式，是贯彻和落实习近平总书记"一切为了人民，一切依靠人民"重要指示的具体体现。建议在前期基础上由点到面进一步拓展试点范围，对现有的网格化志愿服务项目的做法、经验和模式进行检验，并以"主题、阵地、人员"为抓手不断拓展网格化志愿服务的深度，真正形成能够在全市、全省乃至全国范围内复制推广的网格化志愿服务的"南沙经验"。

关键词： 网格化管理　志愿服务　社会治理　广州南沙

构建社会管理服务创新试验区，是国家赋予广州南沙的一项重要任务。南沙区认真贯彻落实习近平总书记关于"坚持以人民为中心"加快推进社会治理现代化的重要指示精神，自2020年底开始在东涌镇、横沥镇和珠江街创新启动了"网格化志愿服务队伍品牌项目"建设。经过一年多的试点运营，

---

* 本报告为广东省社科研究基地国家文化安全研究中心、广州市新型智库广州大学广州发展研究院的研究成果。
** 课题组组长：涂成林，广州大学智库建设专家指导委员会常务副主任，二级研究员，博士生导师。课题组成员：谭苑芳，广州大学广州发展研究院副院长，教授，博士；曾恒皋，广州大学广州发展研究院软科学研究所所长，副研究员；周雨，广州大学广州发展研究院院长助理，博士。执笔人：涂成林。

现已在推进社会治理向基层渗透、帮助一线网格员增能减负、提升网格服务专业化与精准化水平等方面取得了明显成效，特别是在志愿服务赋能网格化社会治理方面形成了较为有效的工作模式与创新经验，充分显示出这一社区治理创新项目的实践效能和发展空间，为广州先行先试打造超大城市治理典范、率先建设全国市域社会治理现代化示范城市提供了可资借鉴的"广州样本"。

一 广州南沙区建设网格化志愿服务队伍的思路与模式

广州市南沙区网格化志愿服务队伍品牌项目的基本思路就是积极发挥广州"志愿者之城"优势，通过志愿服务赋能网格化治理，既为基层网格员增能减负，也推进社会治理向基层渗透，从而构建起"党建引领、多联共治、着眼安全、深化服务"的网格化工作新模式。

（一）坚持党建引领

南沙区网格化志愿服务队伍品牌项目（以下简称该项目）在以镇街党（工）委和村居基层党组织为核心的党建力量的支持下，借助该项目平台与各基层党组织合作，不断强化与各基层党组织的协同联动，搭建完善村居党组织、网格党支部、社会组织党支部、企业党支部等各个党组织参与网格化服务的渠道和机制，促进基层党组织在网格化社会治理服务中更好地发挥作用。同时，该项目着重发挥党员网格志愿者的带头、示范作用，重点吸纳和培育党员网格志愿者，通过党员网格志愿者先锋队的先行示范效应激励和带动网格志愿服务项目的全面开展。

（二）坚持赋能服务

南沙区启动该项目的目标，一是通过志愿服务为社区网格员增能减负；二是通过志愿服务为社区居民提供更精准、更精细的服务。该项目从启动伊始，就将赋能网格化社区治理的目标放在首位。在项目内部根据服务需求成立了东涌镇、横沥镇、珠江街三支志愿者队伍，截至2021年7月31日，该项目已经招募到分属三个试点镇街共计227名网格志愿者，确定了包括队长、副队长在内的志愿者骨干30人、活跃志愿者80人，形成了"社工+网格志愿者骨干+网格志愿者服务小分队"协同联动的平台，打通了社会力量参与网格化社会治理的渠道。

（三）坚持制度先行

以制度建设为抓手，南沙区建立起高效的网格化志愿服务小分队项目运营管理架构（见图1）。一是编制《南沙区网格化志愿服务小分队项目手册》，明确项目负责人、志愿服务队、核心骨干、网格志愿者等的职责权限，实行专人专责。二是编制标准化工作流程、宣传动员、专项行动、志愿

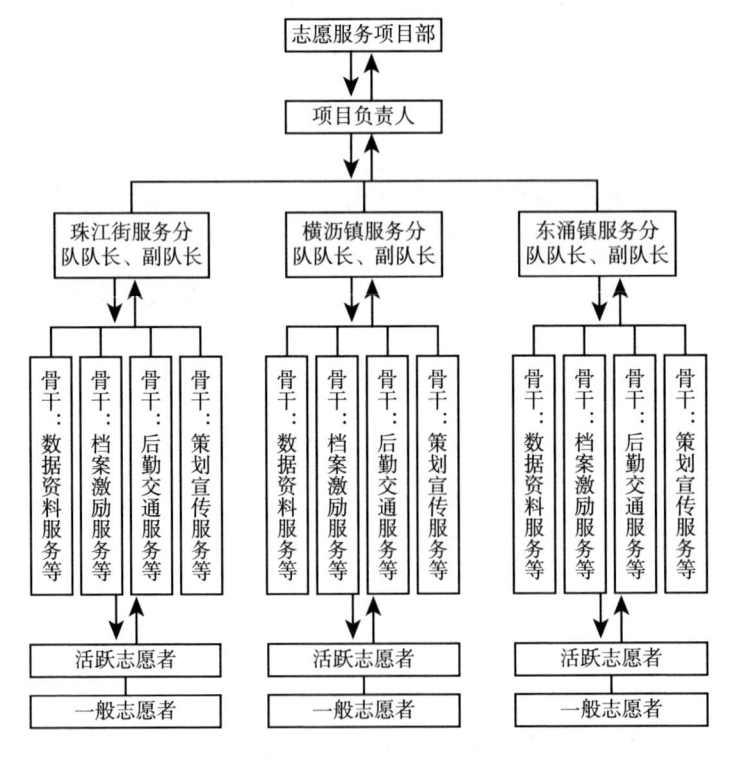

图1 南沙区网格志愿服务小分队项目运营管理架构

者管理、志愿服务团队激励等制度体系，不断完善网格化志愿服务的管理流程。三是针对社区网格化管理的杂症、难症和顽症，专门制定《南沙区网格化志愿服务"党建引领，多联共治"社区问题议事机制》，确立处理过程中利益相关者会前调研、议事会议和决议执行等三个流程。这些流程可重复或返回执行，直到保质保量执行完毕。

（四）坚持网格问题多联共治

坚持网格问题多联共治是南沙区网格化志愿服务队伍品牌项目的一个显著特色。其基本模式是：第一，收集居民意见，锚定网格重点问题。该项目运营部一方面听取网格中心、村居、各职能部门等的意见和需求，另一方面要求网格志愿者在宣传、巡格和服务的过程中，积极聆听和记录村居民的意见。项目运营部对网格志愿者收集的意见进行汇总和整理，对于反映普遍且突出的问题，可进行二次或多次调研，了解问题的影响范围、形成原因、重点难点等，明确服务目标和思路。第二，联动相关单位，促成多联共治。该项目将汇总的信息反馈到网格党支部、村居党支部、党员代表、相关职能部门、受到问题影响的村居民等，促成利益相关方协商议事，并为协商议事提供会议方案、资料信息汇总、会前沟通、问题解决的可选方案等，促进各方达成网格问题解决的多联共治方案，并形成书面纪要，协调各方予以落实。第三，整合多种资源，促进问题解决。发挥南沙区社会组织联合会社会联系广泛的优势，项目团队在服务中积极联动企业、社会组织、村居民等，整合链接社会资源，持续优化网格化服务工作的社会支持系统，有效促进网格在治理和化解社会问题方面的效能。

二　广州南沙区推进网格化志愿服务取得的主要成效

南沙区网格化志愿服务队伍品牌项目自2020年12月开始在东涌镇、横

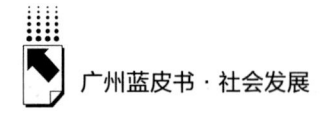

沥镇和珠江街开展试点工作以来，经过一年多的探索与实践，初步发挥了"增能减负、深化服务、主导宣传、专项行动"的实践效能。

（一）实现了专职网格员的增能减负

该项目实施以来，一方面网格志愿者主动收集和发现网格事件、问题，及时报告网格员，不仅帮网格员增能，也为网格员减负；另一方面，网格志愿者积极参与网格巡查，特别是针对城市边缘地带的巡查，如乡村地区、偏远河道、人迹较少的路段等，有效补充了网格员的力量，达到了网格巡查更密集、事件上报更及时、网格覆盖更全面等效果。截至2021年7月底，该项目开展网格志愿服务1198人次，累计志愿服务时数3491小时，巡查上报和处理网格事件1336件（其中上报网格系统平台729件），其中前三类为市容秩序、环境卫生、建筑物品安全事件，分别是257件、214件、158件。

（二）提升了网格服务的专业化与精准化水平

该项目在网格志愿者服务队内部先后组建党员网格志愿者服务队、独居长者服务队、防溺水河涌巡查服务队等，开展网格管理专项志愿服务，不断深化和提升网格志愿服务的专业化和精准化。例如，南沙区水网密布，溺水风险较高。为了防止南沙区居民在亲水活动时出现溺水问题，网格志愿服务队联合学校、镇街网格中心等，成立防溺水河涌巡查志愿服务队，目前共有队员30人，在开展网格巡查时巡查溺水风险，提升了网格服务的专业化水平。再如，针对孤寡独居长者因行动不便而面临的孤独、买药买菜难等问题，专门成立了独居长者网格志愿服务队，安排网格志愿者以结对的形式，在网格巡查的过程中定期上门探访孤寡独居长者，并联动珠江街党员网格员之家、慈惠医院、爱心义剪商家等机构，定期为孤寡独居长者送服务上门，包括义诊、义剪、家政清洁、政策宣讲、问题收集等。

（三）有效发挥网格化志愿服务的"组团"效能

该项目的网格志愿服务队按照"平战结合"的工作模式，做到日常情况"组团服务"，突发情况开展"联合作战"。例如，东涌镇、横沥镇、珠江街3支网格志愿者队伍坚持每周开展一次宣传活动、每周开展一次有组织的巡格活动、每周召开一次会议汇集资料，使网格化管理服务措施深入人心。在出现特殊情况时，网格志愿者也能立即全力投入专项服务。例如，2021年6月广州市出现新一轮疫情后，南沙网格志愿者在该项目组织下，在多轮核酸检测服务中始终坚守在一线岗位，并在村居和网格中心的统一指挥下，开展维持防疫秩序、运送生活物资、配合核算检测等服务工作。

（四）充分彰显居民参与基层社区治理的多层效能

该项目的网格志愿服务人员大多来自社区，对社区问题感同身受，在不同主体之间扮演第三方协调者角色和支持者角色，发挥了居民参与基层社区治理的多层效能。第一，对一线网格员而言，由于部分网格存在范围大、人员密集、工厂企业聚集等难点，给网格员的巡查和服务带来挑战，网格志愿服务人员积极参与网格巡查服务，组团参与专项行动，对其工作起到"减压阀"作用。第二，对基层职能部门而言，由于当前网格化服务管理是"采办分离"，网格员解决不了的网格问题都交由职能部门处理，但类似乱停车、卫生死角、城市"牛皮癣"、不文明出行等问题仅靠政府部门力量难以解决，网格志愿者的广泛宣传和引导就良好发挥了职能部门"助手"功能。第三，对社区居民而言，网格志愿服务人员以"第三方"的身份协调解决社区居民的家庭矛盾、残疾人照顾、青少年厌学等问题，一方面将汇总信息资料提交多联共治、议事协商机制，促成问题得到合理解决；另一方面对于无法统一解决、居民不合理的要求，也做好安抚和解释跟进工作，这对于协调社区关系、建设和谐社区起到了催化剂的作用。

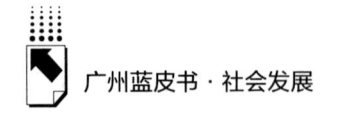

三 广州南沙区推进网格化志愿服务的主要经验与建议

（一）主要经验

南沙区启动网格化志愿服务队伍品牌项目，之所以能在短期内取得较好的成效，是因为牢记中国共产党的初心使命、发挥"志愿者之城"优势、秉持多联共治等，形成了较好的工作模式与经验。

1. 推动基层社会治理现代化必须坚持以人民为中心，一切为了人民，一切依靠人民

构建人人有责、人人尽责、人人享有的社会治理共同体，需要社会组织和基层群众等广泛参与，需要动员热心公益事业、熟悉社区民情的志愿者力量，这既是服务人民、服务社区的重大举措，也是依靠人民构建共建共治共享基层社会治理新格局的必然要求，是防范风险、化解问题、提升社会治理水平的根本途径。南沙区在现有专职网格员基础上，推动网格管理进一步向社区下沉渗透，动员和组织社区网格志愿者参与网格化管理，构建专群结合、多方协同的网格管理体系，这是贯彻和落实习近平总书记"一切为了人民，一切依靠人民"重要指示的具体体现。

2. 坚持党建引领，推进多联共治，是推进网格化志愿服务取得成功的主要法宝

基层党组织是网格化社会治理的主要推动者和重要参与者，基层党员网格志愿者是引领社区群众参与网格化社会治理的先锋力量。南沙区始终坚持基层党组织在网格化社区治理的主导作用，不断强化网格化志愿服务与各基层党组织的协同联动，搭建完善村居党组织、网格党支部、社会组织党支部、企业党支部等参与网格化社区治理的有效渠道，构建起以基层党组织为依托解决社会重点、难点问题的机制。同时，注重发挥基层党员网格化志愿者的骨干作用和示范作用，通过党员的示范作用和基层党组织的纽带作用，引领社区其他网格化志愿者深度参与社区治理工作，拓展社区居民参与社区治理的广度和深度。

3. 充分发挥广州"志愿者之城"独特优势，引导志愿者广泛参与网格化社会治理

基层社会治理模式创新需要结合自身资源优势，因地制宜地发动群众力量，这样才会取得最佳的改革创新效能。广州是众所周知的"志愿者之城"，拥有丰富的志愿服务文化与志愿者人力资源，在社会公益、社会治理方面发挥了重要作用。南沙区启动网格化志愿服务项目的优势，就是充分利用广州丰富的志愿服务文化和志愿者队伍，引导和推动志愿者参与网格化社区治理工作，打造我国推进基层社区治理体系建设和治理能力提升的可资借鉴的"广州样本"。

（二）进一步推进建议

南沙区网格化志愿服务品牌项目经过2021年在三个街镇的试点，初步探索出一套行之有效的工作模式与经验，今后还需要在广度、深度上拓展，打造出具有创新性、可复制的基层社会治理新模式。

1. 由点到面进一步拓展试点范围，对现有的网格化志愿服务项目的做法、经验和模式进行检验

南沙区自2020年底启动网格化志愿服务品牌项目，已在三个街镇进行了试点并积累了初步的经验，下一步应推广到南沙区全部九个街镇，开展更大规模的试点工作，在更大更复杂空间进一步探索检验志愿服务赋能网格化治理的科学性、有效性与普及性，尽快形成能够在全市、全省乃至全国范围内复制推广的网格化志愿服务的"南沙经验"。

2. 以"主题、阵地、人员"为抓手，不断拓展网格化志愿服务的深度

一是聚焦志愿服务赋能网格化治理的主题，开展更加广泛的宣传推广与品牌建设，增加社区居民对网格化志愿服务的理解和参与。二是加强网格化志愿服务的阵地建设，通过"单设""共建""联址"等不同形式，在社区建立网格化志愿服务活动基地，既提高网格化志愿服务在基层社区的显示

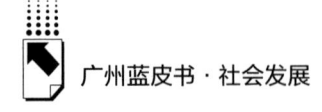

度，也增强网格化志愿服务人员的存在感与身份认同感。三是持续加强网格化志愿服务人员能力建设，不断提升网格化志愿服务的专业化和精准化水平，包括领导者的管理和统筹能力培养、骨干志愿者的业务素质能力提升等。四是建设网格化志愿服务数字化运营管理平台，赋能网格化管理，提升社区治理能力。

3. 及时总结、上报"南沙经验"，为全国市域社会治理现代化建设贡献广州力量

2021年9月中央政法委秘书长陈一新在广东调研基层社会治理工作时特别强调，"要及时总结基层社会治理的新创造，研究提升基层社会治理水平的新举措，不断夯实平安中国建设根基"。南沙区利用广州"志愿者之城"优势，推进网格化志愿服务的创新务实举措极具广州特色，对全国推进社会治理现代化有很强的借鉴意义。建议省市相关部门高度重视南沙网格志愿服务模式的"广州样本"价值，及时跟进关注南沙区网格化志愿服务项目的试点进展，为下一阶段南沙区总结经验模式、构建标准体系、报送成果等提供必要的指导与支持。

参考文献

斯蒂芬·戈德史密斯等：《网络化治理：公共部门的新形态》，孙迎春译，北京大学出版社，2008。

民政部编写组编著《新时代党的群众路线的生动实践：优秀社区工作法100例》，人民出版社，2020。

陈柏峰、吕健俊：《城市基层的网格化管理及其制度逻辑》，《山东大学学报》（哲学社会科学版）2018年第4期。

浙江省舟山市委组织部：《构建"网格化管理、组团式服务"模式，引领为民服务创先争优长效化建设》，《全国创先争优理论研讨会论文集》（上），2012。

唐皇凤：《新时代网格化管理的核心逻辑》，《人民论坛》2020年第20期。

B.6 关于广州电动自行车治理的现状分析与建议

梁幸枝[*]

摘　要： 电动自行车凭借其灵活轻便、价格适中的特点以及快递、外卖等互联网经济的快速发展，已成为大部分市民出行和相关运营企业重要的交通工具，对节能减排、最后一公里服务发挥了重要作用。但随着电动自行车保有量不断增长，管理依据不明以及驾车人缺乏交通安全意识等因素，引发了越来越多的交通安全问题，超速、闯红灯、逆行、不按规定车道行驶、不戴头盔等违法行为高发，导致道路通行秩序混乱。为实现电动自行车的现代化治理，需要提升认识，求得共识，大力发展"公交优先"，有效运用"禁""限"手段，提升交通治理能力，确保车辆遵守交通规则，加强"源头治理"，对快递、外卖配送的关联企业从严监管。

关键词： 电动自行车　交通安全　广州交通政策

自广州大力发展"公交优先"，有效运用"禁限"自行车、"禁摩"、"公交优先"、"精准限外"、"开四停四"等一系列"禁""限"措施以来，城市交通治理取得明显成效，但这些治理成效随着近年来电动自行车（以下简称"电动车"）大规模上路，面临前所未有的变化。2021年7月13

---

[*] 梁幸枝，广州社情民意研究中心总干事，统计师。

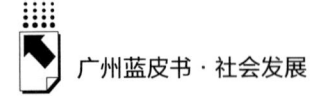

日，广州市交警部门调整了电动车相关管理政策，并向社会征询意见。广州社情民意研究中心结合近年来民调数据和统计数据开展专题研究，回顾改革开放以来广州交通的重要决策，围绕广州民意特点、电动车安全问题的影响及其成因，为电动车治理提供参考依据。

一 历史回顾

回顾千年城市发展史，为追求速度和便捷，交通工具一直在演变，由最早的人力拉车、马车，发展到近现代的汽车，由大汽车变小汽车，现今电动车成为交通工具之一，但不论交通工具如何演变，都是用来"代步"和"运输"，由此城市交通治理绕不开解决"代步"和"运输"两大永恒命题。

人多地少、人均道路面积有限是广州城市独特性所在，如何把有限的道路资源分配给各种交通工具，一直是广州城市管理者面临的重大挑战。改革开放以来，为保障城市运行效率，保障大多数人出行便利，广州在交通现代化治理上敢为人先、先行先试，大力发展公共交通，对自行车、摩托车等低效能私人交通"禁""限"一直走在我国城市前列。

1."禁限"自行车

20世纪90年代广州大量自行车出行，交通拥堵加剧，限制自行车的使用成为当时主流民意。当年民意中心相关专项调查显示，受访机动车驾驶员对禁限自行车的呼声更高，他们认为禁限自行车可提高道路通行能力。1993年开始政府大力整治自行车，禁止自行车进入市区主干道和主要街道。

2."禁摩"

2004年政府向社会征询"限摩、禁摩"政策意见，民意中心对此前后进行了三次调查，超60%受访市民支持"禁摩"，并认为应重点关注"谋生类"车主的出路问题。由于顺应多数人意见，"禁摩"的实施得到市民广泛支持；也照顾了少数人利益，如对"谋生类"车主的再就业扶持、提前报废给予奖励等，因而过程总体较顺利。

3. "公交优先"

"禁摩"后，私人汽车保有量强劲增长，但公交地铁运力增长严重滞后。2005年民调显示，大多数市民支持大力发展公交来改善交通状况，比例近70%。2007年广州开始实施"公交优先"发展战略，大力推进公交地铁建设，并陆续实施了限牌、提高停车费、设置公交专用道、公交地铁票价优惠等一系列措施，都是公交优先发展战略的体现。

4. "精准限外"

广州社情民意研究中心2015年底通过对外地网约车进入广州的负面影响进行分析，提出严禁外地网约车进入广州的"精准限外"建议。随后，广州市交通部门要求企业清理外地网约车，2016年1月就清理了8万多辆外地网约车。2016年底，广州出台网约车经营服务管理办法，明确本地牌照车辆方可提供网约车服务。

综上可见，每一次交通治理的重大决策都符合民心、把握民意，得到广大市民支持。随着不断加强城市交通建设，公共交通体系日渐成熟、发达，便捷性和低廉票价促进市民群众出行利益最大化，提高城市运行效能和竞争力，促进经济社会高速发展。所以，维护、发展好公共交通体系，是市民群众的共同心愿，是城市高质量发展的重要基础。

二 目前现状

当前，广州的城市交通体系正面临严峻的挑战。

1. 电动车大规模上路，扰乱交通秩序，阻碍公交优先发展

据媒体报道，广州电动车保有量超过300万辆，近年年增长达50多万辆。电动车数量剧增，主要原因是网络订餐、网购推动了快递、外卖配送企业迅猛发展，电动车作为运输工具大规模上路，尤其是在中心城区，电动车大多是用来运输而非代步。

2021年民调显示，在人口密集、车流量大的中心城区的市民反映，近年来"电动车违章乱象更多了"，比例较2018年大幅上升了22个百分点，

达至79%，明显高出周边、外围城区10个百分点以上（见图1）。特别是快递、外卖配送电动车的交通乱象尤其明显，逆行、超速、超载、闯红灯等现象屡见不鲜，调查中多达62%的中心城区市民认为快递、外卖配送电动车违章现象更严重。

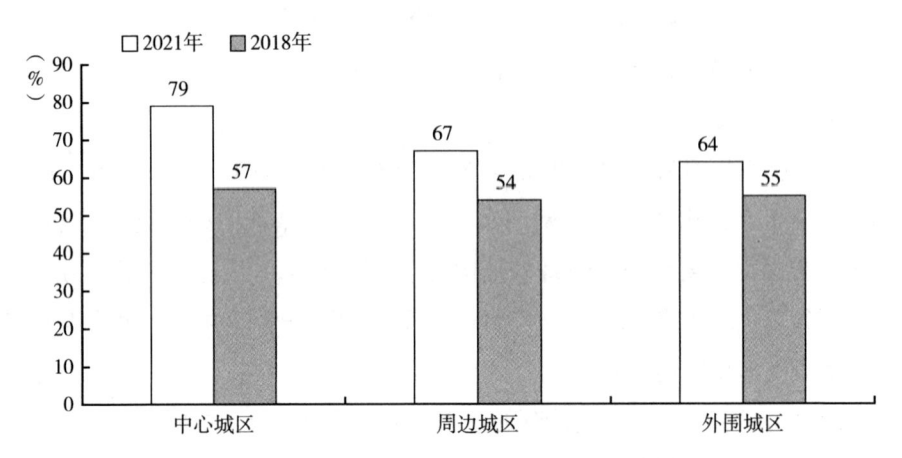

图1　不同人群对"电动车违章乱象更多了"表示"同意"的比例变化

资料来源：广州社情民意研究中心。

截至2021年11月，广州交警共查处电动车交通违法行为98.5万宗，同比上升178%，广州网约配送行业交通违法查处量为13万宗，同比上升278%。①

对广州交通治理上，主流民意一直支持"公交优先"，支持政府对低效能的私人交通进行"禁""限"。早在2004年，已有超过半数的市民认为要解决交通拥堵问题，"禁摩"的同时要进一步完善和优化公交体系。如今，对电动车这种低效能"私交"，市民期盼加强有效治理，中心城区市民期盼更为强烈，高达83%的人有此期盼。

如果继续放任电动车大规模上路，必然严重扰乱交通秩序，阻碍公交优先发展，违背主流民意，让整个城市为此付出巨大代价：道路拥堵加剧、公

---

① 《2021年广州交警共查处电动自行车交通违法行为98.5万宗》，http：//gdgz.wenming.cn/2020index/wmcj/202112/t20211201_7444661.html，2021年12月1日。

交效能大幅降低，市民越来越不愿搭乘公交，客流转移到地铁，造成地铁拥挤，又会让更多市民有了买电动车、私家车的需求，由此形成一种恶性循环，导致城市运行效能低下，无疑给广州发展带来不好的影响。

2.电动车成"马路杀手"，危害市民出行安全

2021年民调显示，大部分广州受访市民认为"电动车比其他车辆更容易造成交通意外"，中心城区市民同意此看法的高达76%，明显高出其他城区近20个百分点（见图2）。民调中，中心城区每十个人中就有一人亲身遭遇过电动车引发的交通意外，反映出电动车交通事故持高发态势；其中有5%的人明确表示，自己遭遇过电动车引发的交通意外并因此受伤，7%的人表示遭遇过类似意外没受伤，两者合计为12%。据媒体从广州交警获悉，2020年广州市涉电动车事故共698宗、死亡107人、受伤733人，电动车负主要责任的事故有306宗。①

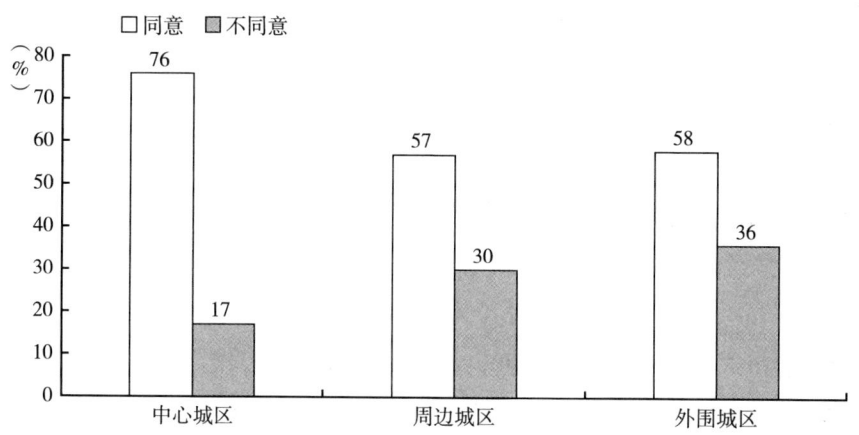

图2 不同人群对"电动车比其他车辆更容易造成交通意外"的看法

资料来源：广州社情民意研究中心。

3.电动车成"城市炸弹"，危害市民生命和财产安全

近期，全国多起电动车起火、自燃，造成了不少群众的生命和财产损

---

① 《提供非法改装？广州交警已取消两家电动车门店"带牌销售"资格》，http://news.ycwb.com/2022-01/06/content_40498360.htm，2022年1月6日。

失，引发社会高度关注。根据2021年11月17日广州市政府举办的安全生产专项整治三年行动专题新闻发布会介绍，截至2021年11月，广州市发生电动车（电动自行车、三轮车）火灾事故271起。对此，许多市民深感忧虑，不知城市里有多少"炸弹"会随时燃爆。

三 成因分析

（一）直接成因：电动车两个突出问题严重扰乱秩序

（1）电动车实质是"机动车"，和摩托车一样，电动车上路实际就占据一条机动车道。由于电动车是经由电瓶产生动能、不靠人力的车辆，在市民看来，过去的"油摩"变成了现今的"电摩"，其车身长度、行驶速度与摩托车类似，而且购车费用更低、可以轻易改装使得马力更大、速度更快。

（2）电动车驾驶员经常性、高频率地违规上路。由于电动车驾驶员不用培训和考驾照，不懂交规，更容易违规。而且大部分电动车驾驶员是快递、外卖配送人员，为了赶时间完成送单任务，逆行、超速、闯红灯等违规上路成为常态，随处可见。

上述两个突出问题直接导致电动车速度较快，行驶路线极为复杂、多样、随意。一般来说，摩托车不会上人行路，自行车不上机动车道路。可是电动车会上人行路，还会上机动车道，在内环路这些封闭道路上，电动车行驶路线极为随意，速度还快，所以当电动车一旦大规模上路，必然对市民的出行安全、道路通行和交通秩序造成严重影响。

（二）间接成因：政策动向引发电动车保有量及乱象呈暴增态势

（1）"解禁"电动车的政策动向。随着2021年7月广州市交警部门调整了电动车相关管理政策向社会征询意见，许多市民认为政策方向是"解禁"电动车，只要带了头盔、上了牌，就能畅通无阻。

（2）公交地铁票价上涨的政策动向。据2021年9月公布的《广州市公共交通票价优惠调整方案》（征求意见稿），票价将从累次优惠调整为累额优惠，在市民普遍看来，这是变相涨价。

上述交通政策意见稿相继公布后，更多市民有了买电动车代步的需求，不少家庭购买了或正准备购买电动车，导致更多电动车上路，进一步加剧道路拥堵、城市运行效率下降，同时受到电动车伤害的市民亦在激增，市民不满情绪凸显。广州电动车保有量已超过"禁摩"前摩托车的保有量，甚至超过20世纪90年代自行车保有量。

（三）症结源头：快递、外卖配送企业无偿占用公共资源谋利

快递、外卖配送人员驾驶电动车的违规现象，最具迷惑的是表面看似配送人员的个人行为，背后是企业的组织化行为，是企业有组织地无偿占用广州宝贵的公共道路资源，却不向广州缴纳路费、税收等。这些企业本质上来讲是运输企业，是由一群配送员按照统一的规则接单、完成企业下达的运送任务后领取薪酬。只是时代在变迁，运输工具从马车、汽车、摩托车演变成现今的电动车，"互联网+"进入这些运输企业后，快递、外卖的订单、派单变得更为高效。这种情况下，对道路资源使用率越高，企业越赚钱，这也是为什么设计"抢单"机制来促使配送人员多接单，继而演变成数量庞大的电动车违规上路。

穿透真相，不被"互联网+"外衣所影响、干扰，方能看清当前电动车治理的症结源头。事实上，网约车企业一开始也披着"互联网+"外衣，以低廉价格吸引大量客源，实际也是大规模、组织化地无偿占用宝贵的公共道路资源来谋利。当其"出租车"本质被看穿后，按出租车行业对其监管后，网约车企业的经营优势不复存在，甚至因涉及信息安全问题，面临被有关监管部门重罚的情况。

越来越多的市民认识到快递、外卖配送企业谋利不应建立在扰乱交通秩序、扰民伤民的基础上，对快递、外卖配送企业及从业人员的监管期待日趋强烈。早在2018年民调中，对于快递、外卖配送人员驾驶电动车违章，市民普遍赞同要对相关企业进行处罚，持此看法的人高达84%。

广州蓝皮书·社会发展

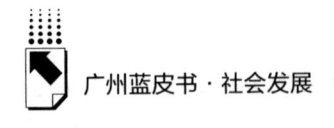

四 几点建议

（一）提升认识，求得共识

为实现电动车的现代化治理，要在以下几个方面提升认识，求得共识：第一，电动车就是机动车，要按机动车来管理；第二，快递、外卖配送人员驾驶的电动车不是代步工具而是运输工具，它是企业赚钱工具；第三，快递、外卖配送企业本质是运输企业；第四，快递、外卖配送企业无偿占用城市最稀缺、最昂贵、最核心的道路资源去赚钱，为部分消费者带来便利，但削弱甚至伤害了整体的公共利益；第五，"禁""限"是交通治理中必不可少的手段，"禁""限"是公平正义的组成部分，并不是公平正义的对立面。

（二）大力发展"公交优先"，有效运用"禁""限"手段

广州常住人口超过1800万，人口密度极高，有限的城市道路资源如何分配给各类交通工具使用？"公交优先"是核心原则。"禁限"自行车、"禁摩"、限牌、"精准限外"、"开四停四"等一系列措施表明该限的就要限，该禁的就要禁。在人多地少、道路资源极其紧张的广州，"禁""限"手段并非剥夺某些人的出行权利，而是最大限度地维护公共利益、保障城市运行效率。因此，坚持"公交优先"，"禁""限"的手段是必不可少的，必须大胆、有效地运用。在城市核心区域内，在最繁忙、最需要维护交通秩序的区域或路段上，不能因电动车上牌了、戴头盔就可以随意上路，要坚定不移地禁止电动车上路。

（三）提升交通治理能力，确保车辆遵守交规

对于任何交通工具，包括自行车、摩托车、电动车、汽车等，都必须服从公共利益、服从交通管制规则。《关于实施电动自行车登记管理的通告》提出电动车今后登记可在非限行区上路。对此，不少市民产生诸多疑问：电

动车和摩托车没差异，电动车解禁了，是不是摩托车也可以解禁？电动车解禁后，管不管得住？之前有禁令时管不住，现在解禁了就能管得住？由此可见，相关部门必须提升交通治理能力，统筹治理各类交通工具，确保所有人遵守交规，不要再次出现摩托车回潮、电动车乱象"没人管"的情况。

（四）加强"源头治理"，对快递、外卖配送的关联企业从严监管

对电动车的治理，更重要的是抓住源头进行治本，地方政府要勇于面对快递、外卖配送企业，穿透电动车乱象，抓住乱象源头是企业的组织化，要这些企业对社会负责。

按照国家运输相关法规，把快递、外卖配送企业纳入广州市运输行业的统一管理：（1）实行牌照管理模式，该交费的交费，该纳税的纳税，要为使用昂贵的城市道路资源付费；（2）禁止快递、外卖配送人员的电动车进入一些重要路段和区域，当前运输公司有限行路段和限行时间等管理约束，不能因配送快递、外卖就有了特例；（3）按照运输公司的驾驶员培训和考核要求，对电动车配送人员进行培训和考核。

运用互联网高科技手段对电动车加强监管：（1）为配送电动车安装行车记录仪、摄像头；（2）监管部门要与企业联网，对配送电动车运营实施全过程、实时动态监控；（3）一旦发现配送电动车违反交规，监管部门立即处罚企业。一旦发现企业在限行区域派单，监管部门应立即禁止并给予处罚。互联网的福利应该人人都可以享用，企业既然可以利用互联网来派单，政府部门同样可以利用互联网进行监管，而不仅仅是让交警、辅警在路上拦截那些违规的快递、外卖配送人员的电动车。

民生保障篇
People's Livelihood Guarantee

B.7
2021年广州市生育意愿调查报告

广东社会学学会课题组[*]

摘　要： 2021年课题组在广州市开展生育意愿调查，结果显示超过八成受访者愿意生孩子，但愿意生三孩及以上的比例较低；育龄妇女的生育意愿有随年龄减小而降低的趋势；选择不生育的多为高学历人群；多代同堂有利于提高生育数量；"重男轻女"观念已经弱化；经济负担重、时间精力分配不过来和工作压力大是阻碍生育的三大主要因素。综合分析调查对象的生育意愿特点、婚育观、生育支持政策需求等数据，课题组提出了广州提振生育意愿的对策：构建国际一流营商环境，持续吸引人才聚集；降低养育综合成本，完善生育配套支持政策；构建新型婚育文化，提振家庭生育意愿；保障女性权益和健康，提升女性生育意愿；增加生

---

[*] 课题组组长：董玉整，广东社会学学会会长，广东省人口发展研究院党委书记、院长，研究员，博士。课题组成员：李超，广东省人口发展研究院研究员、博士；曹艳华，广东省人口发展研究院研究部部长，研究员；高菊，广东省人口发展研究院研究员；李飞成，广东省生殖医院初级经济师。本报告为广州市卫生健康委员会委托广东社会学学会完成的课题成果。执笔人：董玉整、李超、曹艳华、高菊、李飞成。

育公共资源支持，强化生育服务。

关键词： 生育意愿　生育服务　生育支持政策　广州

为贯彻落实《中共中央 国务院关于优化生育政策促进人口长期均衡发展的决定》和《广州市国民经济和社会发展第十四个五年规划及2035年远景目标规划纲要》精神，为建设生育友好型、儿童友好型社会提供决策参考。广州市卫生健康委员会委托广东社会学学会课题组于2021年11~12月，在广州市11个区开展生育意愿调查。课题组采用"问卷星"调查工具对调查对象的个人基本信息、生育意愿、婚育观念、生育行为和期待的生育支持等方面进行了问卷调查，共收回有效问卷23323份。

一　调查对象的基本情况

（一）调查对象的地区分布

按常住地分布统计，荔湾、越秀、海珠、天河、白云、黄埔、番禺、花都、南沙、从化、增城这些区的调查对象人数分别占总人数的6.86%、5.27%、6.92%、7.61%、11.32%、8.87%、18.42%、12.04%、8.16%、4.02%和9.91%，其他的调查对象人数占0.60%。按流动类型统计，广州本地的占总人数的81.31%，本省流入的占11.52%，外省流入的占7.17%。按城乡分布统计，居住在市区的占总人数的48.68%，居住在乡镇的占20.52%，居住在农村的占30.80%。

（二）调查对象的性别、年龄和独生情况

按性别统计，男性占总人数的28.80%，女性占71.20%。按年龄统计，31~35岁的占总人数的23.69%，36~40岁的占19.98%，26~30岁的占

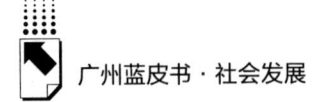

17.33%。按独生情况统计，独生子女占总人数的16.81%，非独生子女占83.19%。

（三）调查对象的婚姻和生育情况

按婚姻状况统计，已婚的占总人数的78.98%，未婚的占18.02%；夫妻双方均为非独生子女的占总人数的66.13%，夫妻双方均为独生子女的占4.94%，仅丈夫为独生子女或仅妻子为独生子女的分别占6.58%和5.26%。从生育情况统计，已育二孩的占总人数的37.65%，已育一孩的占36.11%，未生育的占23.23%，已育三孩及以上的占3.01%。

（四）调查对象的学历和工作情况

按受教育程度统计，初中及以下学历的占总人数的9.06%，高中或中专学历的占11.50%，大专或高职学历的占29.14%，本科学历的占46.03%，硕士学历的占3.67%，博士学历的占0.60%。从工作类型统计，排名前五位的其他事业单位、政府机关、卫生事业单位、自由职业者和民营企业分别占总人数的22.76%、20.22%、15.95%、8.26%和7.49%。按每周工作时间和工作压力统计，每周工作五天的占总人数的50.83%，每周工作六天的占21.83%，每周工作七天的占7.95%；有51.63%的调查对象表示压力很大，40.59%的调查对象表示压力一般。

（五）调查对象的收入情况

按收入情况统计，个人月均收入为3000元及以下的占总人数的12.20%，3001~4000元的占18.48%，4001~5000元的占18.63%，5001~7000元的占21.14%，7001~10000元的占12.07%。家庭月均收入5000元及以下的占总人数的18.49%，5001~10000元的占33.22%，10001~15000元的占19.59%，15001~20000元的占12.05%，20001~30000元的占8.65%。有92.80%的家庭主要收入来源为工资性收入，家庭主要收入来源为经营性收入（经营企业、开店铺等）和财产性收入（股票分红、收租金等）的人群比例分别为7.31%和7.85%。

（六）调查对象的健康状况

按健康状况统计，自认为健康的占总人数的46.73%，自认为亚健康的占47.12%，表示没有时间精力关注健康的占10.30%，患有慢性病的占5.77%。自认为夫妻俩的身体健康状况会影响生育孩子的占总人数的39.12%，认为不会影响生育孩子的占45.64%。

（七）调查对象的家庭居住情况

按家庭居住情况统计，家庭长期同住人数为4人的占比最高，达到26.33%，其次为3人同住，占比25.07%，再次为5人同住，占比16.77%。家庭长期两代同住的占比最高，达到46.04%，长期三代同住的次之，占比33.69%。

二 调研发现

（一）调查对象生育意愿的主要特点

1. 生育意愿随年龄减小而降低

超过八成受访对象愿意生孩子，但理想的孩子数量多为两个，愿意生三个及以上的比例不高。调查显示，选择"生育2个"的占总人数的52.62%，选择"生育1个"的占25.15%，选择"生育3个"的占6.59%，选择"越多越好"的占2.49%。选择"生育3个"的比例最高的是56～60岁人群，为17.65%；选择"生育2个"的比例最高的是36～40岁人群，为60.75%。处在20～40岁生育旺盛期的调查对象的一孩、二孩、三孩生育意愿显示出随年龄减小而降低的趋势。具体来说，36～40岁人群选择"生育1个"、"生育2个"和"生育3个"的占比分别为21.09%、60.75%和7.58%，选择"不想结婚也不想要孩子"（单身族）和"愿意结婚但不要孩子"（丁克）的比例分别为2.17%和1.50%。而与此相反，20岁以下人群选择"生育1个"、"生育

2个"和"生育3个"的占比分别只有15.75%、24.02%和2.76%，几乎是各年龄段的最低值；选择"不想结婚也不想要孩子"和"愿意结婚但不要孩子"的比例高达14.96%和6.30%，为各年龄段最高值；选择"顺其自然"的比例高达52.36%，也为各年龄段最高值。

2. 选择不生育的多为高学历人群

教育水平提高对生育意愿具有较明显的抑制作用，越是学历高的人越不愿意生孩子。调查显示，选择"生育2个"和"生育3个"的，在高中及以下学历人群中的占比，普遍高于大专及以上学历人群（博士学历除外）；而选择"愿意结婚但不想生孩子，可以领养别人的孩子"、"愿意结婚但不要孩子"和"不想结婚也不想要孩子"的，在大专及以上学历人群中的占比，普遍高于高中及以下学历人群。

3. 多代同堂有利于提高生育数量

长期同住人口的代数较多的家庭比代数较少的家庭更愿意多生育孩子，家庭氛围和长辈支持对广州民众的生育意愿产生了积极影响，越是多代同堂的家庭越是倾向于生育多孩。调查显示，选择"生育1个"的比例最高的是一代户，为32.74%；选择"生育2个"的比例最高的是三代户，为60.35%；选择"生育3个"和"越多越好"的比例最高的都是四代及以上家庭户，分别为11.18%和5.74%。

4. "重男轻女"观念已经弱化

现阶段广州民众对于孩子的意愿性别偏好已经发生了较大转变，传统"重男轻女"的思想已极大地弱化，男孩女孩一样好的观念深入人心，且在城市转变的趋势更为明显。调查显示，在回答"您对孩子性别的看法"时，选择最多的前三个选项是"顺其自然"、"不必强求，儿女都可以"和"有男有女，儿女双全"，三者所占的比例分别为36.89%、29.09%和26.57%；选择"一定要生男孩，多多益善"和"一定要有男孩，但一个就够了"的比例分别为0.80%和1.67%，两者加起来所占的比例只有2.47%。

5. 生育间隔偏好不明显

关于生育间隔偏好，广州民众虽然选择"三年"的比例最高，但是倾向性并不十分明显。调查显示,在回答"如果您想生育2个以上孩子,您觉得间隔几年比较合适"时,选择最多的是"三年",占比为29.42%;其次是"顺其自然,不必刻意",占比为21.74%;排在第三位和第四位的分别是"二年"和"没有想过",分别占比15.71%和14.06%。在各年龄段意愿生育间隔差异方面,20岁以下的意愿生育间隔排前两位的是"顺其自然,不必刻意"和"没有想过",分别为28.74%和21.26%;21~25岁的意愿生育间隔排第一位的也是"顺其自然,不必刻意",占比为27.98%,排第二位的是"没有想过"和"三年",占比都是20.37%;从26~30岁年龄段开始,意愿生育间隔开始逐渐明朗,选择间隔"三年"的占比,在26~30岁、31~35岁、36~40岁和41~45岁年龄段里分别为27.68%、31.73%、30.79%和30.46%,而相应地选择"顺其自然,不必刻意"和"没有想过"的比例依次降低。由于平均初育年龄已经在整体推迟,这种选择从侧面反映出广州民众的意愿生育数量较少,三年或者顺其自然的生育间隔实际上意味着不想多生。

6. 生育态度十分包容

广州民众对生育的态度相当包容,大多数人都认可生育主体对生育行为的主导权和自由选择权。调查显示,在回答"妇女有按照国家有关规定生育子女的权利,也有不生育的自由"的看法时,有81.56%的调查对象对此表示"同意",而表示"不同意"的只有2.32%。在回答"您对坚持不生育者的态度是(什么)"时,选择"支持,这是个人选择"的占比为55.63%,选择"理解,但不支持"的占比为28.28%,选择"说不清"的占比为11.37%,表示"不理解,遗憾"的只占比为4.72%。在回答"您对生育女孩妈妈的态度是(什么)"时,选择"与生育男孩妈妈一视同仁"的占比为56.58%,选择"尊重妇女的意愿"的占比为30.90%,选择"无所谓"的占比为11.46%,选择"建议她继续生育,一直到生育男孩"和"瞧不起她"的分别只占比为0.85%和0.20%。在回答"是否生孩子应该由谁来做主"时,选择"夫妻双方共同讨论决定"的占比为66.80%,选择"不要刻意决定,任其自然"的占比为20.13%,选择"由女方做主""由男

方做主""由男方父母做主"和"由女方父母做主"的分别占比为5.43%、1.43%、0.49%和0.18%。

7. 经济负担、时间精力和工作压力是影响生育意愿的主要因素

经济负担重、时间精力分配不过来和工作压力大是阻碍生育的三大主导因素。调查显示，在回答"影响您是否生孩子的最主要因素有哪些"时，选项占比最高的是"收入少，经济负担太重"，占比为77.00%；排第二的是"时间精力分配不过来"，占比为64.30%；排第三的是"工作压力大，长期处于亚健康状态"，占比为43.41%。26~40岁的生育主力军是受这三大因素影响最为普遍的人群。"收入少，经济负担太重"对26~30岁和31~35岁段人群的影响程度最高，占比分别高达80.88%和80.67%；"时间精力分配不过来"对31~35岁段人群的影响程度最高，占比为72.87%；"工作压力大，长期处于亚健康状态"对36~40岁段人群的影响程度最高，占比为47.52%。此外，调查还显示，经济负担重的问题大致会随着学历的提高而缓解，而时间精力分配不过来的问题则有随学历的提高而加重的趋势。

（二）调查对象婚育观的主要特点

1. 多数民众比较尊重内心感受

调查显示，选择"不管怎样一定要结婚"的只占17.41%。3.29%的民众选择"享受单身、坚持不婚主义"，5.72%的人选不一定结婚。越来越多的民众已经不再受制于外界舆论、世俗偏见和长辈压力，违背内心不得不结婚生育，只要自己感觉良好，是否单身、有无生育都无所谓。广州民众这种婚姻观念的变化也是现代人个性解放尊重内心的一个缩影。

2. 多数民众婚育观念包容理性

调查对象对结婚的态度选项最多的是"可以结婚，但不勉强，随缘"（61.93%）；对于结婚年龄选项占比最多的是"随缘、不必在意年龄"（25.12%）；对男女双方年龄差异的看法占比最多的是"尊重每个人自己的选择"（55.55%）；对未婚生育的看法占比最多的是"可以理解，但不支持"（44.93%）；对于意外妊娠的态度主要是"双方协商解决"；对生育女孩妈妈的态度占比最多的是"与生育男孩妈妈一视同仁"（56.58%）、"尊重女性意愿"（30.90%）；对"是否生孩子应该由谁来做主"选择最多的是"夫妻双方共同讨论决定""不要刻意决定，任其自然"。观察以上这些占比最多的选项发现，民众的婚育观与传统观念比较起来已经包容了很多，更趋于理性民主。

3. 性别不同婚姻观念有所不同

根据问卷结果，"不管怎样一定要结婚"的男女差距较大，男性占比32.86%，女性占比11.16%。主张"可以结婚，但不勉强，随缘"的男女差距也较大，男性占比49.21%，女性占比67.08%。认同"适龄结婚"的男女比例接近，男性占比34.90%，女性占比30.64%。认为"实在没有合适的也可以单身"的男女差距较大，男性占比15.62%，女性占比32.98%。主张"享受单身、坚持不婚主义"的男女比例接近，男性占比2.58%，女性占比3.58%。这在一定程度上体现了当代年轻人尤其是女性不太积极的婚姻意愿。

4. 学历不同婚姻观差异明显

选择"实在没有合适的也可以单身"的比例是学历越高占比越高。调查显示，初中及以下的占比为14.96%，高中的占比为17.85%，大专或高职的占比为26.94%，本科的占比为32.96%，硕士的占比最高达到38.20%。"享受单身坚持不婚主义"的比例也是学历越高占比越高。调查显示，初中及以下的占比为1.52%，高中的占比为1.79%，大专或高职的占比为3.35%，本科的占比为3.74%，硕士的占比最高达到5.96%。

5. 本地民众与流动人口观念有别

总体上看，本地人口和流入人口婚姻观念差不多，都有超过60%的认为"可以结婚，但不勉强，随缘"，主张"适龄结婚"的占比也差不多。但人口流动情况对生育价值观影响较大。对于"结婚生育是每个人天经地义的责任与义务""享受天伦之乐"，广州本地民众普遍比外地流入人口的认同度更高。在广州本地人中，认为"生育孩子没有价值"的占比最低，认为"实在没有合适的也可以单身"的占比也较低（26.52%）。而流入人口认为"实在没有合适的也可以单身"的占比则较高，超过34%。外地流入

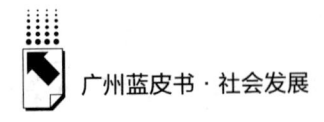

人口与本地人口区别较大的选项是"享受单身、坚持不婚主义"，本地人口比例为2.96%，而流入人口比例为5%左右。

6. 传统婚育价值观念逐渐弱化

传统生育价值观对广州民众尤其是老一辈还有一定的影响，但新一代年轻人的养儿防老观念渐渐弱化。认同"养儿防老"的年轻人只占比19.69%，其中男性占24.09%，女性占17.91%，且学历越高认同度越低，收入越高认同度越低。过半民众不再认为"结婚生育是每个人天经地义的责任与义务"，男性占比48.84%，女性占比29.81%。少数民众"盼望孩子出人头地光宗耀祖"，其中男性占比15.11%，女性占比10.75%，这反映出的趋势也是，学历越高认同度越低。

7. 理性面对并积极改善生育能力

广州一家生殖医院统计数据显示，现在年轻人不孕不育比率超过15%。对于不孕不育的状况，绝大多数民众（74.88%）积极采取措施力求康复；接近半数民众（45.51%）认同"顺其自然，实在不行就不要孩子"；"愿意接受夫精（丈夫的精子）辅助生殖技术"的比例是24.89%；"愿意接受供精（精子库的精子）辅助生殖技术"的比例是5.91%，只有极少数民众（1.29%）"面对不孕不育选择离婚"。

8. 少数民众否定婚育价值

对于结婚生育的主要价值，选择最多的是"享受天伦之乐"（45.18%）、"结婚生育是每个人天经地义的责任与义务"（35.29%），这说明多数民众认可婚育价值。与此同时，否认婚育价值的比例只占5.17%。但值得注意的是，从学历差异看，认为"生育孩子没有价值"的由学历较低到学历较高呈递增趋势：从初中的占比1.47%逐渐上升到博士的占比11.43%。这显示出学历越高、婚育意愿越弱的趋势。

（三）调查对象对生育支持政策的主要诉求

1. 增加托育可能促进生育

在调查中，77.80%的调查对象认为，解决0~3岁婴幼儿的托育问题对生育意愿的影响很大；35.30%的受访者表示，如果托育问题能妥善解决，他们愿意响应国家政策多生孩子。值得关注的是，在这个问题上，男性比女性显得更为肯定和有信心，而女性虽也认可有作用，但更倾向于认为作用不能过高估计。

2. 支持延长婚假

调查对象普遍支持延长婚假，希望将婚假延长至10天、15天或30天的合计占比达到了70.25%。其中，延长至10天左右的支持率高居榜首，单项占比为32.18%。

3. 赞成设立育儿假

67.22%的调查对象认为应该设立育儿假，且应该夫妻共担育儿责任。其中，夫妻每年各不少于20天育儿假的支持率最高。

4. 希望延长陪产假

支持"延长丈夫陪产假"的受访者占到总样本的65.38%。其中，"希望陪产假延长到30天，实现陪妻子坐月子"的单项选择人数占比达到53.48%，是"支持现有制度"人数的1.38倍。

5. 期待实行生育补贴

47.97%的受访者"完全支持"货币补贴政策支持家庭生育，更有三成受访者希望能补助一个保姆费用，近两成受访者认为应该多生多补。与此同时，认为政府应该量入为出的受访者也占到了四成以上。期待与理性并存，折射出广州市民的务实与理性心态。

6. 独生子女父母护理假应该无差别按需批假

"无论父母是否60岁以上、是否生病住院，每年不少于15天"的支持率遥遥领先（41.30%）。主张"不应硬性规定，有需要者给假、无需要者不用给假"的观点排在第二（21.99%），非独生子女持此态度者比例更高。两个结果分别表达了不应强行分类和不宜一刀切给假的民意。

7. 教育"双减"反响一般

在调查对象中，认定教育"双减"对促进生育有正面影响的占14.13%，认可有影响但同时认为影响力不大的占比38.46%。反之，认为基本没影响甚至可能有负面影响的人数，合计占比接近受访者总数的三成。

8. 观念认知问题需要重视

对于增加托育资源促进生育问题，女性的态度明显不如男性积极和肯定。对于教育"双减"促进生育，民众反应平淡甚至心存质疑者多。对于本调查所列的9类生育支持政策，支持率位居第一的生育补贴也只有不足半数的支持率。11.78%的未育群体认为任何支持政策"都不会"增强人们生育意愿。而对于"自主生育"问题，直接回答"没有必要"的占比达到了23%以上。这些结果的共同指向是，民众对生育大事普遍淡漠。其背后的原因，固然有工作生活上客观存在的各种困难，也有精神心理上的过度焦虑，而无法回避的生育观念改变需要引起全社会的高度重视。个人及家庭的生育责任被严重淡化，生育焦虑成了很多人和家庭挥之不去的阴影，以至于民众认为结婚生育的主要价值在于享受天伦之乐，结婚生育是每个人天经地义的责任与义务这两项分别只占45.18%和35.29%。相应地，越来越多的人选择不婚不育，这在一定程度上应该也是一种"躺平"，甚至部分人是在以追求自由之名，掩盖自己逃避责任或责任感缺失的事实，问题的严重性不容小觑。

三 提振生育意愿的对策建议

（一）构建国际一流营商环境，持续吸引人才聚集

本次调研发现，广州育龄人口生育三孩意愿并不高，但由于源源不断的年轻劳动力涌入，广州市户籍人口的出生率（15.33‰）远高于全国平均水平（8.52‰）。因此，为积极应对人口老龄化、持续保持高出生率，广州要通过构建国际一流的营商环境，持续增强广州对人才的吸引力，继续吸引年轻人才在广州创新创业和聚集发展。

1. 营造公平竞争、交易费用低的市场环境

全面落实减税降费政策，用足用好各类惠企政策，积极破解企业用工、

用地、融资、审批等方面的突出问题和困难，吸引全国乃至全球更多企业、跨国公司前来投资、竞争，增加对各类就业岗位的需求，提升人才就业机会与待遇。

二是营造便捷、高效的政务环境。推进行政审批标准化和审批服务便民化，提升业务审批效能，努力降低各类制度性交易成本，破解企业全生命周期办事环节中的痛点、难点和堵点问题，提高政府服务企业的质量和效率，拉动就业增长。

2. 营造舒适、安心的人才服务环境

进一步健全完善人才资源服务配套、社会保障制度配套、子女教育配套、医疗康养配套、生活环境设施配套、住房配套、交通设施配套等，让广州成为全国最宜居、宜业的国际化大都市。

（二）降低养育综合成本，完善生育配套支持政策

本次调研发现，经济负担重、时间精力分配不过来和工作压力大是阻碍广州人生育的三大主导因素。因此，广州只有尽快出台完善有效的生育配套支持政策，切实降低养育孩子的综合成本，才能缓解群众生育养育孩子的压力，最大限度地释放各类人群的生育潜能。

1. 建立完善生育成本分担机制

推动落实婚假、产假、哺乳假、陪护假等制度，妥善解决配偶陪产假、延长生育假等奖励假的待遇保障和具体实施问题。积极落实父母育儿假，鼓励夫妻共担育儿责任。健全假期用工成本由政府、企业和个人共同承担的分担机制，其中政府承担40%，企业和个人各承担30%。将生育友好作为用人单位承担社会责任的重要方面，鼓励用人单位制定、实施有助于员工平衡家庭与工作关系的制度措施，依法协商确定有利于照顾婴幼儿的灵活休假和弹性工作方式。做好城乡居民医保参保人生育医疗费用保障，减轻生育医疗费用负担。探索住房支持政策，研究制定根据养育未成年子女负担情况实施差异化租赁和购买房屋的优惠政策。探索出台不限于独生子女的父母护理假制度等。

2. 加快托育服务体系建设

推进普惠性托育机构提质扩容，鼓励社会力量举办托育机构，在登记备案环节提供快捷优质服务，支持单位为职工提供托育服务，支持有条件的幼儿园开设托班。建立健全托育服务支持政策和标准规范体系，将婴幼儿照护服务纳入经济社会发展规划，强化政策引导，完善土地、住房、财政、金融、人才等支持政策。推动建设一批方便可及、价格可接受、质量有保障的托育服务机构，稳步提升普惠托育服务供给能力。到2025年，每千人口拥有3岁以下婴幼儿托位数不少于5.5个。加大托育服务人才培养力度，加快研制和完善托育行业人才准入标准、考核评价标准、职业晋升机制等政策体系，推进婴幼儿照护服务朝专业化、规范化方向发展，不断提高托育服务质量和水平。

3. 推进教育公平与优质教育资源供给

学前教育阶段要持续提升普惠性幼儿园覆盖率，适当延长在园时长或提供托管服务。义务教育阶段要以公益普惠为原则，全面开展课后文体活动、社会实践项目和托管服务，推动放学时间与父母下班时间衔接。将学生参加课外培训频次、费用等情况纳入教育督导体系，降低托管服务费用。抓紧落实"双减"政策，保证校内教学服务质量，严格规范校外培训，平衡家庭和学校教育负担。

（三）构建新型婚育文化，提振家庭生育意愿

婚育观念和文化对生育行为的影响具有决定意义，因为它包含有关生育的价值理想，是人们对于生育的信念。在实施积极应对人口老龄化国家战略的背景下，为了提振家庭生育意愿，广州应积极引导人们向积极生育、鼓励生育、支持生育的价值观转变，提倡"一个太少、两个不多、三个更好"的婚育观念，构建"适龄婚育、优生优育"的新型婚育文化。

1. 加大新型婚育文化的宣传力度

加强科普"适龄婚育、优生优育"知识，倡导育龄夫妇树立新型婚育观念。通过标语、平面广告、公益性电视广告、短视频、微信、微博等多层

次、多渠道、多形式地大力宣传新型婚育文化，转变"晚婚晚育、少生优生"婚育观念，提倡生育"一个太少、两个不多、三个更好"。

2. 增强新型婚育文化的行为引导

在建设新型婚育文化过程中，既要加强宣传，让群众知道怎么做才对，更要让群众看到这样做的好处。树立一批积极践行新型婚育文化的典型，特别是多代同堂的三孩家庭典型，大力颂扬父慈子孝、和乐融融的家庭关系，对三孩家庭给予各种形式的精神鼓励。组织一系列多孩的亲子活动，创造一种鼓励生育的社会环境，形成一种积极向上的生育氛围，鼓励人们"适龄婚育、优生优育"。

3. 建立倡导新型婚育文化的利益导向机制

在人们生育观念的转变过程中，利益导向机制发挥着宣传教育所不能替代的作用，应加快建立有利于建设新时代生育文化的社会经济政策体系，实施鼓励生两孩、三孩的优惠政策体系，倡导新型生育文化。

（四）保障女性权益和健康，提升女性生育意愿

决定是否生养孩子，在一定程度上是妇女的自我选择。一个社会若没有办法给妇女提供得以兼顾工作与家庭的环境，势必降低她们的生育意愿。因此，不断提高女性地位，保障女性权益和健康，是提升女性生育意愿的重要途径。

1. 高度关切女性健康

全面落实妊娠风险筛查与评估、高危孕产妇专案管理、危急重症救治、孕产妇死亡个案报告和约谈通报等母婴安全五项制度；实施妇幼健康保障工程，夯实县、乡、村三级基层网络，促进生殖健康服务融入妇女健康管理全过程；加强妇女保健特色专科服务能力建设，加大妇女常见病防治力度，提高医疗保健机构宫颈癌、乳腺癌筛查能力，加大防治力度，根据社会经济发展状况逐步有效扩大免费筛查的覆盖范围；提供规范的青春期、育龄期、孕产期、更年期和老年期妇女生殖保健服务，有针对性地解决妇女特殊生理期的健康问题；提高妇女自我保护意识和选择科学合理避孕方式的能力，预防

和控制非意愿妊娠和人工流产；加强孕产妇健康管理，提高孕期健康、产后访视及健康指导服务；实施母婴安全计划、妇幼健康和计划生育服务保障工程，加强孕产妇健康管理，普及适龄人群婚前、孕前和产前检查，多渠道向孕产妇提供生育全过程的基本医疗保健服务。

2. 保障女性各项权益

加大男女平等基本国策和相关法律法规的宣传普及，充分利用传统媒体、新媒体等多种形式，不断创新民众喜闻乐见的宣传内容和手段，营造男女平等、尊重女性、保护女童的社会氛围；落实出生人口性别比统计监测和预警制度，定期通报反馈和动态分析出生人口性别比数据，依法打击非医学需要的胎儿性别鉴定和选择性别的人工终止妊娠行为；深入开展关爱女孩行动，建立健全有利于女孩发展的各项帮扶支持政策体系，解决女孩成长成才等方面的实际困难和问题，改善女孩生存环境，努力提高女孩发展能力；提倡夫妻共同承担养育子女责任，依法保障女性平等接受各级各类教育，提升妇女整体素质和综合素养；加强各级各类在业就业培训和女大学生就业指导，加大女性人才培养力度，提升女性综合竞争力；开展对农村地区妇女的科学普及和文化服务，鼓励农村妇女参与现代服务业、现代高效农业，积极投身乡村振兴发展；适应国家生育政策调整，加强对用人单位和职业中介机构的指导监督，规范机关企事业等用人单位招录招聘行为，促进妇女平等就业，健康发展；以"去家庭化"的社会化儿童照料模式支持女性就业，实现女性就业与生育、工作与家庭的较好平衡。

（五）增加生育公共资源支持，强化生育服务

调查发现，具有生育压力的家庭普遍认为生育、养育、教育的成本太高。为了减轻民众生育压力，政府应增加生育的公共资源支持，强化生育服务，减少育龄妇女的后顾之忧。

1. 要增加生育的公共资源支持

深化生育服务资源整合，合理配置妇幼保健、儿童照料、学前和中

小学教育、社会保障等资源，满足新增公共服务需求；落实区域卫生规划和医疗机构设置规划，推动"公共资源随人走"，依据常住人口规模和服务半径合理配置生育公共卫生资源，做好生育政策实施保障；积极协调整合社会资源，鼓励、引导工作单位和社会力量合法有序有效参与生育公共服务；在大型公共场所、公共交通工具、旅游景区景点等设置母婴室或婴儿护理台，保障母婴健康权益；充分调动各方面力量，加强社区托育服务设施建设，增强社区幼儿照料服务功能，鼓励社区邻里开展幼儿照顾志愿服务。

2. 强化生育服务

整合孕前保健、孕期保健、住院分娩、儿童保健、儿童预防接种和计划生育服务内容，为妇女儿童提供优生优育全程服务；丰富生育服务内容，坚持预防为主，加大宣传倡导力度，普及生殖健康、优生优育科学知识；改善生育服务方法，优化生育登记服务制度，简化办理程序，推行网上办事和一站式服务，开展多渠道的生育咨询指导，落实生育登记制度，进一步简政便民；加快推进智慧生育服务管理工作，推进出生医学证明、儿童预防接种、户口登记、医保参保、社保卡申领等"出生一件事"联办；整合卫生健康资源，加强与公安、民政、教育、人社、医保、统计、电信等部门数据信息共建共享，搭建智慧生育服务管理信息系统，实现人口基础数据的实时共享；开展家庭医生综合服务，落实精准预约服务，提供个性化、精准化、多样化服务；加强基层服务管理体系和能力建设，强化生育服务基础，有效整合技术服务资源、人才队伍资源，围绕生育和健康服务，充分发挥基层阵地和人员的作用。

参考文献

周晓蒙：《经济状况、教育水平对城镇家庭生育意愿的影响》，《人口与经济》2018年第5期。

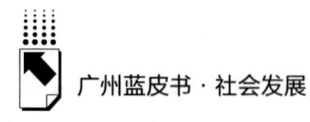

王一帆、罗淳:《促进还是抑制？受教育水平对生育意愿的影响及内在机制分析》,《人口与发展》2021年第5期。

侯佳伟、顾宝昌、张银锋:《子女偏好与出生性别比的动态关系：1979—2017》,《中国社会科学》2018年第10期。

《中国统计年鉴》,中国统计出版社,2021。

B.8 广州生活性服务业转型升级的现状、困境及对策

潘 旭[*]

摘 要： 生活性服务业转型升级是提高生活性服务业发展水平和质量的重要路径，是有效满足人民群众消费升级的现实需要，对促进消费发展、带动行业创新、吸纳社会就业人口等方面具有重要意义。本报告对广州市120家生活性服务业企业进行了调研，调查结果显示，广州生活性服务业转型升级成效初显，但新冠肺炎疫情对部分企业经营影响还未消退，不少企业转型升级仍面临市场、资金、人才等多方面困难。需要精准施策，激活消费市场需求，加强企业融资服务，完善标准规范的制定和监督管理，做好宣传引导，树立企业转型升级发展意识。

关键词： 生活性服务业 新冠肺炎疫情 企业转型升级

国家"十四五"规划提出，要推动生活性服务业[①]向高品质和多样化升级，推进服务业标准化、品牌化建设。2021年4月，为了解广州生活性服务业转型升级发展情况，国家统计局广州调查队对广州市120家生活性服务

---

[*] 潘旭，国家统计局广州调查队，中级统计师，主要研究方向为经济发展和社会调查研究等。
① 生活性服务业是指满足居民最终消费需求的服务活动。范围包括12个行业：居民和家庭服务、健康服务、养老服务、旅游游览和娱乐服务、体育服务、文化服务、居民零售和互联网销售服务、居民出行服务、住宿餐饮服务、教育培训服务、居民住房服务、其他生活性服务。

业企业开展专题调研。调研显示：有四成调研企业进行了转型或升级，多个行业发展态势良好，企业转型升级取得一定成效。但受新冠肺炎疫情影响，生活性服务业恢复情况还不理想，企业转型升级面临着市场需求不足、成本压力大、资金紧张、技术人才缺乏等多重困境，期盼政府能够给予生活性服务业更多的帮扶和引导，为企业在疫情防控常态化下快速恢复、蓬勃发展保驾护航。

一 广州市生活性服务业转型升级成效初显

（一）生活性服务业多个行业转型升级态势良好

本次调研的120家生活性服务业企业中，40.8%的企业（49家）已开展转型升级。从生活性服务业12大类行业转型升级的企业比例来看，文化服务业、居民住房服务业、其他生活性服务业、教育培训服务业、养老服务业等五大行业转型升级态势良好，转型升级的比重均在五成或五成以上；住宿餐饮服务业企业转型升级的比例也有42.9%；居民零售和互联网销售业、健康服务业两大行业转型升级的比重超过三成；居民和家庭服务业、体育服务业、居民出行服务业以及旅游和娱乐服务业等四大行业进行转型升级的比重稍低，在二成左右（见图1）。

（二）依托互联网平台、打造品牌化连锁化是企业转型升级的主要方式

调研显示，转型升级方式呈多样化发展，"通过互联网平台，拓展服务或销售渠道"的相对成熟的转型升级方式的企业最多，比重达75.5%。"打造品牌化连锁化，提升服务质量"也是不少企业在转型升级过程中采取的策略，比重为65.3%。近年来随着大数据技术迅速发展，"运用大数据等信息技术，创新商业模式"也是助力企业转型升级的重要手段，比重为46.9%。除此以外，少数企业还采用其他方式进行转型升级，比如通过参与

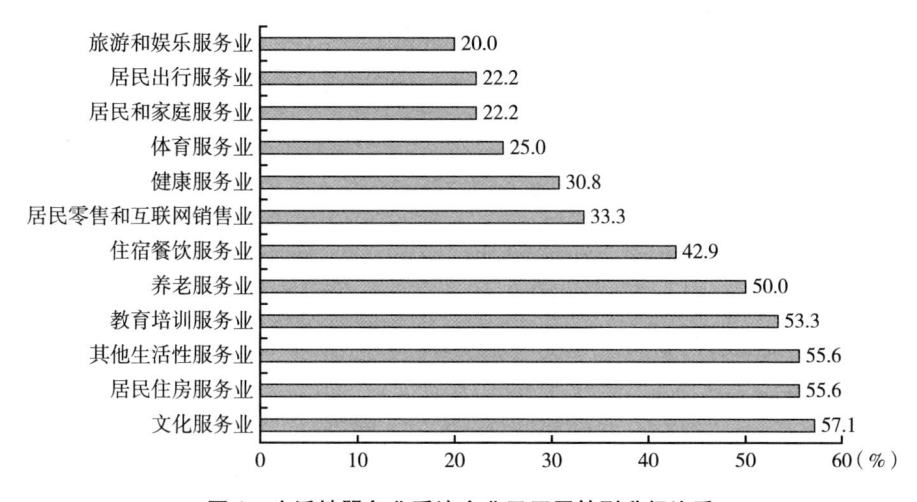

行业	比重(%)
旅游和娱乐服务业	20.0
居民出行服务业	22.2
居民和家庭服务业	22.2
体育服务业	25.0
健康服务业	30.8
居民零售和互联网销售业	33.3
住宿餐饮服务业	42.9
养老服务业	50.0
教育培训服务业	53.3
其他生活性服务业	55.6
居民住房服务业	55.6
文化服务业	57.1

图1 生活性服务业受访企业已开展转型升级比重

资料来源：调查数据。

国际合作拓展海外市场、研究开发新型服务和产品等方式谋求企业长远发展（见图2）。

转型升级方式	比重(%)
其他	8.2
参与国际合作，拓展海外市场	10.2
打造品牌化连锁化，提升服务质量	65.3
运用大数据等信息技术，创新商业模式	46.9
通过互联网平台，拓展服务或销售渠道	75.5

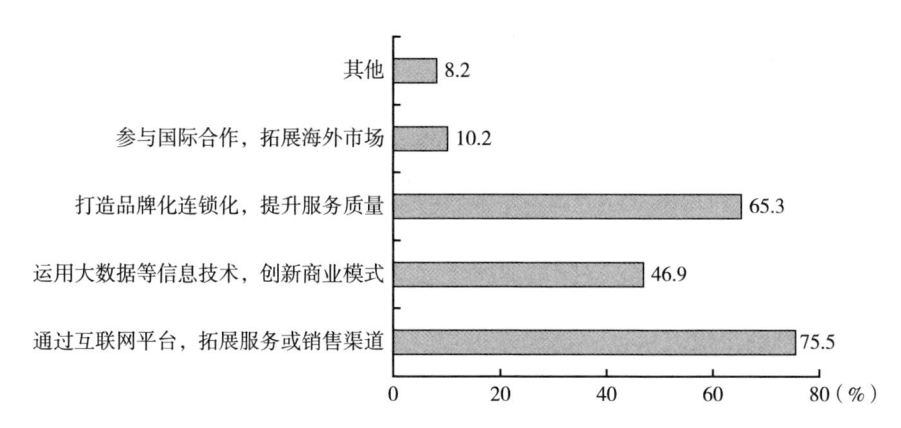

图2 生活性服务业受访企业转型升级方式（多选）

资料来源：调查数据。

（三）生活性服务业转型升级提质增效成效初显

调研显示，在49家已开展转型升级的企业中，多数企业表示转型升级能够促进企业向好发展，促进营收增长，提高企业效率，促进企业降低成本。一是促企业向好发展。超六成企业转型升级后发展情况向好。其中有10.2%的企业表示转型升级后发展"非常好"，有53.1%表示"较好"，有36.7%表示"一般"，没有企业表示"不好"。二是促企业营收增长。与转型升级前相比，营收有所增长的企业比重超七成。其中，4.1%的企业营收提升1倍以上，12.2%的企业营收提升30%以上，55.1%的企业营收提升10%以上，只有10.2%的企业表示营收无变化，另有10.2%的企业表示转型升级时间较短，对营收影响暂时无法测算，也有8.2%的企业表示受新冠肺炎疫情影响，营收在转型升级后有所下降。三是促企业效率提升。与转型升级前相比，企业生产效率有所提高的占67.3%，暂未有变化的占32.7%。四是促企业成本下降。与转型升级前相比，企业成本支出有所降低的占38.8%，暂无影响的占57.1%，另有4.1%的企业表示暂时还未测算其对成本的影响。

（四）新冠肺炎疫情催化生活性服务业转型升级步伐加速

调研显示，22.4%的企业表示开展转型升级时间不到1年，42.9%的企业表示开展了1~3年，18.4%的企业表示开展了3~5年，16.3%的企业开展了5年以上（见图3）。从调研结果看，疫情阶段进行转型升级的企业数量最多，在近三年内开展转型升级的企业数量也明显高于三年前开展转型升级的企业数量，反映了近年来广州生活性服务业转型升级在提速，而新冠肺炎疫情的发生更是企业开展转型升级的催化剂，进一步加速整个生活性服务业转型升级的步伐。

二 广州生活性服务业转型升级面临的困难和问题

（一）新冠肺炎疫情影响深远，过半企业生产经营仍处于爬坡过坎阶段

调研企业表示新冠肺炎疫情给企业经营带来负面影响的占79.2%。对

广州生活性服务业转型升级的现状、困境及对策

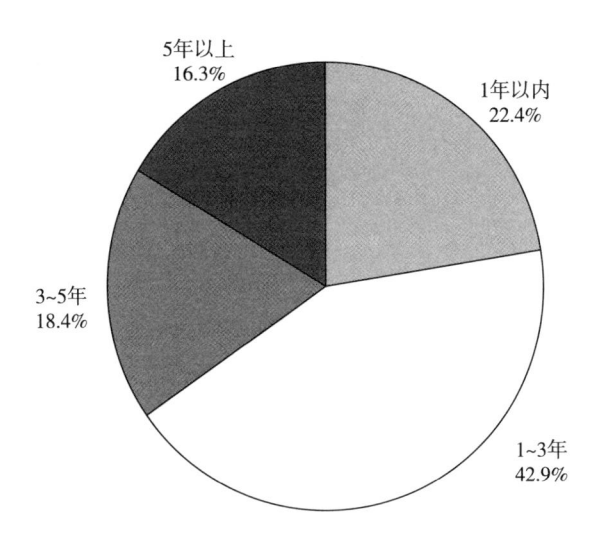

图3 生活性服务业受访企业开展转型升级时间

资料来源：调查数据。

于企业生产经营恢复情况，5.0%的企业生产经营情况超过正常水平；42.5%的企业表示恢复到正常水平的80%~100%。但有五成多（52.5%）的企业生产经营仍处于爬坡过坎的关键阶段，其中17.5%的企业恢复到正常水平的50%~80%，20.0%的企业只恢复到正常水平的30%~50%，15.0%的企业疫情后经营状况一直不太乐观，目前恢复到正常水平的30%以下，这些企业主要集中在住宿餐饮、旅游、非学历教育、文娱等行业，需要政府给予更多支持和关注（见图4）。

（二）惠企政策陆续到期，成本压力拖累企业转型升级

新冠肺炎疫情发生后，各级政府出台了一系列减税降费政策，切实为企业减轻了负担，帮助企业过难关。调研显示，90.8%的企业表示享受过相关政策支持，其中，99.1%的企业享受了社保费用减免，53.2%的企业享受了税收优惠，28.4%的企业享受了房租减免，4.6%的企业享受了贷款利率优惠，3.7%的企业享受了人才支持（见图5）。截至调查时点，广州暂未就生活性服务业出台针对性扶持政策，调研企业享受的均为普惠性政策，而这些

广州蓝皮书·社会发展

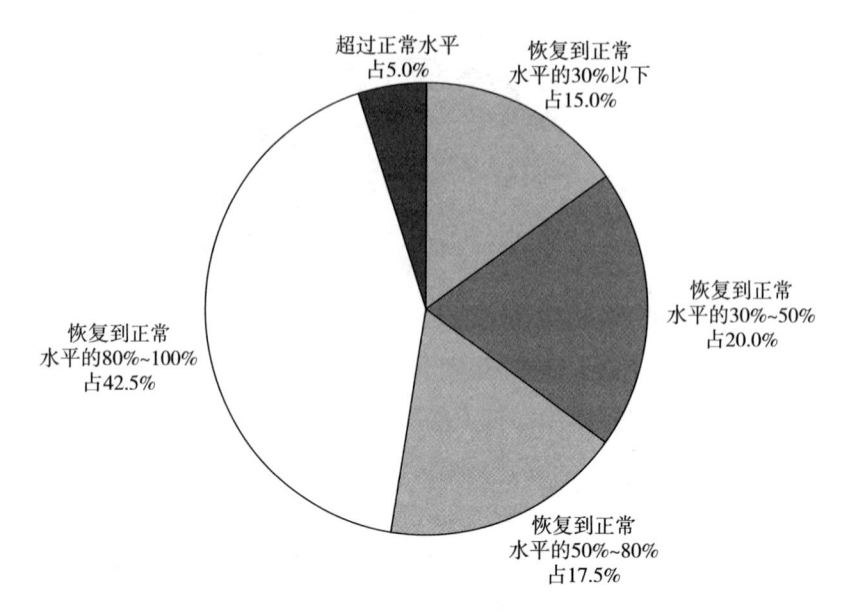

图4 调查时点企业生产经营恢复情况

- 超过正常水平 占5.0%
- 恢复到正常水平的30%以下 占15.0%
- 恢复到正常水平的30%~50% 占20.0%
- 恢复到正常水平的50%~80% 占17.5%
- 恢复到正常水平的80%~100% 占42.5%

资料来源：调查数据。

政策也将陆续到期。部分调研企业表示，当前经营还未完全恢复，希望减税降费政策能够延续，为企业开展转型升级后续资金投入加强保障。

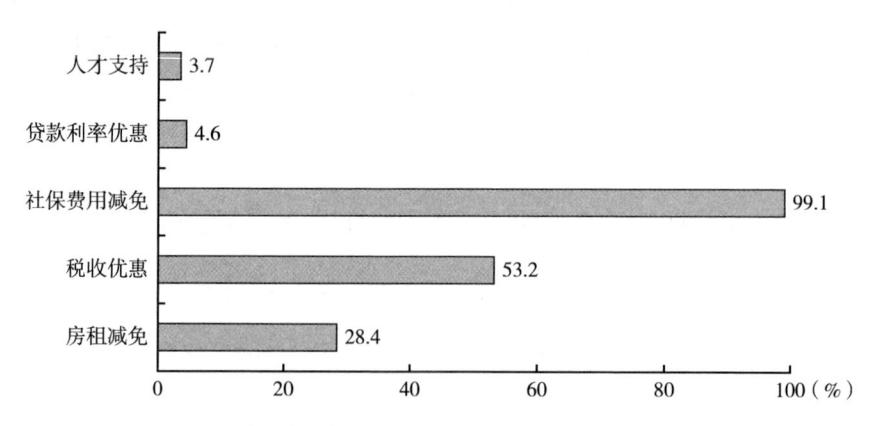

- 人才支持 3.7
- 贷款利率优惠 4.6
- 社保费用减免 99.1
- 税收优惠 53.2
- 房租减免 28.4

图5 生活性服务业受访企业享受到的扶持政策情况（多选）

资料来源：调查数据。

108

（三）企业转型升级面临市场、资金、人才等多方面困难

对于企业在转型升级过程中面临的突出困难，受访企业反映"市场需求不足"和"资金短缺，融资困难"分别占54.2%、50.8%；选择"技术人才不足""社保、税费负担过重""缺乏服务标准和规范"的企业占比依次为40.0%、34.2%和10.8%（见图6）。一是市场需求不足影响明显。54.2%的企业认为市场需求不足是转型升级过程中遇到的最大困难。二是融资难影响企业发展。生活性服务业企业多数是轻资产企业，融资难仍然是其面临的突出问题，据几家有一定知名度的公司反映，公司品牌是无形资产，银行融资一般要求企业提供有形资产进行抵押，导致服务业企业实际融资存在困难，企业只能靠自有积累资本投入企业后续发展。三是专业技术人才较为紧缺。调研发现不少企业有转型升级的想法，但是缺乏转型升级的办法，尤其是中小型企业，在企业转型升级方面既缺乏相应的信息研发技术，也缺乏对转型升级有清晰思路和方向的人才，不少公司均反映希望有熟悉行业发展的专业人才，引导企业在转型升级上寻求突破。四是服务标准和规范有待完善。有公司反映目前线上非学历教育培训还不规范，小机构众多，部分机

项目	比例(%)
其他	5.0
社保、税费负担过重	34.2
缺乏服务标准和规范	10.8
市场需求不足	54.2
技术人才不足	40.0
资金短缺，融资困难	50.8

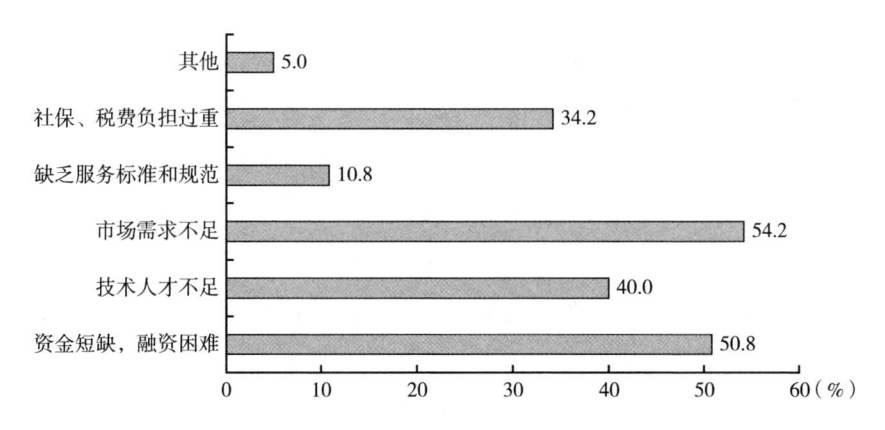

图6 生活性服务业企业在转型升级过程中面临的困难（多选）

资料来源：调查数据。

构超前收取大额培训费用的违规行为仍然存在，部分机构无限拉低市场价格引起恶性竞争，影响行业健康发展，希望政府能够出台相关服务标准和规范，引导线上非学历教育健康发展。

（四）企业家危机意识不强，转型升级缺乏积极性

调研的120家企业中，没有进行转型升级的有71家，占59.2%。有近五成（47.9%）表示目前企业没有转型升级的必要，一定程度上反映了部分企业尤其是中小型企业危机意识不强，对企业转型升级缺乏正确认识，即使经历了新冠肺炎疫情冲击，企业经营思维仍然依赖于传统生产发展路径，企业家缺乏改革创新的积极性和主观能动性，阻断了企业转型升级的发展道路。

三 促进广州生活性服务业转型升级的对策建议

（一）巩固疫情防控成效，精准施策，扶持生活性服务业尽快恢复元气

受行业性质影响，生活性服务业受疫情冲击相对严重，在当前广州经济强劲复苏的大背景下，生活性服务业生产经营恢复情况稍显滞后。生活性服务业早日复苏对稳定就业市场、促进消费增长和经济发展有着重大意义。为推动生活性服务业尽快恢复活力，一是巩固疫情防控成效，稳定生活性服务业发展外部环境。由于生活性服务业劳动密集程度高，多数还需消费者到现场进行消费服务，人员流动性强，传播病毒风险高，如出现疫情反复，将不可避免地再次对生活性服务业产生较大的负面影响，所以对于生活性服务业而言，巩固好当前疫情防控成效，是企业快速恢复生产经营的基础和前提。二是精准施策，对生活性服务业中恢复困难的行业实施定向帮扶。对广州市生活性服务业经营恢复情况进行摸底调研，对恢复不理想的行业，找出其面临的难点、痛点，梳理整合现有政策资源，在此基

础上，出台并实施有针对性的扶持政策，比如延续减税降费政策，出台定制性扶持政策，引导鼓励有条件的商场给企业减免租金等，切实将帮扶措施精准落实到困难企业头上，帮助生活性服务业尽快恢复元气和活力，为后期转型升级养精蓄锐。

（二）激活消费市场需求，奠定生活性服务业转型升级基础

消费市场需求是直接影响生活性服务业的生存和发展的最重要因素，要推动生活性服务业转型升级取得新进展，首先要激活消费市场需求，想方设法提振消费信心。一是立足"六稳""六保"，抓好落实稳就业促就业措施，保障居民收入来源，稳定居民消费预期。二是加大转移支付力度，对个人采取减税降费措施，如减免个人所得税、社保缴纳费、公积金缴纳额度等措施，增加居民可支配收入，提升居民消费能力。三是政府联合商家，以发放消费券、消费补贴、促销等形式，刺激居民消费。四是大力发展新兴生活性服务产业，开拓新的消费空间，推动传统生活性服务业数字化转型升级，满足消费升级需求，形成供给需求良性循环。

（三）加强企业融资服务，缓解生活性服务业转型升级资金难题

调研显示，50.8%的企业认为融资难是生活性服务业企业普遍面临的突出困难。对此，一是加大金融机构支持生活性服务业的力度，提高对生活性服务业企业的贷款比重，给予生活性服务业企业贷款利率优惠，为生活性服务业企业转型升级解决资金问题助以一臂之力。二是切实贯彻落实国务院《关于加快发展生活性服务业促进消费结构升级的指导意见》要求，研究拓宽生活性服务业企业融资渠道问题，出台生活性服务业企业通过IPO、发行债券等方式融资细则，为企业提供更多融资渠道和获取资金支持的可能性。三是搭建生活性服务业企业和创投风投公司合作平台，促进优质企业和投资机构精准对接，由投资机构为生活性服务业企业转型升级发展提供资本助力。

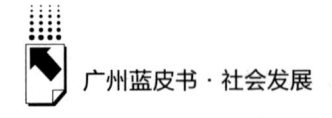

（四）加强人才培育和引入，为生活性服务业转型升级注入创新活力

调研发现，目前多数企业转型升级的方式主要依托现有外部条件去转变经营模式，通过改革创新提升企业核心竞争力的较少。对此，一是做好人才培育和输送，加强对生活性服务业从业人员的免费职业技能培训，提高从业人员的数字化技能，为企业转型升级培育输送人才。搭建校企批量式人才定向输送平台，帮助生活性服务业企业精准对接相关高校，解决人才供应难题。二是打造能留人的环境，助力生活性服务业企业吸引转型升级的优秀人才，政府在入户、教育、住房等多方面给予一定的补贴和政策倾斜，让优秀人才能够在企业有良好职业预期，并全心投入引领企业不断发展壮大的事业中去。

（五）加强标准规范的制定和监督管理，提高生活性服务业转型升级供给水准

当前广州市生活性服务业企业转型升级还处于粗放式发展，对于生活性服务业转型升级产品和服务的供给质量和标准还有待完善，一是组织引导生活性服务业各行业协会、龙头企业、品牌企业、第三方机构等积极发挥作用，在现有行业标准规范基础上，完善行业转型升级后的标准体系规范化，进一步提升企业服务水平和产品质量，促进行业高质量发展。二是加强对生活性服务业市场的管理和监督，建立健全生活性服务业服务供给质量和水平评价体系，全面推动生活性服务业产品和服务质量的提升，严厉打击违规违纪市场经营行为，切实维护正常市场秩序，促进生活性服务业良性健康发展。

（六）加强生活性服务业企业转型升级宣传引导，树立企业转型升级发展意识

从广州市生活性服务业发展一盘棋的角度，谋划生活性服务业企业转型升级部署，培育打造生活性服务业龙头企业，树立转型升级典范，加大对企

业转型升级成功案例的宣传力度，搭建转型升级优质企业和行业内其他企业的沟通交流平台，扩宽企业家企业管理视野，引导企业家转变思维观念，树立转型升级发展意识，让企业充分认识到转型升级是企业升级的必经之路，勇于带领企业在转型升级的道路上发展壮大。

参考文献

《广州市召开现代服务业发展推进会，聚焦重点领域提升竞争力，加快建设 现代服务业强市》，广州日报大洋网，2020年12月7日。

汤莉：《江苏生活性服务业发展情况调研分析》，《统计科学与实践》2020年第12期。

王一鸣：《推进生活服务业数字化转型——线上服务等新业态有望成为我国服务业转型发展的新动力》，《财经界》2020年第28期。

B.9
关于广州市公共场所全覆盖配置自动体外除颤器的建议[*]

广州大学广州发展研究院课题组[**]

摘　要： 心脏骤停致猝死事件多发生在医院外的公共场所，其抢救时间每延迟1分钟，生存率会降低7%~10%，早期进行自动体外除颤器（Automated External Defibrillator，AED）除颤等急救措施对提高患者的存活率十分重要。近年广州医院外心脏骤停致猝死病例频发，让越来越多人关注到AED。根据调查显示，目前广州公共场所配置AED存在数量少、密度不高、区域分布不均衡等问题，本报告结合广州的实际需求，从配置AED范围、数量、密度、形式、管理及急救知识宣传普及等方面提出对策建议。

关键词： 自动体外除颤器　公共场所　全覆盖

　　自动体外除颤器（AED）是一种便携式医疗设备，可广泛运用于非专业人员现场抢救心脏骤停的患者。当患者发生心脏骤停时，利用AED对患者在最佳抢救时间内进行除颤，可大幅提升患者的生存率。因此，在发达国家AED已被大规模、全覆盖地在各种公共场所配置和使用。根据《中国心血管病健康与疾病报告2019概要》显示，心脏性猝死（Sudden Cardiac

---

[*] 本报告为广东省社科研究基地国家文化安全研究中心、广州市新型智库广州大学广州发展研究院的研究成果。

[**] 执笔人：谭苑芳，广州大学广州发展研究院副院长、教授；粟华英，广州市粤港澳大湾区（南沙）改革创新研究院社会调查总监、经济师。

Death，SCD）发生率为41.8/10万，估测中国每年发生心脏性猝死约54.4万例；相关研究资料还显示，在5516例尸解猝死病例中，心源性猝死是首要原因，占57.76%，且大部分的心源性猝死都发生在医院之外。[①] 2020年以来，媒体报道了多起在广州公共场所发生的心脏性猝死事件均因没有AED急救设备和缺乏急救常识，引发媒体和社会的强烈关注。本报告就广州公共场所配置AED现状及存在的问题进行研究分析。

一 公共场所普及AED的必要性

1. 在公众场所普及AED是为民谋福祉的民生工程

当患者发生心脏骤停时，利用AED对患者在最佳抢救时间内进行除颤，可有效降低猝死率。根据《2012~2017年广州市心源性猝死流行情况与趋势分析》显示：2012~2017年广州市发生心源性猝死11052例，年平均死亡世标率[②]为14.48/10万，超过六成的发生地点在医院外的公共场所，其高发地点主要有公共运动场所、交通枢纽（如机场、火车站、地铁站）、大型购物中心和工厂等，6年间死亡率总体呈上升趋势（见图1）。可见在公共场所配备AED是为民谋福祉的民生工程，是全面建成小康社会、实现"健康中国2030"的重要体现。

2. AED在公共场所的投放和配置数量是一个国家或地区公共卫生现代化的标志性指标

广州作为国家中心城市、国际商贸中心，在公共场所按照国际标准投放和配置AED，是彰显品质之城、实现社会主义现代化远景目标的基础。

3. 政策支持

2021年12月28日，国家卫生健康委办公厅印发了《公共场所自动体外除颤器配置指南（试行）的通知》，要求各地方需根据医院外心脏骤停发

[①] 赵智梅、陈晓松、杨仪君、杜鹏举、周攀豪：《我国5516例尸解猝死病例流行特征分析》，《中国急求医学》2020年第2期。

[②] 世标率即世界人口标化死亡率。

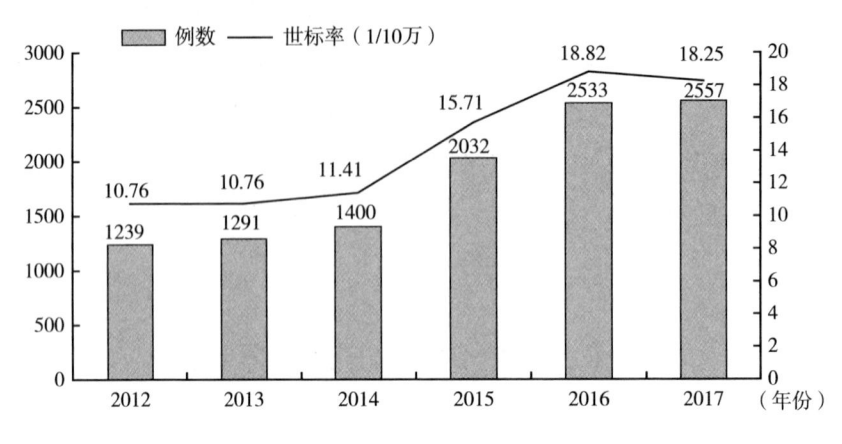

图1　2012~2017年广州市心源性猝死情况

资料来源：《2012~2017年广州市心源性猝死流行情况与趋势分析》，《中国循环杂志》2019年第6期。

生率、人口数量及密度、辖区面积、公共场所数量及类别等因素，对公共场所自动体外除颤器配置进行科学规划，明确自动体外除颤器配置要求，包括数量、密度、点位、安装规范等。

4.公众呼声

据媒体报道，2021年11月广州市又发生了三起公共场所人员心脏骤停事件，其中两起事故因所在场地配置AED设备而转危为安，一起事故因现场没有配置AED设备而使人失去生命。这些情况进一步引发了公众对在公共场所全覆盖配置AED设备的呼吁。

事件1：2021年11月13日17时50分，地铁车厢内有一男子倒地不起，地铁工作人员和两名志愿者将该男子抬出车厢平放到站台空地处，同车厢的两位护理专业学生运用"心肺复苏术"和AED，对该名男子实施抢救，恢复呼吸，随后120救护车送去医院继续救治。

事件2：2021年11月18日19时20分，一男子在广州白云远景足球场运动时，在无身体接触的情况下，突然倒地不起。记者从警方获知，该男子经医护人员抢救无效身亡。据球场工作人员介绍，该球场系公益性场地，曾因新冠肺炎疫情暂停开放，此前AED因故障送修，当晚并未配备。

事件3：2021年11月21日20时55分前后，有人在中山大学校园内西大球场运动时晕倒，校医让保安拨打120急救电话，同时立即携带AED骑车赶去，并使用AED完成首次除颤，随后继续心肺复苏，大约2分钟，AED分析仍为室颤，实施第二次除颤，继续胸外按压，使用球囊面罩进行通气，随后患者开始出现自主呼吸和脉搏，患者循环恢复，转往附近的医院继续救治。

二 广州市公共场所配置AED的基本情况

2014年广州市举办马拉松赛，率先在赛道上设置移动AED救护岗，开创了国内先河。遗憾的是，虽然广州市配置AED设备起步最早，但总体发展较慢。截至2020年底，广州市公共场所配置AED约200台，远低于北京、上海、深圳。2021年以来，经过媒体和公众的呼吁以及有关部门的共同努力，目前广州市公共场所配置AED设备取得了明显进展。

（一）广州市地铁、体育场馆基本实现AED设备全覆盖

1.广州地铁实现全覆盖配置AED

截至2021年11月，广州地铁又有313台AED设备分批投入使用，实现了AED地铁全覆盖。同时对地铁一线工作人员开展了60批次约3000多人的人工心肺复苏和AED使用的技能强化培训。

2.广州市属体育场馆实现全覆盖配置AED

截至2021年11月，广州市体育局购置了120台AED设备分配到市属体育场馆，其中32台放置在有"路跑圣地"之称的天河体育中心内。

（二）实地调研情况

课题组于2022年3月，根据微信小程序"城市救命地图"查询广州市11个区AED配置信息显示，广州市11个区可搜索到AED 420台，其中越

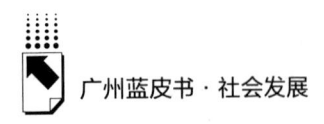

秀区每10万人拥有量最高,达到6台;其次是天河、海珠、增城、荔湾,均达到每10万人拥有量为3台。

(三)政府加快推进AED配置的工作措施

1. 制订三年行动计划

广州市卫健委已制订《广州市推进公共场所自动体外除颤仪配置三年行动计划》[1],计划在"十四五"期间,以政府主导、多渠道筹措资金、部门(企业)负责的有序推进的方式,实现配备AED设备4500台(即每10万人口配备30台AED设备),力争到2025年,全面覆盖全市标志性交通枢纽及景区、大型运动场所、街道办、社区卫生服务中心等人流密集场所。同时将培训应急救护员2万人,每年安排公共卫生宣传教育经费以及公众急救知识在内的培训经费,在公园、学校等场所对学生、志愿者和社会公众组织公共急救培训。

2. 2022年工作目标

2022年2月28日广州市卫生健康工作会议提出,2022年广州将实施"AED扩面工程",制定出台广州市AED配置方案,明确公共场所AED设置原则、配置标准、维护方式等具体内容,同时扩大AED配置数量和覆盖范围,完成地铁站点、"三站一场"等交通站场、市属学校共800台AED的配置,提升公众应急救护能力。

三 当前广州市公共场所配置AED设备存在的问题

1. AED设备配置存在区域不均衡现象

根据微信小程序"城市救命地图"中AED放置位置可以了解到,广州市配置AED设备最多是天河、越秀和海珠,其次是番禺、增城和白云,

---

[1] 徐雯雯、申卉:《广州计划"十四五"期间实现配备AED设备4500台》,《广州日报》2021年5月13日。

再次是荔湾、黄埔，南沙、花都和从化三区配置最少，存在明显的区域不平衡现象。

2. 配置AED设备总体数量仍然偏少

一是2021年以来广州市配置AED设备虽然取得明显进步，但总体数量仍然偏少。据广州市地铁公司、广州市体育局和广东省应急协会投入使用的AED数据统计，以及本课题组通过微信小程序"城市救命地图"查询广州市11个区的AED位置等信息综合测算，目前广州公共场所配置AED设备数量大约为600台。

二是广州市配置AED设备的计划与其他国际大都市差距较大。"十四五"期间，广州市将实现配备AED设备4500台（即每10万人配备30台）。但据《深圳特区报》报道，深圳计划在未来5~10年达到每10万人配置300台的目标，北京市急救中心发布的信息也显示，北京市计划向每10万人配置200台的目标迈进。这表明，广州市"十四五"全覆盖配置AED设备的目标与国内先进城市相比仍有一定的差距。如与国际标准对标，差距就更大（见表1）。

表1 目前国内外人均配置AED设备数量

单位：台

国外	美国	日本	法国	新加坡	澳大利亚
每10万人AED拥有量	317	500	234.8	超过100	44.5
国内	深圳	上海	北京	广州	
公共场所AED配置数量	3500	2708	1000	约600	
每10万人AED拥有量	26	10.8	4.6	3.21	

资料来源：根据2021年文献数据和媒体公布数据推算。

3. 公共场所配置AED设备相关政策需进一步完善

一是目前广州市尚缺乏规范管理AED的政策条例。二是《广州市推进公共场所自动体外除颤仪配置三年行动计划》推进较慢，设定目标与国际上"每10万人配置100台"的标准相比有较大差距。

4. 缺乏官方的"AED 地图"导航程序

目前通过微信小程序可搜索到 20 多款"AED 地图"导航相关程序，但能搜索到广州最新的 AED 放置位置信息的是由生命链（广州）大健康产业股份公司开发的"城市救命地图"小程序。但广州部分单位自行购置的 AED 放置位置信息并没有完整在该小程序上反映，如广州市体育局在体育中心放置了 32 台 AED，但在该小程序上只能搜索到 2 台。据了解，目前上海、深圳、中山、宁波、汕头、惠州等城市都发布了官方的"AED 地图"，一般由红十字会或急救指挥中心开发。

四 国内外全覆盖配置 AED 设备的做法与启示

日本。日本是目前世界配置 AED 设备密度最高的国家之一，国民对 AED 的认知度非常高。其急救教育"从娃娃抓起"，心肺复苏课程进入中小学课堂，学习使用 AED 成为中小学生日常培训项目，还将 7 月 1 日定为日本"AED 日"。

美国。美国是最早对 AED 配置进行立法的国家。1997~2016 年，各州都出台规定，要求公共场所都配置 AED，允许非专业人员使用 AED，规定 AED 急救予以免责，规定中小学生均应接受培训等。美国加州还细化立法，明确规定大于 300 平方米的建筑物，或入住 200 人以上的商业楼宇、教育楼宇、厂房、住宅楼宇、集会场所、礼堂、艺术中心和电影院等必须安装 AED。

新加坡。所有教育部编制内的学校都设有应急中心，规定教职工应经过基本的急救训练，熟练掌握心肺复苏术和使用 AED 的技能。2014 年，新加坡推出了 45 分钟"速成先遣急救员培训计划"，全国共培训了 9.1 万多民众。小学五年级须接受培训，学习识别心脏骤停征兆，知道在这种情况下该怎么做。2016 年，新加坡 SMRT 公司还在 100 辆出租车上安装了 AED，让出租车司机在路上留意心脏骤停患者，并在紧急情况下为他们施救。如果民防部队发现周边有民众心脏骤停，且周围没有 AED，会通过手机软件通知方圆1.5公里内、车上有AED的出租车司机立即赶赴现场。

深圳。目前深圳AED配置走在国内城市前列。一是将公共场所配置AED项目纳入市、区政府民生重点工程，AED设备均由政府采购配置。二是2018年实施的《深圳经济特区医疗急救条例》将公共场所配置AED纳入院前医疗急救布局规划，将AED购置、后续维护、更新费用等列入政府财政支出项目。三是AED放置点由人员密集的公共场所向社区服务场所拓展，除地铁、机场、学校、体育馆、会展中心、公园等均可看到AED"身影"外，警务室、社区工作站、党群服务中心等也都开始配置。四是AED放置点由固定点向移动点发展，深圳交警铁骑装载38台AED，可穿过堵点"移动"救人。五是深圳市急救中心联合腾讯发布了覆盖全城、一键可查的深圳"AED地图"，通过"腾讯地图"或微信小程序，输入"AED导航"就能显示离你最近的AED设备，并根据导航提示即可前往取出。

五 广州市公共场所全覆盖配置AED设备的建议

（一）增加配置AED设备的数量和覆盖公共场所的范围

一是以政府为主在公共场所配置AED，鼓励单位、个人捐赠，鼓励有条件的单位自行配置，争取未来5~10年达到每10万人配置100台的标准，并统一制定所在地区AED投放数量标准。二是以第一目击者在3~5分钟可获取AED并赶到患者身边为原则，根据人口密度、人口流动量、分布距离等影响因素配置AED。三是扩大广州市配置AED设备的公共场所范围，在城市轨道交通以及交通场站、大型企事业机关单位、工厂车间、城市广场、教育和培训机构、养老机构、社区、体育和文化娱乐场所、大型商超、酒店、旅游景点、学校、幼儿园等人口密集、流动量大的场所内逐步推进配置。

（二）以政府为主导推动PAD计划，规范AED设备管理

现针对公共场所配置AED出台的相关政策，都是以建议性要求为主，没有强制性。建议：一是政府主动推动PAD①计划，明确资金规划、配置数量、培训体系、认证体系等，并分不同阶段完成。二是依法明确AED安装和应用的法律责任问题，制定《广州市公共场所自动体外除颤器管理办法》，明确AED设备的管理主体，将配置AED设备纳入公共场所建设标准，定期对设备进行维护管理，若出现故障应替换备用AED设备。三是政府在城市规划及道路建设过程中，考虑预留AED放置点。

（三）加强急救知识普及，培养大量现场急救"第一目击者"

只有将急救知识普及给社会公众，才能构建真正的社会"急救链"。广州市应加强急救知识的推广，要求广大民众掌握急救知识和相关的技能。一是加强宣传普及。政府相关宣传机构和媒体，制作多种形式AED宣传材料，以公益广告的形式广泛宣传，通过社区、公交站台宣传栏、地铁车厢及站内、自媒体、电视广告等多种途径，向民众普及AED使用等公共急救基本知识。二是加强教育培训。制定系统的AED培训课程，在学校开设AED设备使用及心肺复苏等急救知识教育；除对《广州市社会急救医疗管理条例（修订草案）》规定的人民警察、消防人员、政务服务人员、安保人员、旅游从业人员、交通运输站从业人员等提供足够培训外，还对服务业从业人员、出租车司机、社区志愿者等进行培训，尽可能多地培养有能力开展救护工作的"第一目击者"。三是在AED外包装或放置点旁，明确标识急救免责规定，消除使用者的顾虑，使使用者在会救的情况下敢于施救。

---

① PAD，是指在OHCA发生率高、人员密集的公共场所配置AED与公众培训CPR，当发现OHCA患者时，由现场第一目击者在急救人员到达现场前使用AED对患者进行除颤，从而提高OHCA患者的院前复苏率和院内抢救成功率。

（四）建立移动 AED，弥补现有固定 AED 布点不足的问题

建议广州市在公共场所布局固定 AED 的基础上建立移动 AED 急救体系。一是在警用摩托车、警车、治安巡逻车、消防车上均应配置 AED。发生心脏骤停事件时，一般情况下警察或消防队员等都会先于急救人员到达现场，如警车等有配置 AED，可有效缩短患者抢救时间。二是鼓励出租车、公交车、网约车配置 AED。出租车、公交车、网约车时刻在城市行驶，能在第一时间化身成移动"急救车"，可在医疗救援人员到达现场前，尽早施救。三是无人机 AED。由于无人机具有不受道路条件影响高速飞行的优势，除能够快速到达事发地外，还可通过其摄像头进行远程现场医疗评估和指挥施救。由于移动 AED 的灵活性，可弥补现阶段公共场所固定 AED 投放不足或空白的情况，有效降低 AED 的投入成本，最大限度发挥作用。同时警察、治安员、消防员、出租车司机等定期组织急救培训，可解决现场有 AED 设备却无人会操作的问题，提高了患者的生存率。

（五）建立科学化、信息化、智能化的 AED 动态管理平台

在信息化时代，互联网+急救可以让 AED "活"起来。因此建议：一是尽快设计完整的广州 AED 放置地图，将配置 AED 设备的位置准确标注，让民众可通过微信、支付宝、QQ 或相关 App 等载体，快速查找周边的 AED 放置所在地，尽快挽救生命。二是在 AED 外箱张贴可提供动漫显示、语音提示等 AED 使用指导方式的二维码，施救人员可通过扫码接受及时的现场指导。三是建立 AED 放置信息上报制度，无论是由政府统一购买投放的，还是由单位自行购买的或单位及个人捐赠的，均应将 AED 放置位置上报，使"AED 地图"实时反映并能查询所有 AED 放置信息。

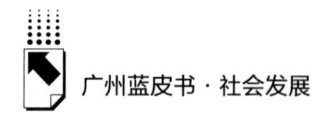

参考文献

国家卫健委：《公共场所自动体外除颤器配置指南（试行）的通知》，2021年12月。

董航、李燕、林国桢、刘华章、杨琼英、陈远源：《2012～2017年广州市心源性猝死流行情况与趋势分析》，《中国循环杂志》2019年第6期。

吕传柱等：《中国AED布局与投放专家共识》，《中国急诊医学》2020年第9期。

中国心血管健康与疾病报告编写组：《中国心血管健康与疾病报告2019概要》，《中国循环杂志》2020年第9期。

赵智梅、陈晓松、杨仪君、杜鹏举、周攀豪：《我国5516例尸解猝死病例流行特征分析》，《中国急求医学》2020年第2期。

广州市卫健委：《广州市推进公共场所自动体外除颤仪配置三年行动计划》，2021年5月。

B.10
广州养老服务现状及需求公众评价调查报告

广州社情民意研究中心课题组[*]

摘　要： 随着我国老龄人口数量增加，社会老龄化程度进一步加深，养老服务的供求矛盾日渐突出，老年人群体及其子女对养老服务也产生了新的需求和期盼。本报告从广州市养老服务现状、养老需求、老人与子女家庭关系等方面进行调查，并着重对年龄、收入水平、身体状况的群体差异进行分析。结果显示，市民迫切需要一个家庭养老与社会化为老服务共存的新模式，普遍期望政府能够加快发展社区居家养老服务，高达96%受访者表示"赞成"政府在每个街镇建立一个一站式的综合养老服务中心。

关键词： 养老评价　养老需求　社区服务　家庭关系

最新统计数据显示，2020年广州的人口总数超1800万，其中60周岁及以上人口占比为11.41%，老年人口规模呈明显增长趋势，如何应对老年人的养老保障问题，是建设广州美好和谐社会的重要问题。广州社情民意研究中心在第八届公益创投活动的资助下，于2021年7~10月开展了两次大规模民意调查，包括"2021年广州市养老服务现状与需求公众评价"调查和"2021

---

[*] 课题组组长：梁幸枝，广州社情民意研究中心总干事，经济师，统计师。课题组成员：刘荣新，广州社情民意研究中心研究总监，助理研究员；陈琰，广州社情民意研究中心行政总监；励蒙桥，广州社情民意研究中心调查室副主任；梁铭坚，广州社情民意研究中心数据分析师；宁穗君，广州社情民意研究中心办公室副主任。执笔人：梁幸枝。

年广州城市状况市民评价"调查,在全市 11 个行政区范围采用分层抽样和简单随机抽样相结合,两次民意调查共成功抽样访问了 2000 名具有代表性的市民群众,涵盖不同年龄、地区、收入、学历、家庭状况等群体。

一 广州养老服务现状评价

(一)市民对养老服务具体评价

1. 受访市民对本地养老服务评价有改善,超五成人表示养老服务可满足老年人的需求

对本地养老服务的评价,近年来受访市民的评价有改善,满意度较 2015 年上升了 14 个百分点,为 48%;不满意度较 2015 年下降了 11 个百分点至 8%(见图 1)。2021 年调查还显示,对养老服务表示"一般"的受访市民有 25%;表示"难说"的有 19%。

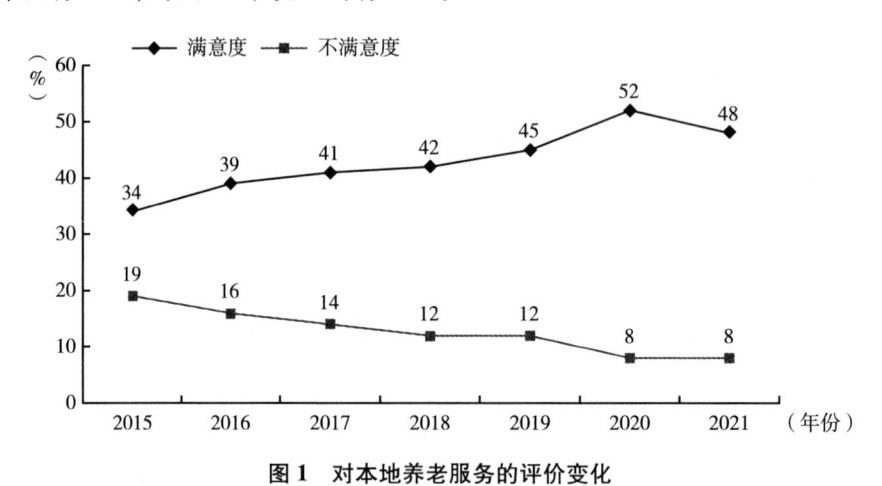

图 1 对本地养老服务的评价变化

资料来源:调查数据。

对目前本地养老服务能否满足老年人需求的评价,超五成受访市民明确表示本地养老服务"能满足"和"基本满足"老年人的需求,比例为 55%;表示"不能满足"的比例为 23%,还有 22% 表示"难说"(见图 2)。

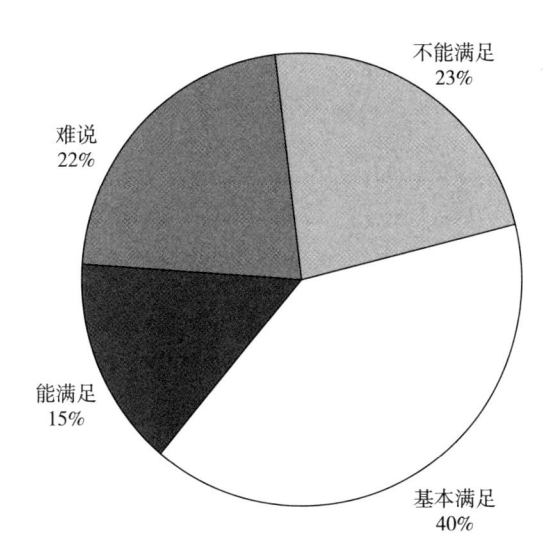

图2 对目前本地养老服务能否满足老年人需求的评价

资料来源：调查数据。

2. 社区居家养老方式获认可，曾去过的受访市民对社区养老服务机构给予肯定

在养老方式的选择上，剔除表示"难说""还没想过""无所谓"的受访市民，主要分析明确表态的受访市民的看法。调查结果显示，最多受访市民认为"社区居家养老"方式符合自身的养老需求，比例为61%，远高于其他养老方式；选择"养老院养老"和"靠子女养老"的比例分别为17%和16%；另有6%的人选择其他养老方式（见图3）。

对各类社区养老服务机构的满意度，近一年曾去过且明确表态的受访市民评价较好。具体来看，受访市民对长者日托中心满意度最高，为69%；其次为长者饭堂，满意度为61%；对社区养老院和星光老年之家的满意度在50%左右（见图4）。

3. 建设"颐康中心"获市民普遍支持，但养老服务相关工作评价不高，满意度未超四成

近年来，广州大力推动建设一站式的综合养老服务中心，又称"颐康

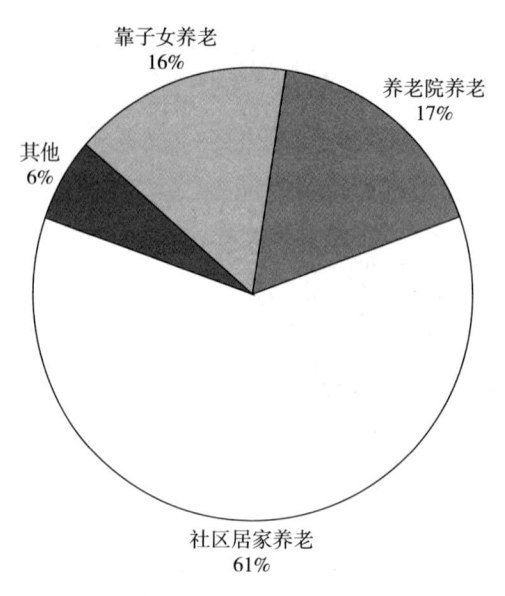

图 3　哪种养老方式符合自身的养老需求

资料来源：调查数据。

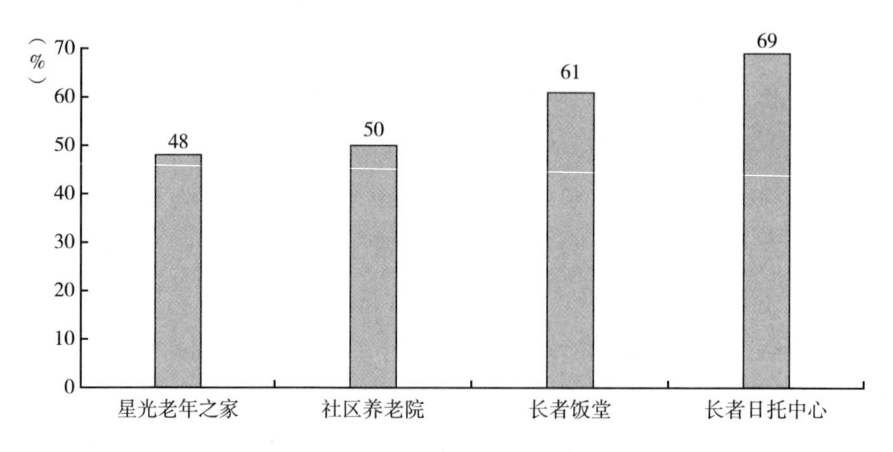

图 4　对各类社区养老服务机构的满意度

资料来源：调查数据。

中心"，目的是为广大市民提供综合的社区居家养老服务。调查显示，96%的受访市民对此表示赞成，反映出绝大多数市民肯定、支持政府推进社区居家养老的工作方向。

但值得注意的是，市民对养老服务相关工作的评价不高。调查显示，对"养老服务机构及设施建设"，受访市民满意度为34%；对"养老服务机构的监管"的满意度为24%（见图5）。鉴于不少市民对相关工作不关注、不熟悉，剔除表示"难说"的受访者后，明确表态的受访者对上述两项工作的满意度亦未超四成，分别为40%和35%。

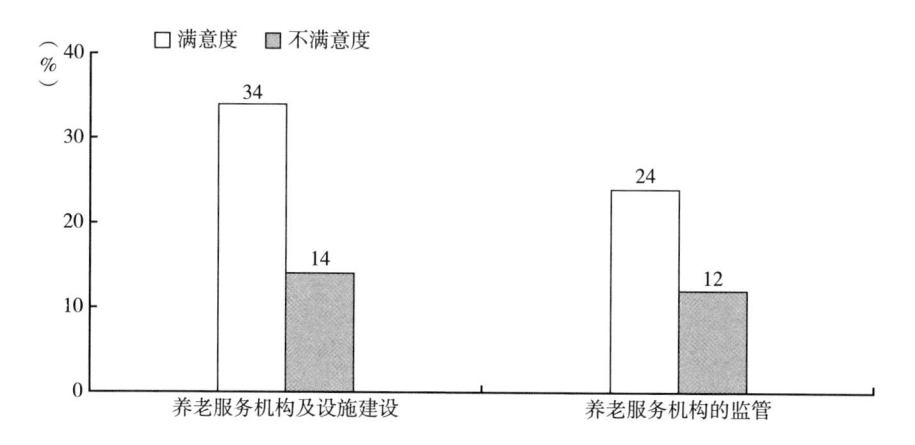

图5　对政府养老服务相关工作的评价

资料来源：调查数据。

4. 半数受访市民肯定养老金对老年人生活的保障作用

养老金是老年人生活的重要保障之一。在本次调查中，多数受访市民肯定了养老金的保障作用，认为养老金保障老年人生活作用"大"和"较大"的比例合计为50%，表示作用"一般"的比例为33%，表示作用"较小"和"没作用"的比例合计为11%，还有6%表示"难说"。各年龄阶段受访市民对养老金保障作用的评价差别不大，表示"大"和"较大"的比例基本在50%左右（见图6）。

5. 养老服务满意水平不高，表明仍有较大改善空间

虽然市民群众对养老服务近年来评价在改善，但与公共交通服务、供电、供水等公共服务满意度超八成相比，市民对养老服务的满意度不超过

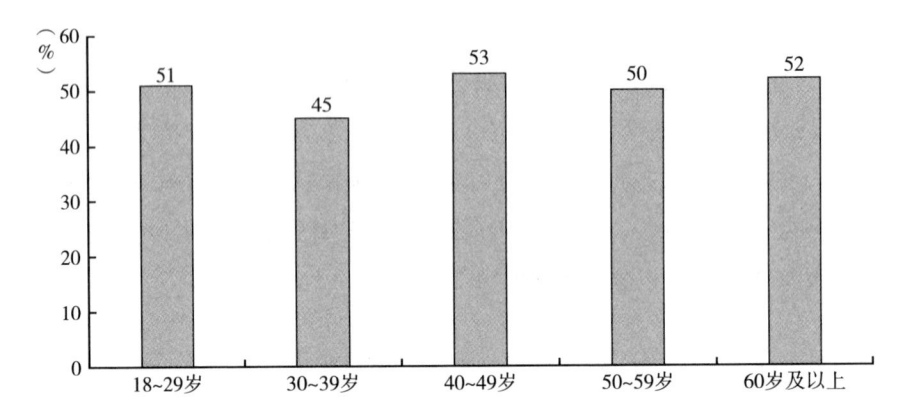

图 6 不同年龄人群对养老金保障作用评价"大"和"较大"的比例

资料来源：调查数据。

50%，反映养老服务与市民群众的期盼有一定差距，仍有较大的改善空间（见图7）。

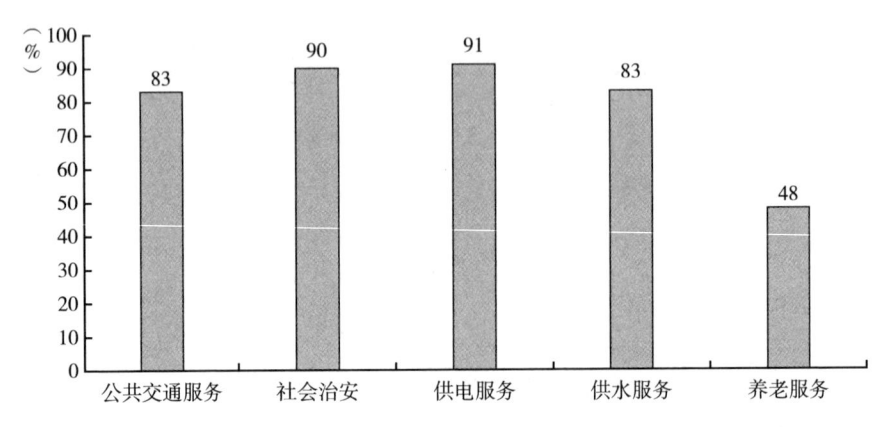

图 7 对各项公共服务的满意度对比

资料来源：调查数据。

6. 社区养老服务机构知晓度和建设力度均有待提高

在调查中，对长者日托中心，受访市民表示家附近有相关机构的仅有5%，对星光老年之家、社区养老院和长者饭堂，表示家附近"有"的比例也不高，分别为23%、27%和28%。对这些相关养老机构，明确表示"不清楚"的人有近三成,还有多达半数受访者表示家附近"没有"这些养老机构(见表1)。由此可见,不仅反映出社区养老服务机构的知晓度不足,还显示出养老服务机构建设力度有待加强。

表1 对家附近社区养老服务机构的了解情况

单位:%

机构	有	没有	不清楚
长者日托中心	5	68	27
星光老年之家	23	50	27
社区养老院	27	52	21
长者饭堂	28	54	18

资料来源:调查数据。

(二)不同群体对养老服务现状评价差异

本部分着重以描述不同年龄、收入、身体状况的群体对养老服务现状评价差异。

1. 受访者的基本情况

年龄结构方面。在参加调查"2021年广州市养老服务现状与需求公众评价"的1000人中,18~29岁受访者占18%;30~39岁受访者占22%;40~49岁受访者占25%;50~59岁受访者占11%;60~69岁受访者占10%;70岁及以上受访者占14%。

健康状况。60岁以下受访者中,表示父母有慢性病的受访者为主,占比为71%,其中,父母慢性病不严重的受访者占28%;父母慢性病不太严重的受访者占47%;父母慢性病比较严重的受访者占13%;父母慢性病严重的受访者占8%。父母没有慢性病的受访者为29%。在60岁以上的受访者中,自身有慢性病的占75%,其中,慢性病不严重的老年人占25%;慢性病不太严重的老年人占50%,慢性病比较严重的老年人占11%,慢性病严重的老年人占9%,自身没有慢性病的老年人比例为25%。

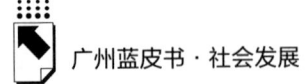

自理能力。在60岁以下受访者中，表示父母完全自理的占71%；有21%的人表示父母基本自理；表示父母有不同程度失能的占8%。在60岁以上的老年人受访者中，79%的老年人表示可完全自理；17%的老年人表示基本自理；表示不同程度失能的老年人比例为2%。

收入水平。调查中，受访者对个人收入水平进行1~10的打分。调查结果显示，48%的受访者评分为5~6分，属于中等收入水平；19%的受访者评分为7~10分，属于中高、高收入水平；14%的受访者评分为3~4分，属于中低收入水平；11%的受访者评分为1~2分，属于低收入水平（另外的8%的受访者未回答）。

2. 老年人对养老服务评价相对好，但中年人对老年生活较为担忧，且对相关工作评价较低

从不同年龄群体对老年生活是否感到担忧来看，60岁及以上老年人对老年生活更为乐观，表示"不太担忧""不担忧"的比例近六成，为57%，明显高于其他群体14个百分点及以上（见图8）；更多老年人对本地养老服务感到满意，对"养老服务"的满意度为56%。而40~49岁的中年人群体对老年生活表示"担忧"和"比较担忧"的多至56%，而且对相关工作评价较低，对"养老服务机构及设施建设"和"养老服务机构的监管"，中年人群体的满意度低于三成（见表2）。

年龄段	不太担忧、不担忧	担忧、比较担忧
30~39岁	43	52
40~49岁	40	56
50~59岁	42	55
60岁及以上	57	37

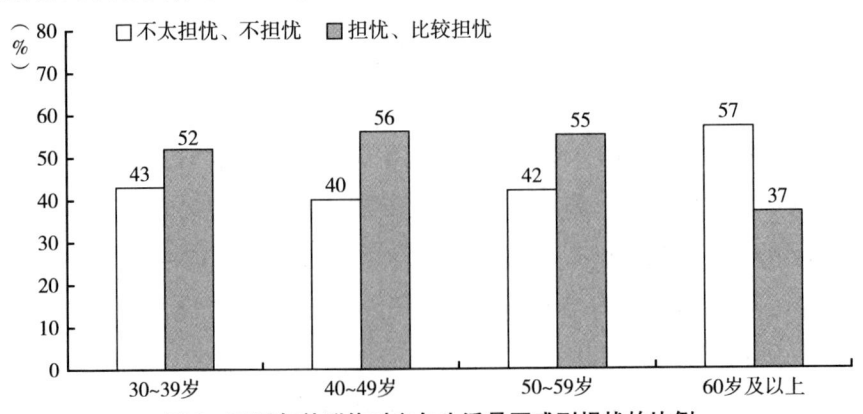

图8 不同年龄群体对老年生活是否感到担忧的比例

资料来源：调查数据。

表2　不同年龄群体对相关事项的满意度

单位：%

事项	30~39岁	40~49岁	50~59岁	60岁及以上
养老服务	45	48	40	56
养老服务机构及设施建设	28	27	39	41
养老服务机构的监管	18	20	24	30

资料来源：调查数据。

3. 父母有慢性病或失能的群体更多认为本地养老服务不能满足需求

分析发现，父母慢性病严重程度越高，子女群体对本地养老服务的观感越差。父母慢性病比较严重、严重的子女群体认为本地养老服务不能满足老年人需求的比例较高，为46%，明显高于其他群体（见图9）。与此相关，对广州"养老服务机构及设施建设"工作，这一群体的满意度不足三成，为22%。同时，自身慢性病严重或比较严重的老年人对养老保障评价亦低，表示养老金保障作用"大"和"较大"的比例不足四成，较其他群体低10个百分点及以上。

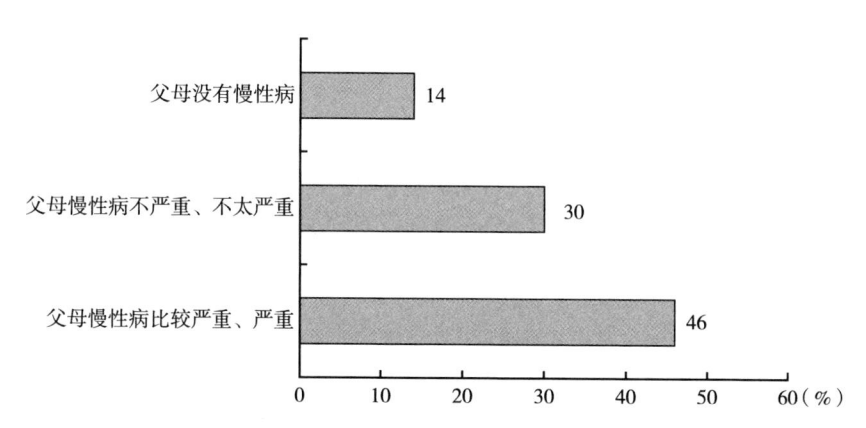

图9　不同子女群体认为本地养老服务"不能"满足老年人需求的比例

资料来源：调查数据。

在父母有不同程度失能的子女群体中，近四成人表示本地养老服务不能满足老年人的需求，明显高于父母可自理群体10个百分点以上。

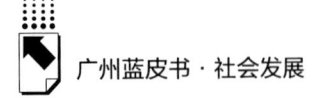

4. 更多低收入、中低收入群体担忧老年生活，更多人认为本地养老服务不能满足需求

分析不同收入群体发现，低收入、中低收入受访市民对老年生活更有忧虑感，表示"担忧""比较担忧"的比例近六成，为58%，明显高于其他收入群体10个百分点以上（见图10）。

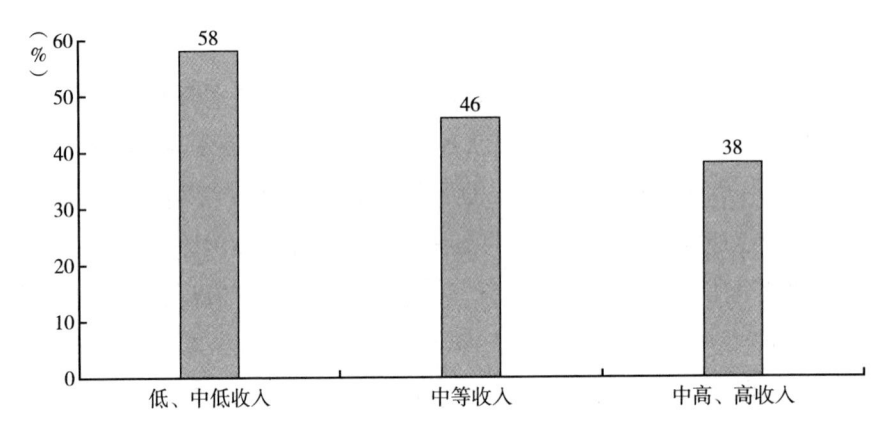

图10 不同收入群体对老年生活表示"担忧"和"比较担忧"的比例

资料来源：调查数据。

具体来看，低收入、中低收入受访市民认为本地养老服务"能满足"和"基本满足"老年人需求的比例低于五成，为46%，低于其他收入群体10个百分点以上（见图11）；而低收入、中低收入群体表示"不能满足"和"难说"的人多至54%。

二 市民养老服务需求状况

（一）市民对养老服务的具体需求

1. 对社区提供上门养老服务：大多数人需要"家庭医生上门"服务

调查显示，对于社区提供的各项上门养老服务，受访市民的需求以医疗

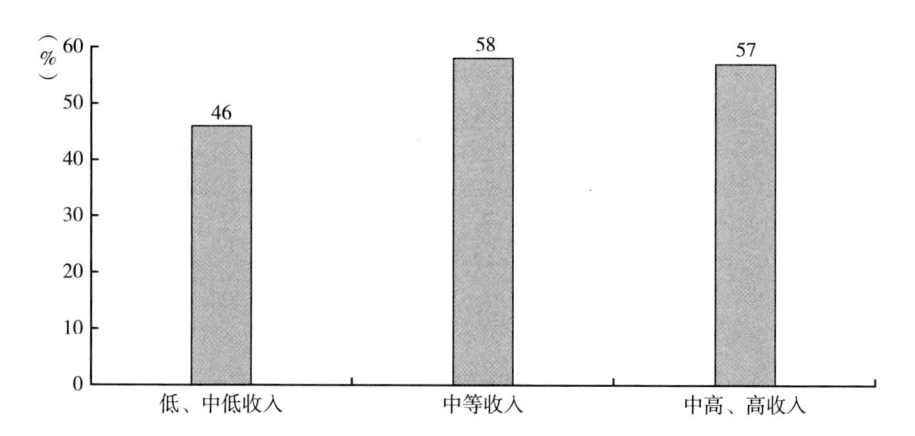

图 11　不同收入群体对本地养老服务能否满足老年人需求的评价

资料来源：调查数据。

相关的服务为主（见图12）。其中，最多受访市民表示需要"家庭医生上门服务"，比例为67%；需要"康复理疗""陪同就医"服务的比例亦接近六成，分别为59%和58%。

对于生活日常方面的服务，表示需要"修理电器、家具"服务的人数最高，比例为65%；其次是"探访、关怀问候"，表示"需要"的比例为63%；表示需要"搞卫生""代购、送货上门""家居的适老改造"服务的比例接近或超过五成。而对于"协助老人洗澡、理发、吃饭等""送餐或上门做饭"服务，表示"不需要"的受访市民相对更多，比例超过五成。

2. 对社区提供的现场养老服务：老人饭堂和康复训练需求较强烈

对于社区提供的现场养老服务，受访市民表示最需要的是"老人饭堂"，比例为64%；表示需要"康复训练"的比例亦超过六成，为61%。而对于"短期夜间托养"和"日间托管"服务，表示需要的受访市民比例分别为47%和45%（见图13）。

3. 市民对养老服务价格承受力不高，过半数人每月花费选择3000元以下

调查显示，对于每月在养老服务方面的花费，过半数受访市民可接受范围在3000元以下；其中选择1000元以下的为10%；1000～2000元的为

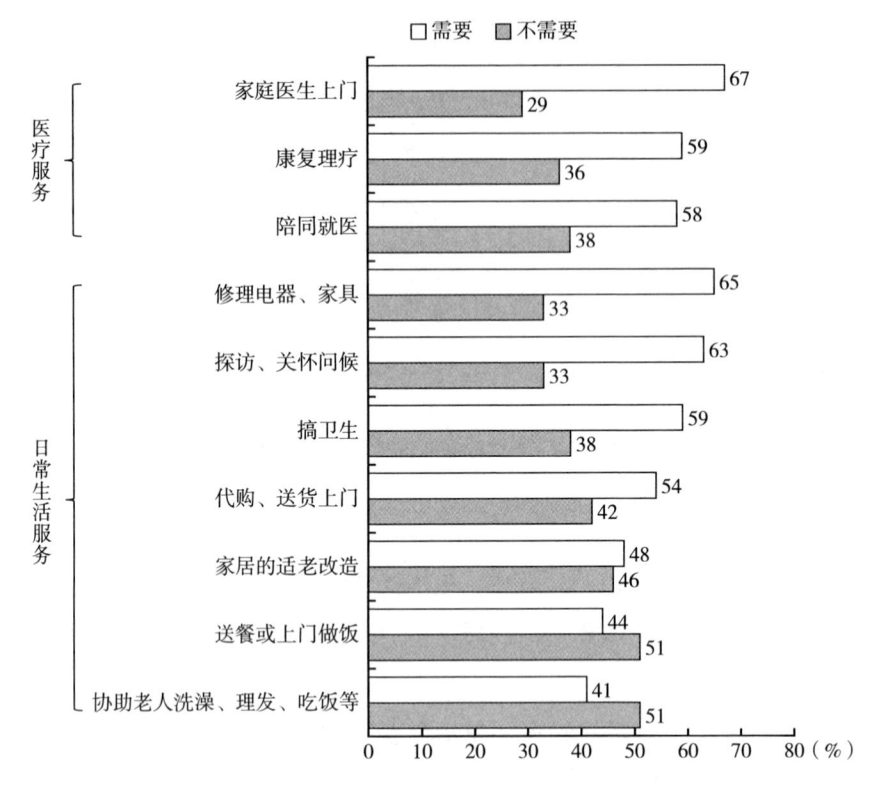

图12 受访市民对社区提供的各项上门养老服务的需求比例

资料来源：调查数据。

22%，选择2000~3000元的为21%，三者比例合计为53%；而选择3000~5000元的比例为20%；选择5000元以上的只有6%；还有21%的人表示"难说"（见图14）。

受访市民对各项上门养老服务价格水平的评价，受访市民的承受力并不高：对于"搞卫生、煮饭等一般生活照料每小时需要35元"，64%的受访市民认为"适中"，亦有超两成人认为"比较高"和"高"。对于"帮助老人洗澡、吃饭等专业照料服务每小时需要80元"，多数受访市民表示"比较高"和"高"，比例为50%；对于"上门康复护理服务每次100元"，受访市民以表示"适中"为主，占52%，但亦有超三成人认为"比较高"和"高"（见表3）。

广州养老服务现状及需求公众评价调查报告

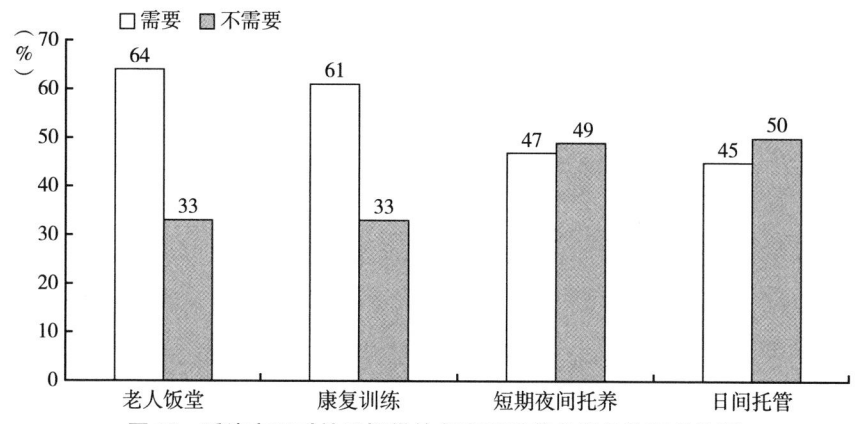

图13 受访市民对社区提供的各项现场养老服务的需求比例

	老人饭堂	康复训练	短期夜间托养	日间托管
需要	64	61	47	45
不需要	33	33	49	50

资料来源：调查数据。

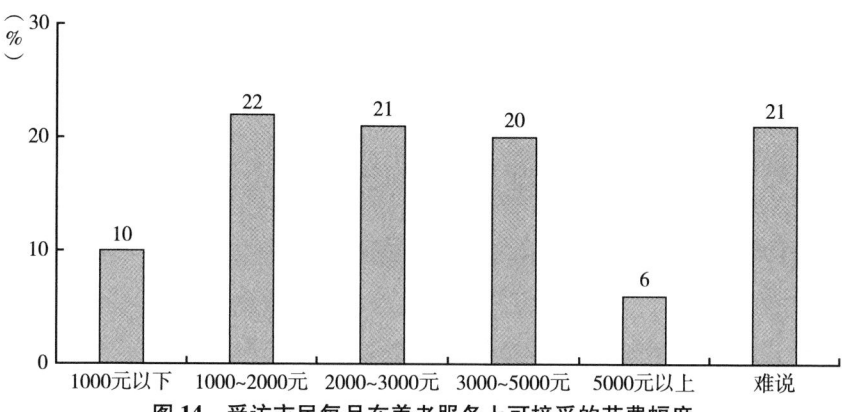

图14 受访市民每月在养老服务上可接受的花费幅度

1000元以下	1000~2000元	2000~3000元	3000~5000元	5000元以上	难说
10	22	21	20	6	21

资料来源：调查数据。

表3 受访市民对各项上门养老服务价格水平的评价

单位：%

服务价格	低	比较低	适中	比较高	高	难说
搞卫生、煮饭等一般生活照料服务每小时35元	3	3	64	11	13	6
帮助老人洗澡、吃饭等专业照料服务每小时80元	1	1	39	23	27	9
上门康复护理服务每次100元	1	1	52	12	20	14

137

受访市民对各项现场养老服务价格水平的评价，对于"老人饭堂每餐15元"和"日托中心每天80元"，受访市民以表示价格"适中"为主，比例分别为69%和57%。但需要注意的是，仍有部分受访市民认为老人饭堂和日托中心的价格"比较高"和"高"，比例分别为19%和29%。而对于"包括过夜的全天托养每天230元"，多达62%的受访市民认为价格"比较高"和"高"（见表4）。

表4 受访市民对各项现场养老服务价格水平的评价

单位：%

服务价格	低	比较低	适中	比较高	高	难说
老人饭堂每餐15元	4	3	69	8	11	5
日托中心每天80元	1	2	57	14	15	11
包括过夜的全天托养每天230元	1	0	29	26	36	8

资料来源：调查数据。

（二）不同群体对养老服务需求的差异

本部分着重描述不同年龄、健康状况、慢性病、自理能力的群体对养老服务需求的差异。

1. 作为子女的中年人更多认为老年父母需要养老服务

从不同年龄受访市民对养老的需求来看，老年人更多会有"不服老"的心态，认为可以依靠自己养老，对各项养老服务的需求不高，表示"需要"的比例基本在五成以下。而作为子女的中年人认为家中老人需要各项养老服务的比例则明显更高（见表5）。

表5 不同年龄受访市民对各项养老服务表示"需要"的比例

单位：%

服务		30~39岁	40~49岁	50~59岁	60岁及以上
上门服务	家庭医生上门	76	79	60	47
	修理电器、家具	70	72	63	41
	陪同就医	66	71	58	34

续表

服务		30~39岁	40~49岁	50~59岁	60岁及以上
上门服务	搞卫生	64	71	59	41
	探访、关怀问候	62	71	74	54
	康复理疗	68	70	58	35
	家居的适老改造	53	60	51	28
	代购、送货上门	65	59	50	29
	送餐或上门做饭	52	58	43	27
	协助老人洗澡、理发、吃饭等	43	57	49	27
现场服务	老人饭堂	70	73	68	54
	康复训练	68	67	60	41
	短期夜间托养	55	55	47	26
	日间托管	50	54	43	31

资料来源：调查数据。

对于各项上门养老服务，40~49岁的中年人群体认为父母需要的服务集中在"家庭医生上门""修理电器、家具""陪同就医""搞卫生"等，比例超过七成；对于各项现场服务，40~49岁的中年人群体认为父母最需要的是"老人饭堂"，表示"需要"的比例为73%；其次是"康复训练"，表示"需要"的比例为67%。

对于老年人自身而言，认为需要的服务更多在上门的"探访、关怀问候"、"家庭医生上门"和"老人饭堂"，表示"需要"的比例皆接近或超过五成。

2. 父母有慢性病的群体对养老服务需求更大，特别是"家庭医生上门""老人饭堂"服务

进一步分析发现，父母没有慢性病的群体对各项养老服务的需求相对低，表示"需要"的比例大多低于五成。而父母有慢性病的群体对社区提供多项养老服务表示"需要"的比例大多超过五成（见表6）。

表6 不同群体对各项养老服务表示"需要"的比例

单位：%

服务		父母有慢性病的群体	父母没有慢性病的群体	两者相比
上门服务	家庭医生上门	66	58	8
	搞卫生	62	48	14
	探访、关怀问候	62	64	-2
	修理电器、家具	61	49	12
	陪同就医	55	47	8
	康复理疗	55	50	5
	代购、送货上门	48	44	4
	家居的适老改造	48	42	6
	送餐或上门做饭	46	40	6
	协助老人洗澡、理发、吃饭等	42	31	11
现场服务	老人饭堂	66	61	5
	康复训练	58	52	6
	短期夜间托养	46	38	8
	日间托管	45	39	6

资料来源：调查数据。

其中，表示需要"家庭医生上门"和"老人饭堂"服务的比例最高，达66%；其次是"搞卫生"、"探访、关怀问候"和"修理电器、家具"服务，"需要"比例均超过六成；再次是现场的"康复训练"、上门"陪同就医"和"康复理疗"服务，表示"需要"的比例在55%及以上。

需要注意的是，对于养老服务的费用，"父母慢性病比较严重、严重"的群体的承受力相对较低，认为价格"比较高"和"高"的比例普遍高于其他群体（见表7）。尤其是对于"帮老人洗澡、吃饭等专业照料服务每小时80元"，这一群体表示价格"比较高"和"高"的比例为63%，明显高于其他群体10个百分点及以上；对于"包括过夜的全天托养每天230元"，表示价格"比较高"和"高"的比例亦明显高于其他群体10个百分点以上，达76%。

表7　不同群体对各项养老服务价格表示"高"和"比较高"的比例

单位：%

群体	搞卫生、煮饭等一般生活照料服务每小时35元	帮老人洗澡、吃饭等专业照料服务每小时80元	上门康复护理服务每次100元	老人饭堂每餐15元	日托中心每天80元	包括过夜的全天托养每天230元
父母没有慢性病	22	53	28	20	30	61
父母慢性病不严重、不太严重	22	51	34	19	32	63
父母慢性病比较严重、严重	36	63	45	26	40	76

资料来源：调查数据。

3. 父母有不同程度失能的子女群体愿意为养老服务花费更多，服务需求更大

分析发现，父母有不同程度失能的群体可接受每月养老的花费更高，超两成人可接受每月花费在4000元以上，为24%，明显高于父母可自理的群体10个百分点以上。相较于父母可自理的群体，父母有不同程度失能的群体更多表示需要上门"家居的适老改造"、"协助老人洗澡、理发、吃饭等"、现场的"康复训练"等服务，较父母可自理群体高出10个百分点及以上（见表8）。

表8　不同群体对各项养老服务表示"需要"的比例

单位：%

	服务	父母不同程度失能的群体	父母可自理的群体	两者相比
上门服务	搞卫生	77	69	8
	家庭医生上门	77	75	2
	家居的适老改造	77	57	20
	探访、关怀问候	73	69	4
	康复理疗	69	66	3
	修理电器、家具	65	70	-5
	协助老人洗澡、理发、吃饭等	62	47	15
	陪同就医	54	68	-14
	代购、送货上门	46	61	-15
	送餐或上门做饭	42	57	-15

续表

服务		父母不同程度失能的群体	父母可自理的群体	
现场服务	康复训练	77	67	10
	老人饭堂	69	72	-3
	短期夜间托养	62	55	7
	日间托管	54	52	2

资料来源：调查数据。

三 老年父母与子女家庭关系状况

敬老、爱老、助老是中华民族的传统美德，和睦的家庭关系是老年人安度幸福晚年的重要基石。本部分着重反映当前老年父母与子女间的家庭关系、照顾老年父母的情况。

（一）受访者普遍认为老年父母与子女间家庭关系融洽，子女辈人群尤甚

调查显示，接近九成受访者认为老年父母与子女之间的家庭关系"融洽"和"比较融洽"（以下简称为"家庭关系好"），比例为89%。其中，60岁以下的子女受访者（以下简称"子女辈人群"）认为与老年父母家庭关系好的比例超过九成，为92%；60岁及以上的老年父母受访者（以下简称"父母辈人群"）认为与子女家庭关系好的比例亦有85%。

社会上有着"相见好，同住难"的传统说法，认为子女成年后与父母同住，容易产生不和，进而影响老年父母与子女间的家庭关系。但据本次调查显示，广州老年父母与子女较少存在此情况，双方无论是长期一起居住、偶尔一起居住或者不同住，均认为老年父母与子女间家庭关系好，比例接近或超过九成，分别为91%、87%和88%。

进一步分析发现，家中老年人能否自理的情况，会使家庭关系评价存在

差异。家中老年人属于完全、基本自理的受访者认为老年父母与子女间家庭关系好的比例接近九成,为89%;但家中有失能老年人的受访者,该比例为73%,两者相差16个百分点。

(二)大多数子女辈人群"愿意"与父母同住,其中超六成实际上也与父母"长期一起居住"

调查显示,子女辈人群表示"愿意"与老年父母同住的比例接近八成,为78%;但父母辈人群表示子女"愿意"与自己同住的比例在六成以下,为58%,两者相差20个百分点。

进一步分析发现,"愿意"和父母同住的子女辈人群中,表示目前实际上与父母"长期一起居住"的比例刚过六成,为62%,有13%的人只是"偶尔一起居住",还有25%的人"不同住"。

家中老年人患有严重疾病、难以自理的情况,虽然对老年父母和子女间的家庭关系评价有影响,但不影响子女与父母同住、照顾父母。调查显示,家中老年人无论是自理的,还是存在不同程度失能的,均有五成子女辈人群事实上与老年父母"长期一起居住",无明显差异。表明在老年父母有病痛、不能自理时,很多子女事实上仍会与父母一起居住,尽力照顾父母。

(三)多数子女表示照顾老年父母存在没时间、经济压力大、缺乏专业护理知识等困难

调查显示,子女辈人群表示照顾老年父母有困难的占72%,父母辈人群表示子女照顾自己有困难的比例为57%,虽然较子女辈人群低了15个百分点,但在父母辈人群看来,子女照顾自己有困难仍是主流看法。

进一步分析发现,表示存在困难的子女辈人群认为困难主要是"没时间照顾",比例为66%;其次是"缺乏专业护理知识"和"经济压力大",比例分别为54%和50%;再次是认为"有代沟,难沟通",占29%。从父母辈人群的角度看具体困难,认为子女"没时间照顾"的人最多,为70%,其次是认为子女"经济压力大",为46%。与子女辈人群看法不同的是,父

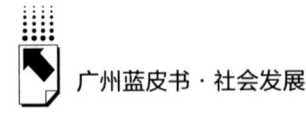

母辈人群认为子女"缺乏专业护理知识"和"有代沟,难沟通"的比例分别为33%和17%(见表9),与子女辈人群相比低了21个百分点和12个百分点。

表9 不同人群认为子女照顾老年父母存在困难的比例(可多选)

单位:%

人群	没时间照顾	经济压力大	缺乏专业护理知识	有代沟,难沟通
子女辈人群	66	50	54	29
父母辈人群	70	46	33	17

资料来源:调查数据。

分析发现,独生子女在照顾老年父母方面压力更大。表示照顾老年父母有困难的独生子女受访者中,表示"没时间照顾"和"经济压力大"的比例分别多至74%和59%,较非独生子女受访者均明显高出10个百分点以上。

随着老龄化社会到来,独生子女一代开始陆续步入中年,需要赡养、照顾多名老年人,压力倍增,传统儿女照顾父母的养老模式将难以为继;而养老院的床位目前仍是"一床难求",难以满足当前老年人的养老需求。在这种情况下,市民迫切需要一个家庭养老与社会化为老服务共存的新模式。由此,广大市民普遍期望政府能够加快发展社区居家养老服务,表示"赞成"政府在每个街镇建立一个一站式的综合养老服务中心的人高达96%。

B.11 广州推进幼小衔接工作的现状与建议

国家统计局广州调查队课题组[*]

摘　要： 幼小衔接是儿童成长历程中一次重要的身份转变，遵循儿童身心发展规律和学习特点是科学做好幼小衔接工作的关键。为了解广州市幼小衔接工作推进情况及面临困难，国家统计局广州调查队对广州市有关部门以及学校、教师、家长等开展相关调研，结果显示，广州市幼小协同工作经多年深耕已有一定成效，但是仍然存在家长教育焦虑、幼小衔接内容断点、幼小学校沟通不畅等问题。

关键词： 幼小衔接　教育焦虑　儿童身心健康

2021年3月以来，教育部和广东省教育厅先后发文要求全面推进幼儿园和小学实施入学准备和入学适应教育，帮助儿童顺利实现从幼儿园到小学的过渡。为了解广州相关工作推进情况及存在的问题和困难，国家统计局广州调查队在2021年5月下旬组织开展了专题调研。调研情况显示，广州市政府以及相关学校、家长等都高度重视幼小衔接工作，广州市幼小协同工作经过多年深耕已取得一定成效，为后续推进幼小科学衔接工作奠定了扎实基础。调研也了解到，当前幼小衔接存在家长教育焦虑、衔接内容断点、幼小

---

[*] 课题组组长：杜淑健，国家统计局广州调查队，一级巡视员。课题组成员：潘旭，国家统计局广州调查队，中级统计师。执笔人：潘旭。

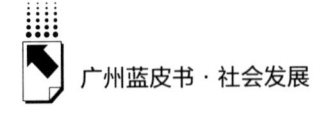

学校沟通不畅等问题，学校和家长都期盼有关部门积极回应社会关切，共同努力解决幼小衔接工作的痛点、堵点。

一 调研对象基本情况

本次调研对象包括广州市教育局，环市路小学（公立）、祈福英语实验小学（私立）、广东省公安厅幼儿园（公立）、新村艺术幼儿园（私立）4所学校以及相关家长。4所学校中，教师调研方面，每家学校均调研校领导1名，普通教师1名；家长调研方面，每家学校均利用问卷调研了相关家长20名或以上，4所学校共调研了85名家长，其中，小学学生家长43名，幼儿园学生家长42名。

二 政府持续推进，幼小科学衔接工作扎实有基础

在广州市教育局的调研中了解到，广州市高度重视幼小衔接工作，积极探索幼小衔接过程中学生习惯适应性的问题、开展幼小衔接教研活动，面向家长积极宣传幼小衔接正确的教育观念和做法，不断完善幼小协同的有效机制和科学衔接的教育生态。

（一）强化政策引领，作为重点工作持续推进

结合广州市学前教育行动计划，广州市教育局先后出台多项幼小衔接政策文件，积极推动幼儿园和小学双向科学衔接工作。在国家、省相继出台的幼小衔接相关文件精神基础上，广州市教育局于2021年7月22日印发《广州市推进幼儿园与小学科学衔接攻坚行动实施方案》，要求在2023年底前完善幼小衔接的政策举措，健全工作机制，加强幼儿园和小学的深度合作。

（二）科学打造课程，双向衔接减缓坡度

广州市要求各区教育局组织辖区内幼儿园与小学积极打造科学双向衔接

课程。在幼儿园通过在大班学年开展入学准备课程，有目的、有计划地帮助幼儿做好入学准备。在小学尝试实施入学适应课程，在坚持"零起点"教学、遵循国家课程标准的前提下，合理安排学科教学进度。丰富教育教学形式，在一年级特别是一年级上学期采取游戏化、生活化、综合化的方式开展学习活动，提高教学有效性。

（三）加强宣传沟通，多方合力推进幼小衔接工作

近年来，广州市一直积极开展幼小衔接工作的宣传引导工作，广泛宣传科学育儿理念，重点宣传《幼儿园工作规程》《3~6岁儿童学习与发展指南》等内容，积极引导社会、学校、幼儿园和家长转变观念，树立正确理念，形成衔接合力，为幼儿身心健康发展营造良好的环境。

三 学校家长共同携手，幼小科学衔接工作初具成效

调研情况显示，受访学校、家长对幼小衔接工作较为重视，受访学校均能积极开展幼小衔接工作，多数受访家长也都提前采取一定措施帮助孩子进行幼小过渡。

（一）受访幼儿园、小学对幼小衔接政策知晓度高

调研显示，对于教育部印发的《关于大力推进幼儿园与小学科学衔接的指导意见》，4所学校受访领导及教师均表示知晓。对于两所小学知晓渠道的调查显示：环市路小学受访领导及教师表示，教育部门有组织学习过该文件，另外也在政府网站、新闻媒体等渠道浏览过该文件。祈福英语实验小学受访领导及教师也都参加过教育部门组织的文件学习活动，另外还通过政府网站、新闻媒体以及同行间的相互交流等渠道知晓该文件。

（二）受访幼儿园、小学积极开展幼小衔接相关工作

4所受访幼儿园、小学均能积极开展幼小衔接相关工作。在针对教师培

训方面，4所学校均能经常针对大班教师/一年级教师进行培训。与此同时，4所学校均能经常与大班幼儿家长/一年级学生家长探讨幼小衔接的相关问题。

对于做好幼小衔接工作采取了哪些措施，调研了解到，广东省公安厅幼儿园是公立幼儿园，能够通过政府组织享受到一些幼小学校对接交流的资源，校方表示采取了"组织大班学生去熟悉小学生上课的教室、操场、传达室等""幼儿园老师和小学老师就幼小衔接工作进行交流""锻炼幼儿能连续参加体育活动半小时以上""控制幼儿连续使用电脑、手机等电子产品时间不超过15分钟""布置一些与入学准备相关的任务""针对家长开展幼小衔接讲座"等措施帮助大班幼儿进行幼小衔接。新村艺术幼儿园采取的措施相对较少，学校表示采取了"针对家长开展幼小衔接宣传""锻炼幼儿能连续参加体育活动半小时以上""布置一些与入学准备相关的任务"等措施。两所受访小学均采取了较多措施来帮助幼儿尽快适应小学学习和生活，比如"组织小学老师和幼儿园老师就幼小衔接工作进行交流""将一年级上学期作为幼小衔接适应期""创设与幼儿园相衔接的班级环境""张贴温馨的图文提示，帮助儿童熟悉校园环境"，根据广州市政府要求"坚持零起点教学，合理安排内容梯度，减缓教学进度""提供一定数量的图画书、玩具和操作材料，帮助儿童逐步适应从游戏活动为主向课堂教学为主的转变""确保一年级学生每天进行体育锻炼不少于1小时""关注学生现状，及时就相关问题与家长沟通"等。对于学校开展幼小衔接工作成效，受访学校及家长满意度均较高。

（三）受访家长对幼小衔接工作关注度较高，学校宣传和新闻媒体报道是家长获知政策信息的主要渠道

调研显示，受访家长对幼小衔接工作关注度较高，对于相关政策知晓度也较高。对幼小衔接工作的了解程度，有64.7%的家长表示了解，30.6%的家长表示一般了解，只有4.7%的家长表示不了解。

对于是否知晓教育部印发的《关于大力推进幼儿园与小学科学衔接的

指导意见》,有37.6%的家长表示"知晓具体内容",有47.1%的家长表示"听说过,但不知道具体内容",只有15.3%的家长表示"不知晓"。对于家长是"通过何种渠道知晓幼小衔接政策文件"这一问题,调研显示,"学校宣传"和"新闻媒体报道"是家长知晓政策的主要渠道,具体来看,有63.9%的家长表示是"学校宣传",有61.1%的家长表示通过"新闻媒体报道",有41.7%的家长表示来自"家长之间交流",有29.2%的家长通过"政府网站",还有9.7%的小部分家长表示是通过"亲友告知"(见图1)。

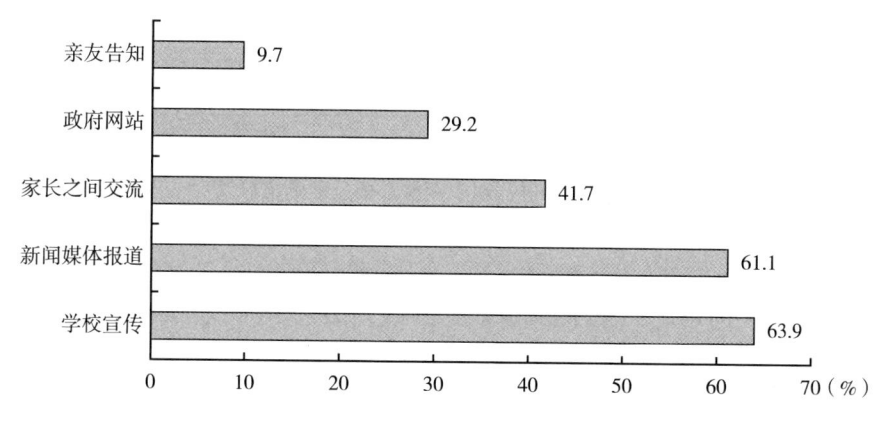

图1 受访家长知晓幼小衔接政策文件的渠道(多选)

资料来源:调查数据。

(四)受访家长多措并举帮助孩子适应幼小角色转变

在学校积极开展幼小衔接工作的基础上,多数家长也采取了措施帮助孩子适应从幼儿园到小学的角色转变。调研显示,受访家长中,只有8名家长(占9.4%)表示没有采取任何措施帮助孩子做幼儿园和小学衔接的准备,其余受访家长均采取了各种措施帮助孩子适应幼小角色转变。具体来看,有62.4%的家长"有意识地在家锻炼孩子的独立自主能力和环境适应能力";有52.9%的家长采取"自己教授孩子知识"的措施,教授内容以拼音、数学、英语等学科类知识为主;有50.1%的家长"给孩子报幼小衔接相关培训辅导班"来帮助孩子进行幼小衔接;有45.9%的家长表示会"主动跟老师沟通,请老师帮助孩子尽快适应"(见图2)。

措施	百分比
有意识地在家煅炼孩子的独立自主能力和环境适应能力	62.4
自己教授孩子知识	52.9
给孩子报幼小衔接相关培训辅导班	50.1
主动跟老师沟通,请老师帮助孩子尽快适应	45.9
无,顺其自然过渡	9.4
其他	1.2

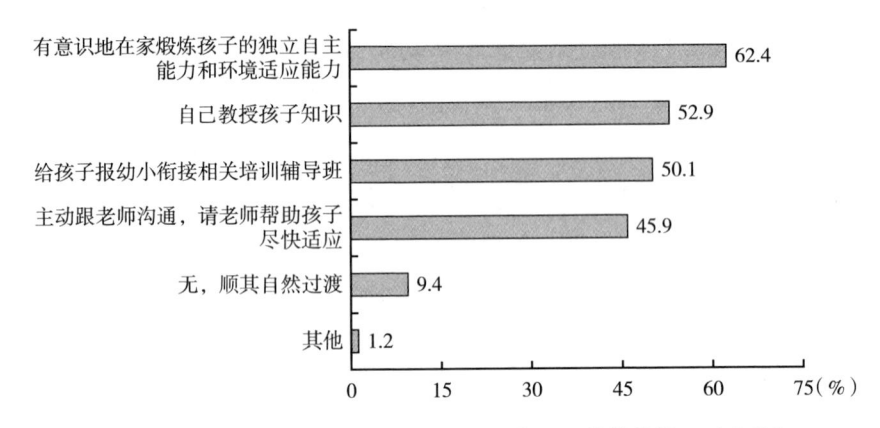

图2 受访家长帮助孩子进行幼小衔接准备采取的措施情况(多选)

(五)幼小衔接工作初具成效,多数受访孩子能够适应小学生活

通过对两所小学调研显示,一年级学生开学初普遍存在不同程度不适应小学生活的现象,但是绝大多数学生在经过短期过渡后,均能够较好地适应小学生的纪律和要求。广州环市路小学表示,根据学校老师观察,一年级学生存在的主要问题是上课精神不集中以及读写姿势不正确,在遵守课堂纪律、独立生活方面完成度较好,由于是严格执行零起点教学,绝大多数孩子能够跟上课程进度,完成课程作业。广州祈福英语实验小学则表示,孩子们主要问题是读写姿势不正确,另外还有些课堂纪律(比如举手才能回答问题,上课不喝水、不去洗手间等)需要孩子们逐步适应,该学校也是零起点教学,孩子基本上能跟上课程进度。

近年来,得益于学校和家长合力推进幼小衔接工作,多数受访家长表示孩子在一年级的时候能够较好地适应小学生活。在受访的一年级学生家长(共43名)中,有67.5%表示孩子适应小学生活;有30.2%表示孩子有一点不适应小学生活;只有1名家长(占2.3%)表示孩子完全不适应小学生活。

四 幼小衔接工作存在的问题及学校家长的期盼

通过对教育局、学校、家长三方调研显示，当下幼小衔接工作仍然存在一些困难和问题，学校和家长期盼多方合力，共同推进幼小科学衔接工作。

（一）普遍存在教育焦虑问题，期盼社会提高对科学育儿理念的认知

在受访的幼儿园学生家长（共42名）中，有35.7%的家长表示不担心孩子上小学会不适应，另有超六成（64.3%）的家长表示担心孩子上小学会不适应，其中，有11.9%表示非常担心，有52.4%表示有点担心。

对于"孩子在幼儿园期间不提前学习小学知识，上小学时会落后于人"的说法，有64.3%的家长表示认可。在提前教学方面，有92.9%的家长表示对孩子在拼音、写字、算数等知识技能上有要求，只有7.1%表示不做要求。在课外补习方面，有50.0%的家长表示有必要让孩子参加小学课程的补习班。从以上调查结果看，受访家长普遍对孩子学业有一定要求，重视孩子的学科教育。

对家长"认为当前幼小衔接工作中存在哪些问题"的调查显示，有54.1%的家长认为"家长期望值过高，给孩子带来压力"。广东省公安厅幼儿园表示，许多家长重视儿童知识积累，而不注意儿童兴趣开发和能力的培养，过度强调"不能输在起跑线上"。部分家长对幼儿园着重培养孩子学习习惯、自理能力、学习兴趣的做法不理解，而是盲目追求拼音、写字、数学加减法等知识学习。环市路小学表示，现在家长普遍存在教育焦虑，对孩子抱有较高期待，有些家长盲目追求学习成绩，给孩子报各类学科培训班，给孩子带来较大学习压力。

当前，家长、学校都意识到"教育焦虑"已经成为孩子幼小衔接教育的一大症结，对此，教育部门也表示，将会继续严格执行零起点教学要求，规范幼小衔接学科类培训，进一步加强对幼小衔接工作相关政策和理念的宣

传教育，鼓励小学、幼儿园充分开展科学教育理念宣传活动，营造正确的社会舆论导向，引导社会、学校和家长树立正确观念，端正家长对幼小衔接的正确认识，争取家长的理解和支持，努力为幼儿身心健康发展营造良好的环境。

（二）幼小教育内容衔接存在断点问题，期盼建立科学的幼小衔接教育体系

调查显示，有40.0%的受访家长认为"幼儿园与小学教育内容衔接不到位"，是导致孩子们不适应的一大原因；有38.8%的受访家长认为"幼小衔接教育小学化、片面化"，幼小衔接教育缺乏科学衔接，也会影响孩子适应。省公安厅幼儿园表示，从幼儿园到小学，孩子的生活环境、生活学习内容、学习压力等各方面都发生了巨大的变化，孩子从幼儿园的以活动为主模式转变到小学的以学习为主模式，需要学校、家长能够较长时间通过科学系统的方式，对孩子注意力集中能力、学习能力、自制力等方面进行训练强化，但当前幼小衔接教育工作还相对表面化，比如改变幼儿一些生活习惯、组织幼儿到小学参观等，这些还远远不能做到系统科学训练提升孩子幼小适应能力。

对于如何科学开展幼小衔接教育，广州市教育局表示，将严格按照《广州市推进幼儿园与小学科学衔接攻坚行动实施方案》要求，以儿童为本，关注儿童发展的连续性、整体性和可持续性，坚持双向衔接原则，在广州市统筹推进幼儿入学准备教育和小学入学适应教育，减缓衔接坡度，帮助儿童顺利实现从幼儿园到小学的过渡。在建立双向管理衔接的同时，加强科学教研引领工作，积极开展幼小衔接学校（幼儿园）教研联盟活动和专业培训，深入研究孩子身心发展规律和学习特点，贯彻落实幼儿园、小学课程标准。

（三）幼小学校缺乏双向沟通，期盼建立幼小学校双向长期合作机制

对于幼小衔接工作存在的困难和问题，4所调研学校均表示幼儿园与小

学间的沟通、交流不够。4所学校中,只有省公安厅幼儿园有过与小学开展交流的情况,另外3所学校均未与小学或幼儿园有过双向沟通交流活动。新村艺术幼儿园表示,私立幼儿园能够和辖区内小学开展合作交流机会较少,希望有关部门能组织开展小学参观体验活动,让孩子们提前对小学生活有真实认知。祈福英语实验小学表示,学校为私立学校,学生来源分布较广,暂时没有和其他幼儿园建立交流,学校负责人表示小学老师对于幼儿园教学模式并不熟悉,期待能和幼儿园进行沟通交流,让小学老师能多了解幼儿园教学特点,以便采取相应举措帮助孩子顺利过渡到一年级。环市路小学也表示存在类似问题,希望加强和幼儿园的合作。

对此,广州市教育部门表示已经在统筹推进加强幼小学校双向沟通交流的相关工作,在《广州市推进幼儿园与小学科学衔接攻坚行动实施方案》中,提出将建立协同育人共同体,具体做法是鼓励学区内幼儿园和小学建立教学、研究、管理衔接的园校"教学研"共同体,加强教师在儿童发展、家长工作、课程体系、教学实施、管理制度等方面的研究交流,及时解决入学准备和入学适应实践中的突出问题。

参考文献

李红:《当前幼小衔接存在的问题及其解决对策》,《中国新通信》2020年第7期。
薛金梅:《当前幼小衔接存在的问题及解决对策》,《读写算》2021年第14期。
黎慧莹:《专家支招如何做好家庭教育的"幼小衔接"》,广州日报大洋网,https://news.dayoo.com/guangzhou/202008/06/139995-53466029.htm,2020年8月6日。

B.12
广州建立"医药共管"分级诊疗模式的建议

民进广州市委员会课题组*

摘　要： 分级诊疗模式实施以来，基层医疗卫生机构建设持续推进，广州市城市15分钟和农村30分钟医疗卫生服务圈基本形成，为慢病群众在家门口就近就医奠定了基础。针对当前大医院人满为患，急难重症患者一号难求，就近的社区医疗机构却"吃不饱"，慢病群众依然就医难等问题，在总结广州医科大学附属第一医院"医药共管"经验的基础上，本报告建议以慢性病为切入点，通过建立上下联动，医药共管，预防、治疗、管理相结合的分级诊疗模式，以制度优化实现医疗资源配套优化，增强群众获得感，解决慢病群众的急难愁盼。

关键词： 配套优化　分级诊疗　医药共管

当前，我国社会主要矛盾已经转化为人民日益增长的美好生活需要和不平衡不充分的发展之间的矛盾，人民群众对美好生活更加向往，教育、医疗、养老、托育等公共服务保障水平成为影响人民群众获得感、幸福感、安全感的重要因素。我国逐步进入慢性病高发期，慢性病需要长期用

---

* 课题组组长：梁晓玲，民进广州市委员会专职副主委，广州市政协常委。课题组成员：粟华英，民进广州市委员会社会发展工作委员会副主任，广州市粤港澳大湾区（南沙）改革创新研究院调查总监；陈夕圆，广州民进会员，广州医科大学附属脑科医院社区精神科主治医师；任慧明，民进广州市委员会参政议政处二级主任科员。执笔人：梁晓玲。

药、终身治疗，因此患者群体大、就医需求多。据统计，全国慢性病患者人数约3亿。以广东省为例，广东省全国第六次卫生服务调查统计显示，全省15岁及以上居民慢性非传染性疾病患病率为31.5%；城市地区居民两周就诊率达20.0%。慢性病的医疗服务直接关系到广大群众的幸福感和获得感。

一 分级诊疗实施情况

党的十八届三中全会以来，我国医药卫生体制改革不断深化，人民健康状况和基本医疗卫生服务的公平性、可及性持续改善。为解决常见病、多发病、慢性病看病难、看病贵问题，2015年，国务院办公厅出台《关于推进分级诊疗制度建设的指导意见》，提出要建立符合国情的分级诊疗制度，推动形成基层首诊、双向转诊、急慢分治、上下联动的分级诊疗模式。《意见》要求，三级医院要逐步减少常见病、多发病复诊和诊断明确、病情稳定的慢性病等普通门诊，分流慢性病患者；支持慢性病医疗机构发展，鼓励医疗资源丰富地区的部分二级医院转型为慢性病医疗机构；建立基层签约服务制度，慢性病患者可以由签约医生开具慢性病长期药品处方，探索多种形式满足患者用药需求。2019年《健康中国行动（2019—2030年）》中提出"以较低成本取得较高健康绩效"。2020年《深化医药卫生体制改革2020年下半年重点工作任务》中提出"要深入实施健康中国行动，提升慢性病防治水平；健全药品供应保障体系，促进科学合理用药"。

（一）基层医疗卫生机构建设持续推进

"十三五"期间，基层医疗卫生机构的建设取得了积极的进展和成效。截至2020年底，全国有基层医疗卫生机构97万个，其中社区卫生服务中心9800个，社区卫生服务站2.55万个，乡镇卫生院3.58万个，村卫生室60.8万个，相较于2015年，基层医疗卫生机构数增加近5万家。

近年来广州市分级诊疗制度建设主要是以医联体为抓手,以社区卫生服务中心为主要载体,建立按照"一主一副五分网格化"医疗卫生设施布局结构,加快优质医疗资源扩容和区域均衡布局,高标准配置市区医疗卫生设施,持续推动优质医疗资源向城市发展新区辐射延伸。2019年,《广州市医疗卫生设施布局规划(2011~2020年)》(修订版)印发实施。该规划突出基层医疗服务体系建设,合理配置和调整卫生资源,努力在基层解决预防、保健、健康教育、常见病和慢性病的诊治及康复等一系列健康问题。大力发展社区卫生服务,将社区卫生服务中心(站)积极融入"15分钟社区生活圈",在全市范围内建成以社区卫生服务为基础的新型卫生服务体系,使社区居民能够享受到与社会和经济发展水平相适应的卫生服务。按照街道办事处范围、服务人口和服务半径等要点综合考虑确定社区卫生服务机构布局,原则上每个街道办事处所辖范围或3万~10万居民规划设置1所政府举办的社区卫生服务中心,根据需要合理设置社区卫生服务站,鼓励社会力量举办社区卫生服务机构。原则上每个镇至少建设1所镇卫生院,床位数宜控制在100张左右,中心镇卫生院应达到二级综合医院(200张)的规模和水平。原则上每条行政村规划建设1间村卫生站,可与建制镇、村医院或社区卫生服务中心统筹考虑设置,共建共享,满足服务人口、服务半径要求。规划至2035年,广州市基层医疗卫生机构596间(不含村卫生站),其中社区卫生服务中心(站)566间,镇卫生院30间,逐年推进实施。目前,广州市共组建医联体144个,覆盖各级各类医疗机构435个;共有社区卫生服务中心(站)334个,其中社区卫生服务中心155个,城市15分钟和农村30分钟医疗卫生服务圈基本形成,为慢病群众在家门口就近就医奠定基础。

(二)基层医疗卫生机构诊疗率持续下降

慢性病治疗的关键是药物维持治疗,此类疾病往往由社区健康服务机构或全科家庭医生进行治疗,但在我国,目前仍有大量诊断明确、病情平稳的慢病患者日常随诊选择大医院。基层医疗机构诊疗量仍然偏低,诊疗人次占比呈下降趋势。从全国来看，2016~2020年，基层医疗机构诊疗人次分别为43.4亿、43.7亿、44.1亿、45.3亿和41.2亿；分别占总诊疗人次的54.4%、55.1%、53.1%、52.0%、53.2%[①]。

近年来，广州积极推动优质医疗资源下沉，全市153个社区卫生服务中心和30个镇卫生院均与二、三级医院建立稳定的协作关系，通过医联体、对口帮扶等方式，促进大型医院优秀人才下沉社区，着力满足群众"家门口看专家"的需求。但是，从诊疗人次来看，2021年，广州市各类医疗卫生机构向社会提供诊疗服务1.44亿人次[②]，其中291家医院0.91亿人次，331家社区卫生服务中心（站）只有0.24亿人次。2018~2021年，基层医疗机构诊疗人次分别为0.51亿、0.54亿、0.39亿和0.45亿；分别占总诊疗人次的33.48%、32.93%、31.07%和31.09%，远低于广东省分级诊疗工作考核评价标准65%的目标，也呈现逐年下降的趋势。

二 分级诊疗模式下慢病诊疗面临的问题

（一）基层首诊作用发挥有限

民进广州市委会课题组于2021年12月下旬对广州市居民慢病就医情况进行了问卷调查，在广州市11个区712位接受访问的居民中，本人或家人有慢性疾病的占64.6%。调查发现，受访慢病患者就医频率高，到基层社区医院就医少，到大医院就医花费时间长。

1. 就医频率高

随着年龄的增长其就医频率越高，60岁及以上的受访患者两周以内至少就医1次达到41.2%（见表1）。

---

① 《2021中国卫生健康统计年鉴》。
② 《2021年广州市卫生事业发展情况》，2022年4月。

表1　受访慢病患者就医频率情况

单位：%

年龄	1次/周	1次/2周	1次/月	1次/季度	1次/半年
总体	8.0	18.9	43.5	11.7	17.8
18~29岁	0.0	5.9	47.1	17.7	29.4
30~39岁	3.3	12.2	33.3	21.1	30.0
40~49岁	7.5	16.4	43.8	11.6	20.6
50~59岁	6.7	23.8	50.5	7.6	11.4
60岁及以上	15.7	25.5	44.1	6.9	7.8

资料来源：调查数据。

2.基层医院就医少

调查显示，近八成受访慢病患者就医选择区级以上大医院，其中选择去"省市级大医院"比例达45.2%，去"区级医院"的为34.6%，到"社区医疗机构"的仅为16.1%（见图1）。而受访患者就医目的主要是"开药"，选择比例高达67.0%。

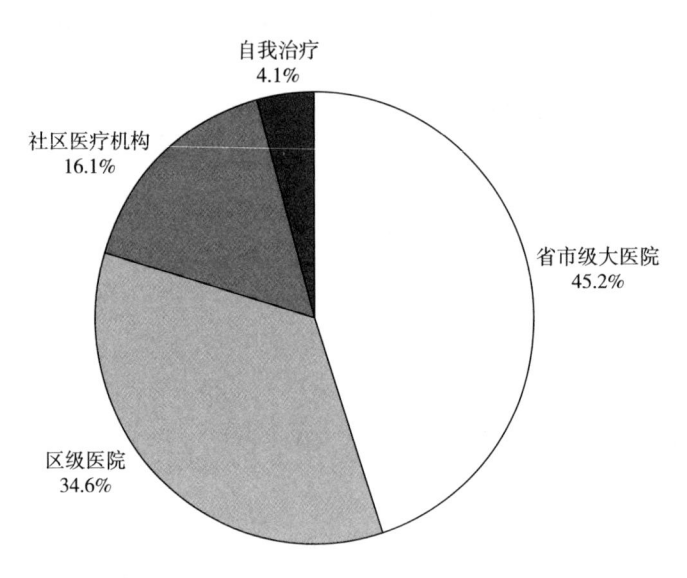

图1　受访慢病患者选择就医的医院类型

资料来源：调查数据。

3. 就医花费时间长

调查显示，近五成受访患者到大医院就医花费时长超过 3 小时，其中选择花费"4 小时""3 小时"的分别为 24.1%、22.2%（见图 2）。

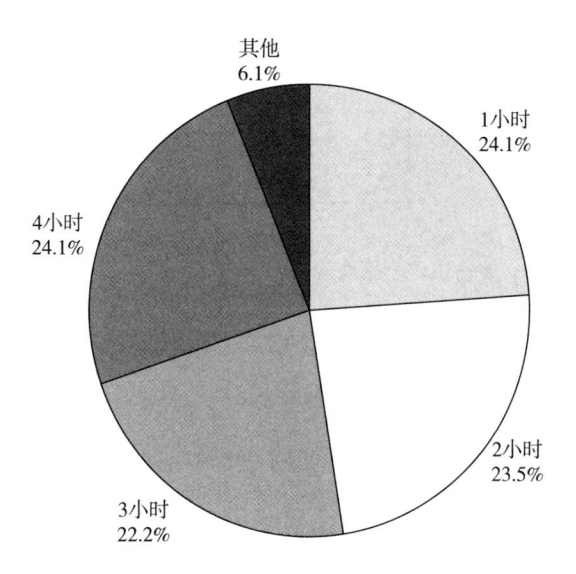

图 2 受访慢病患者到大医院就医花费时长

资料来源：调查数据。

医疗资源供求错配，使得日常大量诊断明确、病情稳定的慢病患者趋高就医，造成大医院人满为患，急难重症患者一号难求，就近的社区医疗机构却"吃不饱"，慢病群众就医时间费用负担仍然减不下来。根据问卷调查结果反映，慢病患者不愿意到社区医院就医的原因，第一是社区医疗机构的"药品种类不齐"，选择的比例为 78.5%；第二是"医疗设备不齐全"，选择的比例为 54.6%；第三是"医生水平不高"，选择的比例为 49.2%；第四是"在大医院看诊的病例信息没有共享"，选择比例为 35.4%（见图 3）。

（二）医疗体系上下联动不足

2019 年起，老年人健康管理、慢性病（高血压、糖尿病）患者健康管理等服务纳入基本公共卫生服务，其提供机构不限于基层卫生服务机构，但

药品种类不齐　78.5
医疗设备不齐全　54.6
医生水平不高　49.2
在大医院看诊的病例信息没共享　35.4
服务环境差　10.8
服务态度差　5.4
价格不合理　3.1
其他　7.7

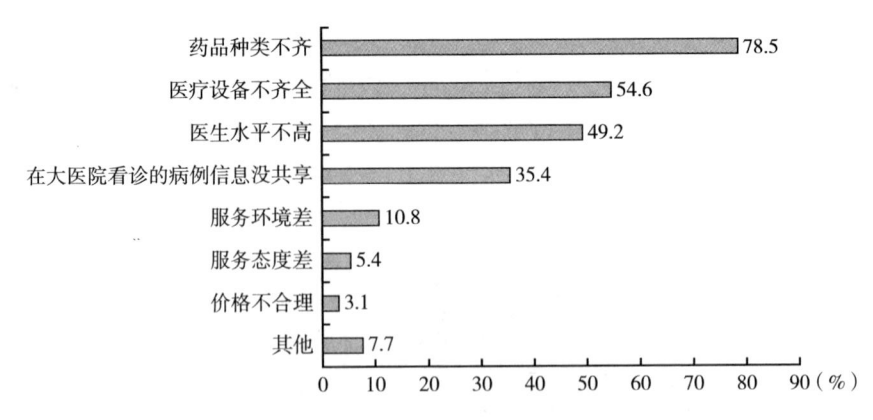

图3　受访患者不愿意到社区医院就医的原因（多选）

资料来源：调查数据。

对这些项目在公共卫生、医疗和基层机构中的责任分配并未明确界定，需要出台指导性政策，明晰上、下级合作医院的责权利，规范合作行为。

（三）社区医疗机构药品配置不足

我国基本医疗保障制度，包括职工基本医疗保险和城乡居民基本医疗保险，均根据医疗机构级别界定其覆盖的服务项目和药品目标，社区医疗机构基本用药品种少，无法与上级医院药品目录衔接，不利于吸引患者分流到基层，尤其是缺少慢病专科用药，是慢病群众不能在社区就近就医的重要原因之一。同时，医保部门对部分药品限定只能在二级以上医院使用，更加深了与上级医院药品目录衔接困难。《广东省医疗机构基本用药供应目录管理指南》规定，广东省各级医疗机构基本用药品规数分别为：三级综合医院1500种、三级专科医院1200种，二级综合医院1000种，二级专科医院800种，社区卫生服务中心等其他医疗机构600种。

（四）电子病历有待互联互通

2015年分级诊疗制度启动后，全国积极建设基层卫生服务机构特别是面向农村及边远地区的远程医疗服务平台。2019年出台的《全国基层医疗卫生机构信息化建设标准与规范（试行）》，明确了基层医疗卫生机构信息化建设的内容和要求。2020年4月18日，广州市卫生健康委员会和医保局联合印发《广州地区医疗机构检验检查结果互认实施方案的通知》，明确互认范围，通过检验检查结果互认，减轻医疗费用负担，提高医疗资源利用效率。

从具体建设情况来看，广州市率先在全国建立"超大型城市全民健康信息平台"。目前广州市各区均建立了覆盖辖区内基层医疗卫生机构的区域卫生信息平台，功能包括家庭医生服务、慢病病人建档管理、医院信息系统（Hospital Information System，HIS）等。广州市全民健康信息平台"广州健康通"已联通296家医疗卫生机构，为群众提供预约挂号、医疗缴费、健康档案查询、检验检查报告查询等便民服务，实现电子健康档案在省、市、区三级医疗机构间无障碍调阅，目前注册用户数已达480万人。广州市检验检查结果互认平台已接入省、市、区及基层261家机构，调阅后互认率达97%，但电子病历的互联互通仍需大力推进，部分医院的医疗信息系统尚未联通，尤其是作为慢病诊疗主体的中小型医疗机构互联网医院平台建设、运营、风险控制能力的负担过重，电子病例建设进展缓慢，从信息层面阻碍了医药共管的连续性，对分级诊疗的支撑作用没有充分发挥。

三 "医药共管"模式的有益探索

广州医科大学附属第一医院（以下简称"广医附一院"）在"医药共管"模式上开展了"慢阻肺医药联盟"实践案例。慢性阻塞性肺疾病（简称慢阻肺）是一种常见的呼吸系统疾病，具有高患病率、高致残率、高病死率和高疾病负担的特点，是我国第三大疾病，患病人数约1亿，仅次于高血压和糖尿病，给社会及个人经济造成沉重负担。2017年国家卫健委把慢阻肺列入国家第二批分级诊疗试点疾病，发布了慢阻肺分级诊疗服务技术方案，强调、重视基层开展慢阻肺的筛查及规范化诊治，并给予财政及政策支持。慢阻肺发病率具有一定的地域特征，广东省是高发病率地区，根据流调显示，2015年广东部分地区40岁以上人群慢阻肺患病率从2005年的9.4%

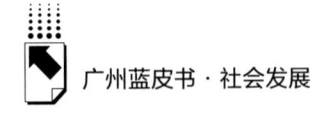

上升至14%，慢阻肺防治工作更为迫切。

广医附一院充分利用自身作为广州呼吸健康研究院、国家呼吸系统疾病临床医学研究中心、呼吸疾病国家重点实验室所在单位优势，在国内率先提出"医药共管"模式并展开实践。该模式是以慢阻肺诊疗为切入点构建"慢阻肺医药联盟"，形成疾病诊、治、防、管的上下级医院紧密型合作关系，将"医药共管"模式下沉到社区，携手为患者服务，拓展服务范围，带动社区诊疗水平提升，并以合理用药监管为手段降低患者医保药品支出。

该模式自2019年底试行以来，医院与白云区同德围街社区和越秀区光塔街社区形成紧密的"慢阻肺医药联盟"，共同服务于辖区内居民。截至2020年12月，通过"医药共管"模式，管理社区慢阻肺患者约60余人；社区肺功能筛查人数200余人；实现社区向上转诊30余人次；完成社区药品目录衔接2次；开展"医药共管基层赋能培训班"6场，培训来自广州老八区各社区的学员（医生、药师）56人，覆盖27家社区卫生服务中心。

广医附一院的"医药共管"模式有效地改善了慢阻肺患者诊、治、防、管上下分离现象，为慢性病分级诊疗做出有益探索。该模式实践成果分别获得中国药学会"2019年全国药学服务经典案例一等奖"、2019年国家卫健委指导的"全国医院擂台赛（中南赛区）推进分级诊疗制度建设主体——最具价值案例"。

四 建立"医药共管"分级诊疗模式的建议

《"十四五"公共服务规划》提出，公共服务要"尽力而为、量力而行。充分考虑经济发展状况和财政负担能力，既要关注回应群众呼声，统筹各渠道资源，又要稳妥有序提升公共服务保障水平"。为此，要立足广州现有医疗资源优势，按照以点带面整体提升的思路，以慢性病为切入点，通过建立上下联动，医药共管，预防、治疗、管理相结合的分级诊疗模式，以制度优化实现医疗资源配套优化,方便群众就近就医,增强群众的获得感,使医改真正惠及广大市民群众。

(一)建立慢性病专科联盟

以医联体为依托,推动建立高血压、糖尿病、慢阻肺等慢病专科联盟。明确联盟中各级医疗机构分工、医药共管内容、慢病临床路径和转诊标准、各方责权利拟定规则。社区卫生服务中心负责临床初步诊断,建立健康档案和专病档案,开展患者随访、基本治疗及康复治疗,开展健康教育和患者自我健康管理指导。二级及以上医院接诊初诊患者,制定治疗方案,下转确诊且病情稳定患者,对社区卫生服务中心进行技术指导、业务培训、定期医疗质量和医疗效果评估。

(二)配套相应的激励措施

强化绩效评价,将慢病分级诊疗纳入医联体的改革任务和目标考核,将慢病患者签约率、基层就诊率、双向转诊率、疾病规范管理率、病情评估指标控制率、医保费用支出情况等列为各级医疗机构绩效评价指标。重点考核医保基金医联体内支出率、基层支出率、医保自负率等指标,并与财政补助基金、薪酬总量拨付挂钩。给予专项补助,推动专科医师、药师下基层培训、带教、解决复杂疑难问题。

(三)保障基层医疗机构慢病用药

一是增加配备药品品种和数量。争取广东省有关部门同意,对于规模较大、功能较强的社区卫生服务中心,经广州市卫生健康部门批准,可参照二级综合医院配备使用基本药物,可从医保目录内配备使用一定数量的非基本药物。二是加强慢病专科用药与上级医院衔接。结合社区慢病临床用药需求及治疗指南,以制定慢病专科药品目录为切入点,衔接社区卫生服务中心与上级医院用药。衔接目录内药品的日常采购和管理由社区卫生服务中心负责,采购的药品品规要体现专科导向。三是实施短缺药品"零

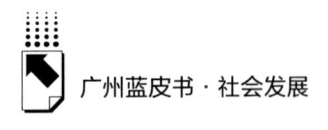

报告"制度。社区卫生服务中心每月定期报告药品短缺情况，早发现、早处置药品短缺问题。

（四）加强基层医疗机构技术支撑

在三级医院建立"社区慢病教育培训基地"，并纳入医院考核指标，提供社区医师参加培训、学术会议、病例研讨、继续教育机会，培训的费用可由政府、社会团体、社会公益等多方筹集。选拔高级医师作为导师，结对传帮带社区骨干医师。上级医院专科医师定期到社区卫生服务中心联合门诊，指导家庭医生团队开展慢病健康管理，对慢病分级诊疗服务质量进行评估。上级医院高级药师定期到社区卫生服务中心开展医药协作门诊、处方点评、药品采购与库存管理抽查，规范基层卫生机构合理用药。

（五）推进分级诊疗信息平台建设

在目前广州市卫生健康信息平台基础上，整合电子健康档案、电子病历、检验检查结果、双向转诊、签约服务等功能，建设各级各类医疗机构共享的分级诊疗信息平台，为慢性病分级诊疗提供信息化保障。

参考文献

国家卫生健康委员会统计信息中心：《全国第六次卫生服务统计调查报告》，2021年1月。

广州市卫生健康委员会：《广州市医疗卫生设施布局规划（2011~2020年）》，2019年5月。

广州市卫生健康委员会：《2020年广州市卫生资源和医疗服务简报》，2021年4月。

广州市卫生健康委员会：《2021年广州市卫生事业发展情况》，2022年4月。

城市服务篇
Urban Services

B.13 广州打造超大城市最小应急处置单元的路径研究

广州市公安局课题组[*]

摘　要： 2021年以来，广州市加强和创新基层社会治理，首创社会面治安防控最小应急处置单元建设，通过高位统筹谋划推动，分级分类建设；固定单元战术流程，深度合成联动；深化应用现代科技，高度集成共享；健全配套制度体系，强化综合保障等探索实践，着力构建"令行禁止、有呼必应"的党建引领基层共建共治共享社会治理格局，先期防范处置个人极端、涉暴恐等突发案事件，在实战中取得显著成效，有力提升了防范化解重大风险和驾驭社会治安局势的能力水平。

关键词： 最小应急处置单元　基层治理　治安防控

---

[*] 课题组组长：刘武彬，广州市公安局党委委员、副局长。课题组成员：张桂华，广州市公安局指挥中心调研处副处长；李长安，广州市公安局指挥中心研究科副科长。执笔人：李长安。

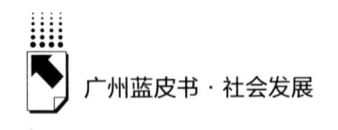

一 背景情况

社会面最小应急单元是指由单位、场所、重点目标等安全防范责任单位负责组建,能够开展正在进行的严重违法犯罪行为及其他危害公共安全的突发事件先期处置,兼顾日常治安秩序维护的最小人员编组。2021年以来,广州市从城市治安形势、基层社会治理、治安防控体系建设和应急处突需求等角度出发,创新社会面最小应急单元建设,打造基层社会治理的示范品牌。

(一)最小应急单元是应对复杂多变治安形势的迫切需要

广州作为国家重要中心城市和超大城市,城市要素多、体量大、能级高,社会治安形势复杂多变。一是现实风险交织叠加。随着城市规模发展扩大,各类公共事务具有的跨界属性和连带效应不断增强,现实风险因素点多、线长、面广。据统计,目前广州实际管理服务人口超过2200万,全市道路里程11431公里,地铁线网总里程达531公里,共50个市级、430个区级和街镇级重点目标;城市信息、人员、资本、技术、商品、服务等要素高速流动,经济金融、生态环境、公共卫生、意识形态、科技等领域及自然界风险与社会风险、政治风险之间的系统性、关联性增强,易于跨域传导、叠加共振,形成强关联系统的复合风险。二是个人极端犯罪案件增多。随着社会节奏加快、竞争加剧,心理失衡现象增多,社会转型期两极分化问题较为突出,近年来国内个人极端犯罪案件频发并呈逐年上升趋势。2021年以来,广州市接连发生"3·22""8·28"案等个人极端案件,严重影响人民群众的安全感,冲击社会心理底线。最小应急单元通过将工作方式由静态管理向动态控制转变,制度化保障快速有效处置突发案事件,最大化挤压犯罪空间。

(二)最小应急单元是探索新时代超大城市基层治理路径的必然趋势

超大城市公共安全风险跨界性、关联性、复杂性强,基层社会持续流动变化，推动公共安全领域基层治理必须坚持党建引领，依靠法治凝聚各方共识，完善制度支撑。一是有利于构建平安联创格局。最小应急单元从人、地、物、事、组织各因素入手，以党建引领基层共建共治共享社会治理格局的理念，完善党建带群建制度机制，带动城市基层治理机制优化和效能提升，形成问题联治、工作联动、平安联创的格局的具体实践。二是有利于整合社会治安资源。当前正处于全面深化改革的攻坚期，社会内部结构安全提供能力不强，基于社会基础的安全防范体系还不完善，社会公众对公共安全服务多样化、个性化需求不断提升。通过构建最小应急单元，引入社会力量参与城市公共安全基层治理工作，最大限度地整合社会治安资源，有利于破解公共安全服务的供需矛盾。三是有利于激发平安建设内生动力。最小应急单元充分吸纳社会组织、基层自治组织、群防群治力量和普通公民，广泛调动企事业单位参与区域联动、部门协作，进一步完善党委领导、政府负责、民主协商、社会协同、公众参与、法治保障、科技支撑的社会治理体系，不断增强公共安全治理的整体性、协同性、精准性，最大限度地激发平安建设的内生动力和整体合力。

（三）最小应急单元是完善社会治安防控体系、打通应急处突"最后100米"的重要载体

近年来，广州市围绕更高水平的平安建设，把握市域治理的阶段性目标，积极探索信息化、大数据条件下社会治安防控体系升级优化路径，有效预防、减少和打击违法犯罪，全市案件警情、刑事立案数连续5年同比下降，群众安全感常年保持在95%以上，社会治安持续向好；但受多方面因素制约，治安防控体系"神经末梢"布建方面仍存在薄弱环节。一是基层处置力量薄弱。社区村居、单位、场所、部位的安全防范力量分散，最先响应的哨点功能、卡哨作用发挥不够，早发现早处置、最大限度地减少突发案事件损失和危害的能力不足，始终未能打通应急处突的"最后100米"。二是防控警力难以适应瞬时处置要求。极端案事件在作案时间、地点、对象上随意性大、突发性强，往往瞬时即造成重大伤亡；受地理位置分布、城市交

通拥堵等因素影响，公安机关力量难以确保第一时间快速抵达中心现场应对处置。三是专业警力覆盖不足。长期以来，公安机关由于编制受限、职能泛化等问题造成传统治安力量不足的局面，治安问题社会需求无限性与警务资源有限性之间的矛盾不断凸显。在上述条件下，构建最小应急单元成为加固社会治安防控体系底板，推动公安机关优化警力配置，攻克极端案事件防范难题的重要载体。

二 主要做法

为有效防范处置突发案事件，确保重大风险隐患防范在前、化解在小、处置在早，在广州市委平安建设领导小组的领导下，广州市委政法委、广州市公安局牵头各职能部门，坚持党建引领、专群结合，按照"边推进建设、边完善机制、边发挥成效"工作思路，全力构建以最小应急处置单元为核心的突发事件应急处置模式，力争实现第一时间发现隐患苗头、第一时间控制风险扩大、第一时间处置突发案事件，截至目前已协助成功处置突发案事件98起，有效解决了突发公共安全案事件先期处置"最后100米"的问题。

（一）高位统筹谋划推动，分级分类建设，全面打造社会面应急处突新模式

坚持"专群结合、依靠群众"方针，从顶层设计、法治保障、资源力量整合等方面统筹谋划、整体推动，主动应对风险挑战，协调解决突出问题。一是加强顶层设计。广州市委、市政府高度重视，明确在市委平安广州建设领导小组框架下开展最小应急单元建设，由广州市委政法委和广州市公安局牵头统筹市、区两级政法、公安、教育等15个部门建立联席会议制度，规定最小应急单元服从公安机关属地派出所监督指导和区域联动调度，负责参与值守、巡控、报告等职责，以及强化社会面震慑、发现和制止突发案事件，全力开展先期处置，同步保护现场；为区域内国家、公

共利益、本人或者他人的人身、财产和其他权利免受正在发生的危险采取紧急避险等任务。二是强化法治保障。按照《中华人民共和国反恐怖主义法》《中华人民共和国突发事件应对法》《企业事业单位内部治安保卫条例》法律法规规定，及《中共广州市委平安广州建设领导小组印发关于进一步加强人员密集场所安全防控工作的实施意见》《中共广州市委平安广州建设领导小组办公室印发关于加强专业力量与"广州街坊"群防共治队伍联动提升社会面防控能力的工作方案的通知》等文件精神，以制度化、规范化、程序化标准加强最小应急单元建设。三是分级分类建设。制定《广州市社会面治安防控最小应急处置单元建设方案》，统筹全市37个部门、11个区、174个镇（街）、2759个村（社区），依托20031个社区基础网格和1704个警务专业网格，将最小应急单元按照A、B、C、D四类进行分级分类嵌入网格化建设（A类包括学校、医院及其他治安保卫重点单位；B类包括大型商场、商圈及城市综合体、标志性建筑、批发市场、旅游景区、展馆场馆、交通枢纽、公共娱乐等人员密集场所；C类包括其他企事业单位；D类由村居委、物业小区、单体居民楼宇、沿街商铺、各类公园、广场等大型露天公共场所构成），全力打造"统一领导、统一名称、统一人员、统一装备、统一标识、统一职责、统一流程、统一口径"的"八统一"最小应急单元队伍。截至目前，广州市共组建最小应急单元22869个，其中A类6079个、B类5518个、C类4487个、D类6785个，基本实现重点区域全覆盖，与专业力量、广州街坊互为补充，极大地提升了社会面防控震慑力。

（二）固定单元战术流程，深度合成联动，全面提升实战处置效能

以完善社会矛盾多元预防综合机制及健全常态化管理和应急管理动态衔接为根本，探索打造社会面应急处突新模式。一是固定单元"点"处置战术流程。针对"暴恐类""严重暴力犯罪""一般刑事、治安案件""安全事故、灾害"等突发案事件，制定最小应急单元多样化的快速反应处置预案，强化应急处置第一梯队作用；设置多情形下防控单元各岗位处置标准及

战术队形，畅通各方力量的信息沟通渠道，避免突发事件中"散沙式""窝蜂式"的处置混乱情况，实现"1分钟自救、3分钟互救、5分钟增援到位"目标。二是固定"点线面"一体合成联动处置流程。在落实内部和门前安全防范责任的基础上，建立应急处置联动机制；遇到突发事件时，按照"就近"原则通知周边的最小应急单元协同处置，形成"一呼百应"的群防联动机制；依托派出所综合指挥室，以实战为导向，以一个最小应急单元为一点，以就近十个最小应急单元为一线，多线集中形成一个片区，形成"一点呼叫、一线响应、一个区域集结"的联动机制，一旦发生突发情况，立即启动"一点呼叫、多点响应"的先期应急处置模式，形成双重联动。三是固定单元勤务等级响应运行机制。按照"最小应急单元勤务响应同频"的原则，以"及时掌握社情民意、发现隐患苗头、化解矛盾纠纷、控制风险扩大"为目标，建立与公安机关勤务一致的在岗备案机制，参照公安机关常态、三级、二级、一级四个勤务等级，规范实施勤务响应工作机制，分别对各街（镇）最小应急单元开展巡检、实战演练、联勤联动工作机制，强化拉动测试和培训演练，日均拉动测试700多个单位，拉动测试覆盖率已达95.94%，提升突发案事件处置效能，确保全市各最小应急单元令行禁止、有呼快应、处置及时、运行顺畅。

（三）深化应用现代科技，高度集成共享，全面提高动态防控水平

强化基层智慧治理能力建设，充分运用大数据、云计算、地理信息系统等技术，完善最小应急单元基本信息报备管理，推动设施联通、信息互通、工作联动，不断提高动态环境下基层治理智能化水平。一是建设数字化调度平台，实现"一张图"展示。将对讲机编号、最小应急单元名称、位置信息、在岗人员、装备配备、一键报警、周边视频监控等信息要素实时上图，实现最小应急单元"指挥调度一张图"；协调电信公司开发线上系统，支持PC端和移动终端使用，各级指挥员实时掌握应急单元在岗情况，实现可视化精准指挥、快速定位、批量调配。二是构建最小应急单元无线通信体系，实现实时指挥调度。在市级层面，通过800兆数字集群网络实现市到区通信

调度。在区级层面，已配置公网无线对讲通信设备的，利用公网无线对讲，实现"区—镇（街）—最小应急单元"三级通信调度；未配置公网无线对讲的，通过800兆数字集群网络实现区到镇（街）的通信联络，再通过自建专用无线通信对讲设备、手机电话等方式实现镇（街）到最小应急单元的通信调度。三是完善报备平台建设，实现日常综合管理。开发最小应急单元政务外网报备系统，通过上岗、撤岗扫码报备机制，按照"实名、实人、实岗"要求，实现最小应急单元基本信息报备管理；在政务外网"数字广州"标准作业图上接入最小应急单元报备信息，提供给市、区、镇（街）各级部门共享共用，实现综合展示、日常管理等功能。

（四）健全配套制度体系，强化综合保障，全面夯实应急处突基础

在全力推进最小应急单元建设的同时，通过健全完善考核培训及保障奖励等机制，全面落实主体责任，引导各类组织和来穗人员积极参与基层治理，不断夯实优化治理基础。一是建立常态化考核机制。充分发挥考评"指挥棒"作用，将最小应急单元建设、运行及日常管理纳入平安建设考核，公安机关会同教育、卫生健康等部门，通过纵向明察暗访和横向交叉互检相结合的方式，进一步压实最小应急单元建设行业主管部门、村居、小区等的主体责任，打造上下贯通、左右联动、执行有力的指挥链条，推动全市各最小应急单元实现常态长效运作。二是实行智能化培训演练。围绕发现报告、现场制止、救助伤员、保护现场等重点环节，依托微信服务号、手机App、小程序等网络工具，对11万多名最小应急单元成员开展线上线下、简单易行、便捷有效的培训，确保最小应急单元在处置突发事件时依法依规、处置得当。截至2021年底，广州市已组织开展各类教育培训756场次，基本覆盖已建的最小应急单元。三是完善保障奖励机制。根据《企业事业单位内部治安保卫条例》《广州市物业管理条例》《广州市见义勇为人员奖励和保障实施办法》等有关规定，推动有关部门对履职的应急单元成员给予积分入户、积分入学等方面的政策倾斜；在处置过程中有工作人员受伤的，启动绿色救治通道，按照规定予以救济，协调有关部门依照国家和省、

市有关规定落实工伤保险待遇。四是健全经费和装备保障机制。积极发动企事业单位、行业商会捐助物资装备,为每名上岗人员统一配备安全钢叉、防护盾牌、标识等,满足最小应急单元安保人员的实际工作需要,保障常态化长效运作。目前,广州市最小应急单元标识配备率达98.53%,基础装备(棍子、盾牌、哨子)配备率达100%,对讲机配备率达71.11%。

三 经验启示

广州市加强和创新基层社会治理,推进社会面最小应急处置单元的探索与实践,较好地满足了城市定位和推动基层党建与基层治理深度融合的客观需求,有力提升了全社会在动态化、信息化条件下的应对处置突发案事件的能力水平,有效回应了人民群众对公共安全服务的新期待,对平安建设及面向未来的治安防控体系谋划发展具有一定的启示意义。

(一)党委重视、政府支持,是推进最小应急单元建设的关键所在

平安建设根子在基层治理,关键要素是基层党组织领导,基本前提是多元合作共治,重要功能是化解风险矛盾,根本目标是增进群众福祉。最小应急处置单元是作为基层治理的重要基础性工作和推进城市治理现代化的创新性举措,必须纳入平安建设体系,整合全社会力量,汇聚各方资源,形成"党委领导、政府主导、社会协同"的齐抓共管局面。一是完善工作格局。最小应急处置单元建设过程中,实行党委和政府统一领导、政法机关牵头协调,公安机关充分发挥主力军作用,各职能部门密切协作,形成"党政领导、政法牵头、公安主抓、部门协同"的工作格局。二是完善责任链条。充分认识加强最小应急单元建设的重要性和必要性,全面落实最小应急单元建设的主体责任,加强顶层设计、整体规划和统筹协调,建立健全"市—区—镇(街)—村(社区)—网格"五级责任体系,压实最小应急单元建设行业主管部门、村居、小区等的主体责任,形成"权责明晰、奖惩分明、分工负责、齐抓共管"的社会治理责任链条。三是完善基层党建功能。强

化党组织战斗堡垒和党员先锋模范作用，全面推进党组织在应急处置单元、单位党组织和在职党员"双报到"、所有党员联系群众"三个全覆盖"，通过带头参加志愿服务等形式，健全基层党组织领导的"令行禁止、有呼必应"共建共治共享社会治理格局，将基层党组织的政治优势、组织优势融入最小应急单元战斗效能。

（二）公安牵头、部门协同，是推进最小应急单元建设的有力保证

公安机关始终把坚决筑牢城市安全第一道防线作为社会治理工作的重要内容，协调人防、教育、财政、住建、交通运输、卫健、应急、市场监管、城管、来穗人员服务管理、港务等职能部门安装技防物防设备，整合公共科技资源，统筹各类社会资源，研究制定各类方案，推动全市各级部门共同建设最小应急单元。一是深入调研，明确建设方向。采取实地走访、召开座谈会等方式多次深入重点单位、人员密集场所、镇街（村居）以及个人极端案事件现场调研，初步摸清广州市社会面防控力量底数、人员构成、建设意愿及存在阻力；从建设规范、法治保障、勤务安排等方面深入研究，为全面推进最小应急单元建设提供指南。二是先行先试，突出建设重点。为确保最小应急单元建设顺利推进，先在广州白云区、番禺区医院、中小学幼儿园等治安重点单位、人员密集场所先行先试，通过拉动演练、明察暗访等方式查找不足；同时根据先行先试经验优化完善建设方案，确保全面推进最小应急单元建设过程中不走弯路、错路，再覆盖至其他单元。三是边建边用，完善运作机制。按照"日常化、规范化、勤务化、程序化"的集约式管理思路，以防范处置各类突发案事件为切入点，以优化基层群防群治力量资源配置为前提，以建立健全各项规章制度为保障，细化措施、量化指标，做到工作有方案、责任有落实，环环相扣、发挥最大功效；坚持边建边用，通过及时发现和解决运行过程中出现的问题，推动工作机制不断优化。

（三）多元参与、共建共享，是推进最小应急单元建设的重要基础

作为一项系统性社会工程，最小应急单元建设的基础在于坚持"专群

结合、群防群治"方针，不断完善共建共治共享的工作机制，构建"人人有责、人人尽责"的平安建设共同体。一是形成企事业单位、社会组织参与社会治理新格局。行业主管部门、各镇（街）负责推动企业事业单位和物业管理公司切实履行社会责任，解决招聘保安员、购置应急处置装备等所需经费；对无物业管理和保安员的老旧小区、临街商铺，各镇（街）可依托在职党员"双报到"发动党员参与应急值守，加快形成"令行禁止、有呼必应"共建共治共享社会治理格局。二是构建人民群众参与平安建设新渠道。完善群众参与平安建设的组织形式和制度化渠道，制定实施"三重奖励"办法（即向街道申请奖励、向见义勇为基金会申请奖励、申请群防群治奖励金），确保最小应急单元处理突发事件时"第一时间站出来"，切实提高先期制止突发公共安全事件的主动性。创新互联网时代群众工作机制，构建"互联网+群防共治"，积极发动居民群众开展群防群治工作，实现"大众参与、共建共享"的工作目标。三是拓展宣传引导应急单元建设新方式。依托平安建设领导小组，对积极参与应急处置、成效突出的最小应急单元典型事迹进行正面宣传、鼓励，同步宣传见义勇为人员奖励和保障的有关规定；同时在各镇（街）建设至少1个最小应急单元示范点，以点带面提升最小应急单元建设水平。

（四）开拓创新、务求实效，是推进最小应急单元建设的强大动力

探索新时代超大城市基层治理实践创新，既要坚持行之有效的好方法，又要探索实践所需的新手段，打好解决突出问题的组合拳，不断提升最小应急单元守护"平安广州"建设的实效。一是以推进市域社会治理现代化试点为抓手。完善社会治理体系，提升市域社会治理水平，结合基础网格科学划分最小应急处置单元，配齐配强人民调解、治安保卫、公共卫生、消防救援等工作力量，前移安全关口，紧盯重点时段、重点人群、重点场所，加强日常值守和巡控检查，强化最小应急处置单元协同联动。二是以创新基层治理为抓手。结合城市更新，按照保障性租赁住房标准完善城中村基础设施，积极探索引导规范化租赁企业整租运营，充分发挥物业管理公司、业主委员

会、公共卫生委员会等作用，强化最小应急处置单元对各类风险隐患的源头发现、早期控制，牢牢把握矛盾风险刚发生时的"黄金"处置窗口，推动问题在第一时间解决、事态在第一环节控制，形成人人有责、人人尽责、人人享有的社会治理共同体。三是以强化基层智慧治理能力建设为抓手。综合应用互联网、物联网技术，切实把大数据、云计算、人工智能等最新科技应用到最小应急单元建设领域，进一步打通基层各部门之间的数据壁垒，促进数据共享和业务协同，实现对各类信息的统一分析、研判、归类和综合处理。加快推进智慧社区建设，深化"四标四实"成果应用，推进智能视频门禁系统在全市出租屋全覆盖，完善最小应急单元基本信息报备管理，凝聚社会治理各方面合力，不断提高基层治理智能化水平。

参考文献

郭声琨：《建设更高水平的平安中国》，《全球商业经典》2020年第12期。

李鹏：《拓展最小作战单元建设之路的思考》，《北京人民警察学院学报》2008年第5期。

孟源北：《新时代超大城市治理，看广州怎么干》，《学习时报》2020年12月22日。

广州市公安局课题组：《广州城市安全治理改革的深化与实践》，《广州公安研究》2016年第5期。

B.14
广州市荔湾区以城市更新推动区域高质量发展的经验与对策

谢小娜*

摘　要： 随着我国城市发展速度和模式的调整，城市发展已经开始从大规模建设转向存量利用的模式，通过更新改造来推动城市发展。广州市荔湾区近年来致力旧城更新改造，推动老城市焕发新活力，在推进城市更新改造的过程中，探索形成了以永庆坊和泮塘五约为代表的两种不同的改造模式，都获得了成功。广州荔湾区作为传统老城区，需紧密结合整体发展定位，在片区融合以及文化与产业的融合方面继续深化加强，探索以城市更新助推区域高质量发展的路径。

关键词： 城市更新　高质量发展　广州市荔湾区

2018年10月24日，习近平总书记在广东考察时，亲临广州市荔湾区永庆坊和粤剧艺术博物馆，并指出：城市规划和建设要高度重视历史文化保护，不急功近利，不大拆大建，要突出地方特色，注重人居环境改善，更多采用微改造这种"绣花"功夫，注重文明传承、文化延续，让城市留下记忆，让人们记住乡愁。近几年以来，荔湾区认真贯彻习近平总书记重要指示精神，以"绣花功夫"促进人居环境改善，以具体成效展现"老城市新活力"和"四个出新出彩"，积极推进城市更新助推区域高质量发展。

---

* 谢小娜，中共广州市荔湾区委党校高级讲师，主要研究方向为城市发展与城市治理。

一 广州荔湾城市更新的历程

广州荔湾较大规模的城市更新大致始于亚运会时期，为配合做好第16届亚运会的举办，荔湾区对一些关键街道、关键路段进行更新改造。从时间脉络来看，荔湾区更新改造基本可以分为三个时期。第一个时期，"三旧改造"时期。2009年广东省开始实施"三旧改造"，广州市成立了市"三旧改造"工作办公室，探索建立指导"三旧改造"的政策制度，各区也在实际工作中积极配合，持续推进旧村旧厂旧城镇的改造。此阶段"三旧改造"的特点是以政府主导，允许符合条件的项目自行改造，合理分配土地增值的收益，以拆除重建为主，侧重推进各个项目和硬件设施的改造。第二个时期，城市更新时期。从2015年开始，广州市、区两级开始设立城市更新局，各区的更新改造进入常态化推进阶段，荔湾区也是如此。在这一时期的改造过程中，城市更新的主要原则是政府主导、市场运作、利益共享，在改造过程中强调产业转型升级、历史文化传承保护和城市人居环境改善，创新性提出微改造的更新模式，注重项目的可持续发展和未来收益，力促产业和城市更新的有机融合，探索完善不同主体共享土地增值收益的政策制度。第三个时期，战略引领和有效推进阶段。2019年，广州市优化城市更新机构设置，城市更新工作主要由市、区住房城乡建设局负责推进，打开了城市更新工作的新局面。这一阶段城市更新强调规划引领作用，提出统筹推进旧城、旧厂、旧村改造，物流园、村级工业园、专业批发市场整治和违法建设拆除，黑臭水体治理，散乱污企业整治等九项重点工作，通过城市更新，进一步释放生产空间、生活空间、生态空间，推动实现城市高质量发展。

二 广州荔湾城市更新的两种模式

荔湾在城市更新过程中，不断探索、不断总结，致力于找到符合本地实际、助推荔湾实现本区域高质量发展的城市更新路径。在探索过程中，荔湾打造了两种城市更新的模式，一种是以永庆坊为代表的模式，另一种是以泮塘五约为代表的模式。

（一）永庆坊更新改造模式

永庆坊采用的是BOT（Build-Operate-Transfer，建设—经营—转让）的更新改造方式。整个项目采用"政府主导、企业承办、居民参与"的改造模式，通过公开招商引入万科集团建设并运营此项目。在整个项目运营的过程中，政府给予万科对该项目一定年限的经营权，经营期满后整个项目交还给政府。

对于怎样做好城市更新改造工作，近些年来各个城市都在进行探索，在探索的过程中诞生了不少典型案例，比如北京的南锣鼓巷、福州的三坊七巷、成都的宽窄巷子、上海的田子坊等，都能够结合自身的历史文化背景和资源禀赋进行契合自身的更新改造，都取得了成功。面对永庆片区的状况，如何依据自身的历史文化背景和资源禀赋进行契合自身的更新改造，是荔湾区政府和规划部门以及万科公司共同探讨研究的方向和目标。经过多轮探讨和研究，结合永庆片区发展方向、片区本身特点以及国内外城市更新改造的案例，对永庆片区采取了"修旧如旧、肌理抽疏、资源活化"的更新改造模式。在整个项目更新改造的过程中，主要做法有几点：第一，秉持"修旧如旧"的原则，梳理永庆片区原有的街巷肌理并进行整体保留，对外立面进行去污清洗，重现这些老建筑的原貌，在内部空间的改造上根据现代使用功能运用钢结构等技术进行加固，使得这些老建筑在保持传统风貌的同时兼顾现代使用性。第二，进行肌理抽疏。原来永庆片区的街巷比较狭窄，在这次更新改造过程中以保存原有片区的空间肌理为总前提，对部分建筑进行适当拆除和原址重建，对一些已经损毁不适合复建的，打造成为片区的公共活动空间。第三，对片区内的产业进行活化更新，引入创客空间、文化创意以及轻餐饮、时尚商业和综合配套等现代经济业态。这些现代业态进入之后，引得众多年轻人口回流，不但改变了片区原来的经济结构，也改善了片区的人口结构，塑造了片区新的精神风貌。

永庆坊的更新改造作为广州市在推进城市更新中涌现的范例，取得了"环境提升，文脉传承，功能转变，老城新生"的效果。其规划设计在国内外获得多个奖项：2019中国城市更新论坛十大殿堂案例奖、ASLA 2020城市设计类荣誉奖、"2020年度中国风景园林学会科学技术奖"规划设计奖一等奖、2022年入选首批国家级旅游休闲街区名单。永庆坊凭借得天独厚的"最广州"的历史人文资源，打开了广州老城区文化旅游融合发展的全新格局。在业态内容方面，永庆坊近几年陆续举办"永庆潮启"开街活力周、"潮玩永庆"大型公共空间艺术活动、"朝叹晚蒲"生活艺术节，推动区域内业态结构、人群结构的改变，为老城区注入新活力，推动片区向高质量发展的迈进。

（二）泮塘五约更新改造模式

泮塘五约更新改造是住建部广州市老旧小区改造试点项目，也是广州市第一个以"保留"为目的的城市更新项目。与永庆坊更新改造不同的是，泮塘五约的改造是由政府主导的，整个微改造项目由政府出资并由政府管理运营。整个项目的改造经历了危房拆除、房屋修缮、绿化提升、人文风貌保留和文化产业导入的过程。整个项目在维持泮塘五约基本现状格局的前提下，既保护了泮塘的传统风貌，也完善了片区的基础设施和现代空间，使得传统古村焕发出新的活力。在项目运营的过程中，考虑到片区临近泮塘路西关美食一条街且地处居民生活区，为保证街区业态环境品质，在业态设置上秉承环保轻餐、小众多元、个性差异、集锦荟萃的理念，分类、分批引入优质的艺术家工匠作坊、新青年艺术创作工作室、传统文化展示交流空间等传统现代相结合的业态资源，致力营造传统文化和现代文化共融共生的多元业态环境。荔湾区文商旅中心在项目活化运营的过程中，严格依据项目定位，精心选择优质文化项目落地，引入茶道香道、木雕盆栽、玉雕银器、绿植休闲、健身体验、音乐创作等特色小店。目前，泮塘五约微改造项目一、二期已基本完工，其中一期已经全面进行活化运营，二期活化部分已经超过

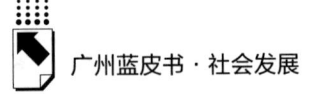

50%。引入的业态主要有三种,艺术家的工作室、工匠的工作室和一些新兴的文化业态,形成了"出门见生活,入门品艺术"的广式生活体验区,很多年轻人不断被这个古村落吸引进入。

三 荔湾城市更新的经验

(一)强化规划引领,找准活化定位

城区发展总体规划是指导城区发展建设的纲,是统筹城区经济社会发展和城市建设的基础。荔湾区在城市更新的过程中,立足城区未来发展定位,通过多层次、多渠道的详细论证,制定城区发展总体规划和更新改造片区的具体规划,坚持强化规划引领作用,精准确立永庆坊片区和泮塘五约片区更新改造的定位。

永庆坊在更新改造的过程中,把自身发展嵌入恩宁路历史文化街区的片区发展和荔湾整体打造"老城市新活力"的战略布局之中,依托片区资源、挖掘片区潜力、创新活化思路,通过人口和产业的导入,打造片区内文商旅融合发展。

泮塘五约在更新改造的过程中,结合自身居民居住较多的实际情况,把对历史记忆、乡愁文化的传承融入鲜活的市井生活。通过综合街区空间肌理、周边文化环境、民居分布情况、村民生活习性等要素,实施整体性规划布局,定位打造成"出门见生活,入门品艺术"的沉浸式生活体验新聚落。

(二)引入多元业态,打造区域品牌

对于一个城市更新改造项目来说,产业的选择和导入至关重要,产业可以说是城市更新改造项目可持续发展的生命力来源,没有合适的契合自身历史文化和资源禀赋的产业发展,这样的街区是不可持续的。

永庆坊在更新改造过程中,一期导入创客空间、文化创意、非遗传承体验等产业,并配套商业、旅游酒店、民宿、文化展览等功能。二期项目在延

续一期改造的成功经验基础上，导入非遗文化展示、创意办公、餐饮民宿和商业配套等四大业态。目前，二期示范段、骑楼段、粤博西段（非遗街区）、粤博东段、滨河段已对外开放。在产业导入的过程中，结合所在片区的资源，永庆坊打造广州市首个非遗街区，邀请10位非遗大师进驻街区，广彩、广绣、珐琅、骨雕、榄雕、醒狮、饼印、箫笛、古琴等项目汇聚永庆坊。整个非遗街区集体验互动、展示和销售于一体，成为游人品味广州百年老街市井气息、体验岭南文化艺术魅力的"新窗口"。

泮塘五约在更新改造的过程中，为打造自身品牌特色，荔湾区文商旅中心在业态内容和店铺设计方面都进行了严格的筛选与引导。在产业内容方面，结合自身居民居住较多的实际情况，在产业导入的过程中秉承环保轻餐、小众多元、个性差异、集锦荟萃的理念，引入的业态多是音乐制作、茶艺香道、醒狮武术、古物鉴赏、古琴汉服、玉雕木雕等业态。在店铺的界面设计方面，综合店铺经营业态、周边环境特征等各种因素，打造整体定位一致，但店店有特色的风格设计，形成了"出门见生活，入门品艺术"的广式生活体验区。随着livehouse音乐传播、绿至休闲创作、健身轻餐、摄影设计、文创集市、1200独立书店等新业态慢慢成长，很多年轻人被这个古村落不断吸引进入，成为都市慢体验的一个特色品牌。

（三）构建文化生态系统，保育活化传统文化

永庆坊片区在更新改造的过程中，把大量的精力和资源投入片区内文化资源的保护方面。八和会馆、詹天佑纪念馆、金声电影院、李小龙祖居、銮舆堂、泰华楼等文化资源，在永庆坊更新改造的过程中被重新发掘，并予以保护利用。同时，积极发掘片区内粤剧粤曲文化资源，依托粤剧艺术博物馆，成功创建广东省粤剧粤曲文化生态保护实验区，为粤剧粤曲打造了一个生态系统。

泮塘五约在更新改造过程中，依据自身毗邻荔湾湖、仁威祖庙的条件，筹划举办"三月三北帝诞""五月五龙船鼓""春节水上花市"等传统节庆和民俗活动，传承弘扬北帝诞、祭祖、舞狮、庙会与庙祠、龙舟竞技等岭南

文化与民俗，打造民俗文化节庆品牌。在片区内产业发展方面，持续做好武术、龙船、醒狮、玉雕、木雕、书画、岭南盆景、古琴、漆艺等岭南文化遗产的传承推广，逐步构筑产业生态链，塑造岭南文化民俗与产业发展的"生态系统"，保育活化传统文化。

（四）培育新型邻里关系，促进共建共治共享

一个城市更新改造项目往往需要几年乃至十几年的时间来推进，在这个过程中，必然产生片区功能的转变，由此也会导致原住居民流失和人口置换。然而相悖的是，在构建文化生态系统、保育活化传统文化的过程中，原住居民的参与和片区内各个群体的融合是非常关键的一个方面，因为人是各种文化活动的载体。在更新改造过程中，要努力促进片区内的居民、商户、街区管理者以及游客的融合，没有共同融合的发展是剥离式的发展，不容易形成具有自己鲜明特色的品牌，不利于长远的持续发展。

永庆坊和泮塘五约在更新改造的过程中，都重视培育新型邻里关系、促进社区共同体意识的形成。在更新改造和后续运营的过程中，居民、商户、各类专家学者、文化保育人士、媒体工作人士以及其他各类关心历史文化街区改造的人员共同谋划、共同商量、共同参与，汇聚不同群体的意见，凝聚大家的共识，在不断地共同参与过程中塑造社区共同体意识。

此外，泮塘五约由于居民比较多，更是把培育新型邻里关系、促进共建共治共享作为片区治理的一项重要内容。入驻泮塘五约街区的大多商户都自诩为"村民"，在日常工作和生活中与原住村民共融共生、和谐相处，共同创作首个以历史文化街区为主题背景的原创歌曲《泮塘之约》，增进邻里和谐，并通过传统节庆和民俗活动的参与进一步与村民增进关系，构筑情谊。

四 荔湾城市更新的展望

随着我国城市发展速度和模式的调整，城市发展已经开始从大规模建设

转向存量利用的模式，通过更新改造来推动城市发展。更新改造的目的在于阻止城市的衰退，使城市在新的条件下形成新的发展。这种新，不单单是城市环境、城区道路和市政基础设施等硬件方面的更新，更重要或者说更根本的是区域产业结构和片区人口结构的更新。荔湾区在推进城市更新改造的过程中，探索形成了以永庆坊和泮塘五约为代表的两种不同的改造模式，两种模式主体不同、方式不同，但都获得了成功。荔湾是一个传统老城区，像永庆坊和泮塘五约这样的地方还有很多，如何总结两者的经验，以城市更新助推区域高质量发展，还需要在片区融合以及文化与产业的融合方面继续深化加强。

（一）持续深化打造文化与产业的融合发展

永庆坊片区拥有丰富的粤剧文化资源，但是目前向外推介的介质还比较欠缺，对粤剧粤曲的传承弘扬仍然是以私伙局为主，还没有可以向游客公众开放的定期演出的剧目。自2018年以来，来自全国各地的人士不断来到永庆坊参观，大家在感受永庆坊的发展和变化的同时，也想感受一下荔湾的传统文化。但是目前，还没有形成常态化的粤剧演出项目。这样就很难保证游客的停留，难以形成消费点。此外，铜器打造、三雕一彩一绣、老字号的发展等方面都面临类似问题。为了推进片区可持续发展，深化打造文化与产业的融合发展就成为重中之重。可以针对本身的文化特质，探索客群的需要，进而形成产业发展点。比如，对于三雕一彩一绣，可以结合十三行的历史进行相关的讲解，让游客了解相关的背景知识；开发体验式项目，让游客亲身体会了解制作的过程和工艺；开发旅行纪念品；打造片区整体的沉浸式体验等。

对泮塘五约来说，传统节庆和民俗活动比较丰富，也有相对宽阔的荔湾湖、仁威祖庙等开展活动的场地条件，在筹划举办"三月三北帝诞""五月五龙船鼓""春节水上花市"等传统节庆和民俗活动的时候，可以考虑面向公众和游客开放，进而形成特色鲜明的文化产业活动品牌。

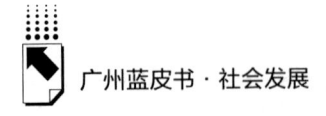

（二）紧密结合荔湾整体发展定位

部分的发展离不开整体，部分的发展必须融于整体的发展。对于荔湾未来更新改造的持续深入发展来说，必须要融入荔湾的整体发展定位。在荔湾的整体发展定位之中，粤港澳大湾区建设是重要的环境背景。《粤港澳大湾区发展规划纲要》中对广州的定位是，充分发挥国家中心城市和综合性门户城市引领作用，全面增强国际商贸中心、综合交通枢纽功能，培育提升科技教育文化中心功能，着力建设国际大都市。如何在大湾区发展中找到自己的切入角度，进而不断持续深化打造自己的优势，是荔湾需要持续思考和努力的问题，也是荔湾城市更新需要持续思考和努力的问题。同时，片区内的整体融合配合发展也是荔湾城市更新需要持续思考和努力的问题，在未来的更新改造中，如何和白鹅潭中心商务区以及海龙科创区互相配合、互相助力，也值得持续思考和努力。

参考文献

《融合传统现代 延续城市根脉》，人民网，http：//gd.people.com.cn/n2/2018/1026/c123932-32205947.html。

谢小娜：《历史文化街区焕发新活力的思考——以广州市荔湾区恩宁路为例》，《探求》2020年第2期。

B.15
广州建设慢行交通系统畅通交通微循环的研究与建议[*]

王丽娜[**]

摘　要： 广州市统计局2021年通过万户居民调查网，对广州市11个区2257位居民（其中1592位在业人员）进行了调查。调查发现：地铁/公交+机动车是居住小区周边交通微循环的主要出行方式；广州在业市民单程平均通勤时耗为32.1分钟，其中33.5%的在业市民通勤时耗在15分钟内；中心城区15分钟通勤时耗占比低于外围城区；40.3%的市民认为居住小区周边道路存在"较严重拥堵"；仅有不到五成的市民对居住小区周边慢行交通系统表示满意以及认为慢行交通系统硬件设施近年有改善；慢行交通系统基础设施不完善和路权冲突是市民选用慢行交通方式面临的主要困难；86%的市民呼吁加大对非机动车的管理力度；70%的市民认为提升慢行交通系统管理智能化水平能提高短距离出行效率。

关键词： 交通微循环　慢行交通系统　智慧化　广州

随着城市不断发展，北京、上海、广州等大城市逐渐出现人口膨胀、交通拥挤、住房困难、环境恶化、资源紧张、物价过高等"症状"。广州作为

---

[*] 本报告为"广州市统计局万户居民调查课题组"研究成果。
[**] 王丽娜，广州市统计普查中心四级调研员，博士，主要研究方向为运动生理学。

超大城市，交通拥堵问题也日趋严重，成为困扰城市的一大难题。随着城市居民出行难度不断加大，政府对城市交通管理和监督的难度也越来越大。虽然城市拥堵具有普遍性，但每个城市的交通拥堵，仍然带有城市自身的特点。因此，根据广州城市交通拥堵特点，因城施策对于不断改善居民交通出行条件、缓解城市交通拥堵问题具有积极意义。

一 研究背景

（一）广州市市内交通拥堵现状

根据百度地图发布的《2020年度中国城市交通报告》，在2020年度中国城市交通拥堵排行榜上，广州位列第六，通勤高峰拥堵指数1.887、通勤高峰实际速度29.84千米/小时，环比2019年度排名没有变化。据《2021年三季度中国主要城市交通分析报告》，2021年三季度全国汽车保有量超300万辆的城市中宁波交通健康指数得分最高，广州最低；具体到"常发拥堵路段里程比"的指标，2021年三季度广州市排名全国最高，市内常发拥堵路段排名第一的是金沙洲路（由西向东），工作日累计拥堵时长200小时，相当于平均每日严重拥堵3.03小时。2020年3月在新冠肺炎疫情复工复产阶段，广州局部交通拥堵出现极端状况，珠江新城商圈交通拥堵指数在晚高峰一度维持在10，这是交通拥堵指数的最高数值，意味着该地区已达"严重拥堵"等级。另据《广州交通运输月报》，2021年广州中心城区城市道路工作日平均速度为30.97千米/小时，交通拥堵指数为6.20，处于"中度拥堵"等级。造成广州城市道路交通拥堵的原因是多样的，虽然广州在2012年开始实施摇号限车政策，但到2017年，广州市汽车保有量依旧上涨到了240万辆，车辆在10年期间增长了近130%，至2021年广州市汽车保有量已超300万辆。如此庞大的汽车数量为城市交通带来了巨大的压力，增加了城市道路的拥堵程度。但道路数量和面积增长速度无法满足汽车保有量的增加，呈现出车多路少的局面；加之停车位数量少，车辆乱停乱放、老旧道路规划跟不上发展等，随着汽车保有量的不断增加，广州城市交通拥堵治理形势越来越严峻，市内交通拥堵情况不容乐观。

（二）广州市缓解交通拥堵的主要做法

为缓解广州交通拥堵状况，政府和管理部门集思广益，先后实施多种政策，以确保缓解广州城市道路拥堵情况。"摇号限车，开四停四"等项政策的实施，有效减少了外来车辆汇入中心城区和本地车辆的保有量，使道路上行驶的汽车流量降低，但却无法从根本上改变车多路少的局面。随着技术手段的不断进步和新工具的不断使用，智能泊车系统、智能交通信号管理等越来越多的数字化设备被应用到交通治理中，大数据和网络技术的突飞猛进也使城市交通治理的智能化程度越来越高。运用智能交通管理系统，系统监测城市交通运行情况，有效地提高了城市交通的通行效率，缓解了城市主干道的交通拥堵状况，城市干道"肠梗阻"程度有效减轻。2021年，广州市开展道路交通秩序大整治活动，重点整治不文明驾驶违法行为、非机动车/行人违法行为、摩托车违法行为等八大类违法行为。此次专项行动突出"多部门联动"、"网格化治理"和"全面治理"。专项行动期间，广州搭建网格化执法整治工作机制，整合交通、城管、住建、志愿者等力量，围绕重点违法和重点路段、区域，实施全覆盖整治。网格化治理凝聚成交通治理的巨大力量，各区也针对此次行动都积极采取富有特色及成效的政治行动。

（三）交通微循环缓解城市交通拥堵的作用

城市交通微循环主要由支路、窄巷、小街、便道等构成区域交通微循环网络，具有更高的路网密度和更长的道路总长。城市交通微循环网络能够分担主路上的交通流量、缓解主要道路交通压力、缩短行程时间，是城市道路网络的重要组成部分。合理规划城市交通微循环支路网络对于缓解城市干道上的交通紧张、提高道路使用效率、形成合理路网结构形态具有重要意义。而慢行交通作为一种使用便捷、节能环保的绿色出行方式，更对解决出行"最后一公里"问题有着巨大的作用。目前北京、上海等城市也已开始重视将疏通交通微循环作为缓解城市交通拥堵的重要手段,如2017年,北京公交开通60条微循环线路,进一步延伸公交线网,实现与轨道交通或地面公交骨干线路高效接驳。北京百子湾地区通过交通微循环整治,局部交通拥堵状况得到改善。山西大同通过充分挖掘小街小巷、住宅区、大面积厂区、单位等地块的内部道路,加密老城区支路网,解决老城区交通拥堵的问题。香港的每一座高楼大厦的四周,全是四通八达的道路,城市的血脉有发达的"微循环系统",一旦发生拥堵,马上可以选择另外的道路。上海宝山通过持续数年的道路"微循环"项目实施,维护了城市路网的通畅,极大地解决市民出行的迫切需求,市民绿色出行、骑行、步行的意愿也越来越高。畅通"交通微循环"这个民生工程进一步为民造福,也为城市发展提供了支撑。可见,畅通交通微循环在缓解城市交通拥堵问题中发挥着重要作用。因此,本报告拟通过研究广州市交通微循环状况及存在的主要问题,利用慢行交通系统对畅通交通微循环开展研究。

本次调查采用CATI(Computer Assisted Telephone Interview,计算机辅助电话访问系统)及网络调查相结合的方式进行,其中电话调查完成问卷1990份,网络调查完成问卷267份。利用SPSS软件对收集的数据进行处理,分析统计结果,撰写研究报告。

二 研究结果

(一)广州区域交通微循环状况

1.超三成市民通勤时间在15分钟内,中心城区15分钟通勤时耗占比低于外围城区

通勤时耗是上班族幸福感的重要影响因素之一,本次受访的1592位在业市民单程通勤时耗平均为32.1分钟,其中通勤时耗在15分钟及以下的市民占比为33.5%,通勤时耗在16~30分钟的市民占比为30.4%,极端通勤(通勤时耗60分钟及以上)的市民占比为18.8%(见图1)。

广州建设慢行交通系统畅通交通微循环的研究与建议

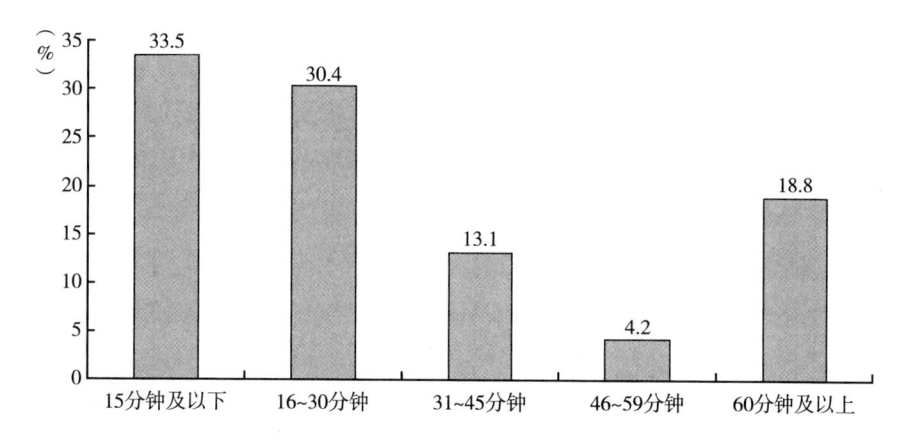

```
35 ┤  33.5
(%)│  ┌──┐
30 ┤  │  │  30.4
   │  │  │  ┌──┐
25 ┤  │  │  │  │
   │  │  │  │  │
20 ┤  │  │  │  │                    18.8
   │  │  │  │  │                    ┌──┐
15 ┤  │  │  │  │  13.1              │  │
   │  │  │  │  │  ┌──┐              │  │
10 ┤  │  │  │  │  │  │              │  │
   │  │  │  │  │  │  │              │  │
 5 ┤  │  │  │  │  │  │   4.2        │  │
   │  │  │  │  │  │  │  ┌──┐        │  │
 0 ┴──┴──┴──┴──┴──┴──┴──┴──┴────────┴──┴
   15分钟及以下 16~30分钟 31~45分钟 46~59分钟 60分钟及以上
```

图1 广州在业市民单程平均通勤时耗情况

资料来源：调查数据。

分区来看，外围城区的通勤情况普遍优于中心城区。从化区、南沙区、花都区、增城区、黄埔区等外围城区在业市民单程平均通勤耗时均不超过30分钟，依次为：16.9分钟、20.3分钟、25.9分钟、26.9分钟和28.8分钟。其余六区在业市民单程平均通勤时耗均超过30分钟：其中荔湾区在业市民单程平均通勤时耗最长为37.9分钟；番禺区、海珠区、白云区依次为37.6分钟、35.9分钟、35.1分钟；越秀区、天河区相对较低，分别为32.1分钟、31.6分钟。

短距离通勤出行也呈现出外围城区优于中心城区的特点。从通勤时耗在15分钟及以下的市民占比来看，从化区、南沙区、增城区等远郊区均在40%以上，分别达到61.9%、58.7%和40.2%（见图2）；花都区、黄埔区、白云区等近郊区的比重也在30%以上，分别为39.0%、39.0%和34.2%；天河区、荔湾区、越秀区、海珠区等中心城区的占比则不足三成，依次为28.9%、27.1%、26.7%和25.1%。此外，番禺区作为广州较早发展的近郊区域，区内生活配套比较成熟，吸引了较多中心城区的在业人员入住，职住分离现象较为普遍，其通勤时耗在15分钟及以下的市民占比相对也较低，仅为28.4%。

2. 公共交通出行是居住小区周边交通微循环主要流动方式

市民短距离出行（3公里内）交通工具的使用，形成区域交通微循环流

广州蓝皮书·社会发展

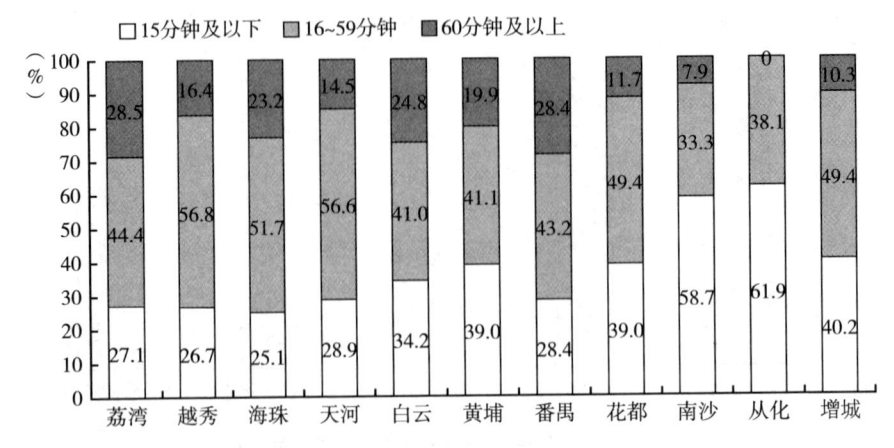

图2 广州市各区在业市民单程平均通勤时耗情况

资料来源：调查数据。

动方式。调查发现，市民短距离出行使用最多的交通工具是地铁/公交，占比65.8%；其次是使用机动车（包括私家车、出租车、网约车等）出行，占比为56.5%；使用自行车/共享单车的市民比例相对较低，为40.5%；使用摩托车/电动自行车出行的市民为36.0%。可见，广州区域交通微循环流动方式主要以地铁/公交+机动车为主。

3. 四成市民认为居住小区周边交通微循环存在"较严重拥堵"问题

居住小区周边道路承担主干道车辆分流的作用，是区域交通微循环路网的重要组成部分。结合《道路交通拥堵度评价方法》，本次调查将居住小区周边道路交通拥堵情况，按照对应路况分为"畅通""轻度拥堵""一般""比较拥堵""严重拥堵"五个级别。"轻度拥堵""一般"分别表示有少量和部分道路拥堵；"比较拥堵""严重拥堵"分别表示有大量和全部道路拥堵（在本次调查中两者合并统称为"较严重拥堵"）。调查发现：15.7%的市民认为居住小区周边道路"畅通"；认为居住小区周边道路情况"一般"及"轻度拥堵"的市民占比分别为28.5%和15.2%；认为存在"比较拥堵"的市民占比26.6%，认为存在"严重拥堵"的市民占比为13.7%；另有0.3%的市民回答"说不清"。

分区来看，认为居住小区周边存在"较严重拥堵"的市民占比较高的区域为白云区（58.6%）、番禺区（48.4%）、荔湾区（46.9%）、天河区（40.9%）。另外，居住在封闭小区的市民，认为居住小区周边道路存在"较严重拥堵"的占比（45.2%），高于居住在开放小区（35.5%）和单体楼（37.7%）的市民。

将市民的拥堵感受与短距离出行方式结合起来看，经常使用私家车/出租车/网约车短距离出行的市民，认为居住小区周边道路存在"较严重拥堵"的比例最高（50.8%）；而使用自行车/共享单车、摩托车/电动自行车短距离出行的市民，认为居住小区周边道路存在"较严重拥堵"的比例则不足四成（见表1）；使用自行车/共享单车、摩托车/电动自行车出行，是城市慢行交通系统的主要构成成分。所谓慢行交通系统指的是以步行、自行车等慢速出行方式作为城市交通的主体，引导居民采用"步行/骑行+公交"的出行方式来缓解交通拥堵现状。通过上述调查结果可见，发展慢行交通系统有助于缓解居住小区周边道路的交通拥堵状况，畅通交通微循环。

表1 短距离出行经常使用交通工具与居住小区周边道路情况

单位：%

短距离交通出行方式	交通拥堵感受			
	较严重拥堵	严重拥堵	比较拥堵	畅通
私家车/出租车/网约车	50.8	16.9	33.9	12.7
地铁/公交	41.9	14.4	27.5	13.1
摩托车/电动自行车	38.1	12.6	25.5	15.6
自行车/共享单车	36.3	14.8	21.5	18.6

（二）广州区域交通微循环存在的问题

1. 慢行交通系统满意度和认可度仍有待提升

慢行交通系统基础设施是步行、骑行等交通方式的空间载体。广州在2016年国务院批复同意的《广州市城市总体规划（2011~2020年）》已明确提出非机动化交通设施体系及管理政策，经过近几年建设，8.9%的市民对广州的慢行交通系统表示"非常满意"，39.9%的市民表示"比较满意"，两者合计为48.8%；35.6%的市民评价"一般"，明确表示"不太满意"和"非常不满意"的市民占比分别为12.3%和2.7%，另有0.6%的市民表示"不清楚"。慢行交通系统建设与市民的期待存在一定差距，仍有提升空间。

针对近年来慢行交通系统基础设施改善情况，11.4%的市民认为改善程度"非常大"，37.9%的市民认为"比较大"，两者合计近五成（49.3%）；33.0%的市民认为改善程度一般；11.6%和3.3%的市民认为改善"比较小"和"非常小"；另有2.8%的市民表示"不清楚"。

2. 超六成市民认为人行道上非机动车多是步行出行面临的主要困难

本次调查针对市民步行出行时面临的困难进行询问，结果显示：13.6%的市民在步行过程中没有遇到过任何困难；市民遇到的诸多困难中，比例较高的前三项均与路权冲突有关，分别为"人行道上自行车或电动自行车多"（63.3%）、"机动车与行人抢道/不礼让行人"（48.6%）和"人行道设置机动车停车位"（33.1%）（见图3）。

慢行交通系统的设计问题也给市民步行带来困扰，三成左右市民认为"红绿灯等待时间长"和"没有人行道/人行道窄""过马路不方便"是步行的主要困难（见图3）。

项目	百分比
人行道上自行车或电动自行车多	63.3
机动车与行人抢道/不礼让行人	48.6
人行道设置机动车停车位	33.1
红绿灯等待时间长	30.5
没有人行道/人行道窄	30.4
过马路不方便	27.5

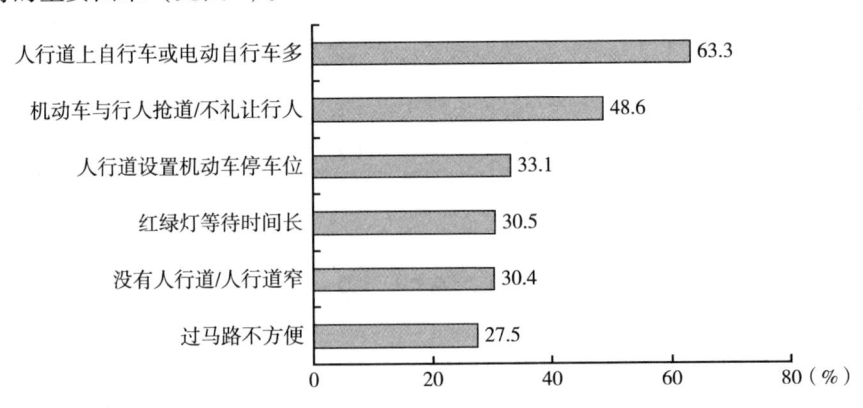

图3 市民步行出行时碰到的主要困难（多选）

资料来源：调查数据。

3. 缺少非机动车道是骑行时面临的主要困难

对于骑行者而言，出行困难主要在于非机动车路权分配不足及路权冲突：市民反映最突出的是"缺少非机动车道"，中选率为51.1%；反映"机动车违停/停放占用非机动车道"问题的市民也有45.3%；非机动车道硬件设施配套不全与数量增长不匹配问题也较为突出，三成左右市民认为"非机动车车流量大"（39.2%），"非机动车道结构不合理"（39.2%），"非机动车集中停放点少"（33.3%），"道路中断、损坏、障碍多"（32.9%）；另有24.3%的市民反映共享单车数量不足（见图4）。

困难	比例(%)
缺少非机动车道	51.1
机动车违停/停放占用非机动车道	45.3
非机动车车流量大	39.2
非机动车道结构不合理	39.2
非机动车集中停放点少	33.3
道路中断、损坏、障碍多	32.9
共享单车数量不足	24.3

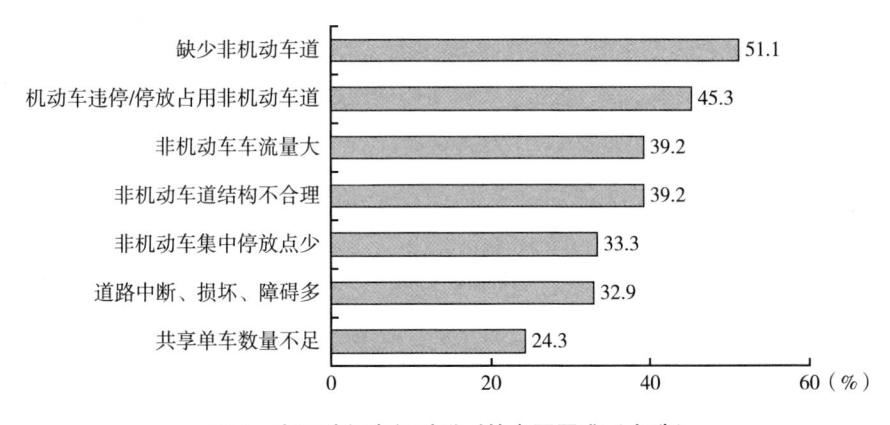

图4　市民骑行出行时碰到的主要困难（多选）

资料来源：调查数据。

综上所述，目前慢行交通系统面临的主要问题是路权冲突和慢行交通系统配套不完善问题，因道路空间无法保障，市民的骑行需求与非机动车道不足产生冲突，导致非机动车、机动车、行人争道，进而影响道路畅通。

三　积极推进慢行交通系统建设，多措并举改善区域交通微循环

2021年3月以来，广州市开展了交通秩序大整治专项行动，调查结果显示：54.8%的市民认为该项整治"效果显著"，28.1%的市民认为整治

"效果一般",15.5%的市民认为整治"效果不明显",另有1.6%的市民表示不清楚。交通整治行动仍有待深入实施,以获得更多市民的认可。

为缓解居住小区周边道路交通拥堵问题,发展慢行交通系统得到57.1%的市民支持,认为其对缓解居住小区周边道路交通拥堵的作用大。结合市民意见建议,可从以下几方面积极推进、完善慢行交通系统建设。

(一)加强电动自行车管理,提升慢行交通系统安全性

2021年11月2日,广州市开始对电动自行车实施上牌管理。47.3%的市民认为此举"非常必要",39.6%的市民认为"有必要",两者合计为86.9%。可见,市民对加大非机动车管理力度意愿强烈,及时研究完善非机动车管理措施,有助于满足市民对城市道路交通的新需求。

从加大电动自行车管理力度的具体措施看,市民首选"加大对逆行、超速等违章处罚力度",中选率为61.4%;其次是"非机动车(电动自行车)登记上牌"(50.5%)和"合理设置公共充电设施"(50.2%),中选率均在五成以上;三成多的市民支持"加大对电动自行车违规改装查处力度"(37.4%)和"设立集中停放场所"(36.0%),另有20.8%的市民希望对"行驶区域限行"(见图5)。

项目	比例(%)
加大对逆行、超速等违章处罚力度	61.4
非机动车(电动自行车)登记上牌	50.5
合理设置公共充电设施	50.2
加大对电动自行车违规改装查处力度	37.4
设立集中停放场所	36.0
行驶区域限行	20.8
不清楚	0.7
其他	0.4
无意见	0.4

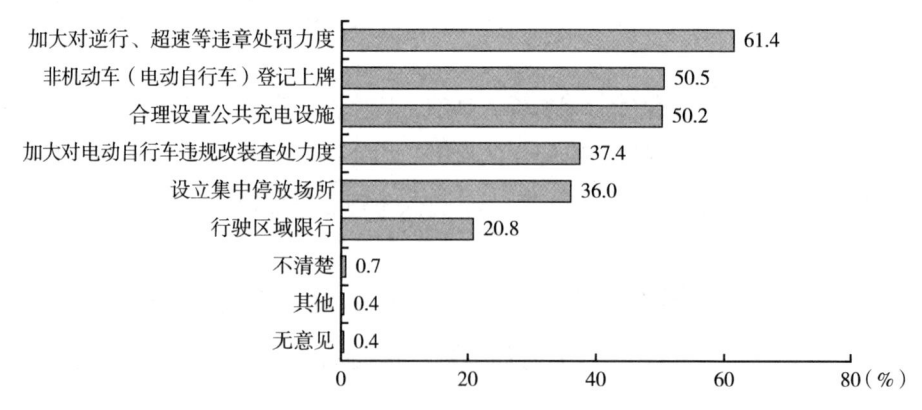

图5 市民对于加强非机动车(电动自行车)管理的需求(多选)

资料来源:调查数据。

（二）增加公交发车密度，提升慢行交通系统出行效率

引导市民使用"步行/骑行+公交"的出行方式来缓解交通拥堵现状，是国家创建绿色出行的主要目的。根据此次调查，广州城市交通短距离出行仍是以地铁/公交出行为主的模式。在短距离公交出行改善方面，市民最关注出行效率问题。四成以上市民期待通过"增加发车密度"（45.7%）和"增加公交车辆到站信息提醒"（41.2%）来减少等待时间；三成以上市民关注公交车覆盖范围，希望能"科学调整公交线路"（37.7%）和"扩大公交站点覆盖率"（34.2%）；部分市民支持"建设公交智能调度系统"（28.7%）和"提升公交服务水平"（16.3%）（见图6）。

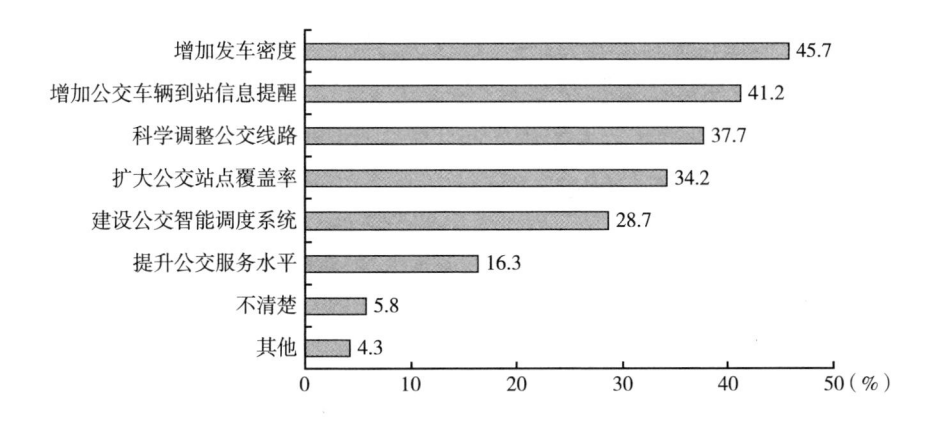

图6 市民对短距离公交出行改善的需求（多选）

资料来源：调查数据。

对于经常使用公交出行的市民来说，希望改善占比较高的三项措施分别是增加发车密度（59.7%）、增加车辆到站信息提醒（27.3%）和科学调整公交线路（25.9%）。可见，推广公交智能调度系统及公交信号优先控制系统，根据路况、人流情况，动态调整发车间隔，实时发布公交到站信息，可提升公交服务水平，促进慢行交通系统发展。

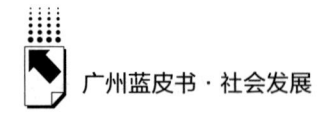

（三）推进慢行交通系统违规监控平台建设，提升短距离出行智能化管理水平

针对行人和非机动车的智能化检测和管理是智能交通领域的重要发展方向。智能交通系统是缓解城市道路交通拥堵和提升交通基础设施使用效率的重要手段。本次调查中，49.8%的市民认为加强短距离出行管理，如文明出行及提升智能化管理水平对短距离出行有帮助。70.0的市民认为管理智能化能提高短距离出行效率，其中16.9%的市民认为管理智能化效果"非常明显"，50.1%的市民认为"比较明显"；19.5%、9.7%和0.8%的市民认为效果"一般""不太明显""非常不明显"。

为提高慢行交通系统智能化管理水平，市民认为可从建设非机动车/行人违规监控系统（52.9%），优化交通灯信号灯的使用（49.8%），强化非机动车停放区域的信息化管理（38.9%），安装路面人流、车流信息监测设备（36.4%），增设过街行人按钮（35.7%），建设实时信息发布和指挥管理平台（32.2%）等方面积极推进（见图7）。

选项	百分比
建设非机动车/行人违规监控系统	52.9
优化交通灯信号灯的使用	49.8
强化非机动车停放区域的信息化管理	38.9
安装路面人流、车流信息监测设备	36.4
增设过街行人按钮	35.7
建设实时信息发布和指挥管理平台	32.2
不清楚	1.7
无意见	0.5
其他	0.1

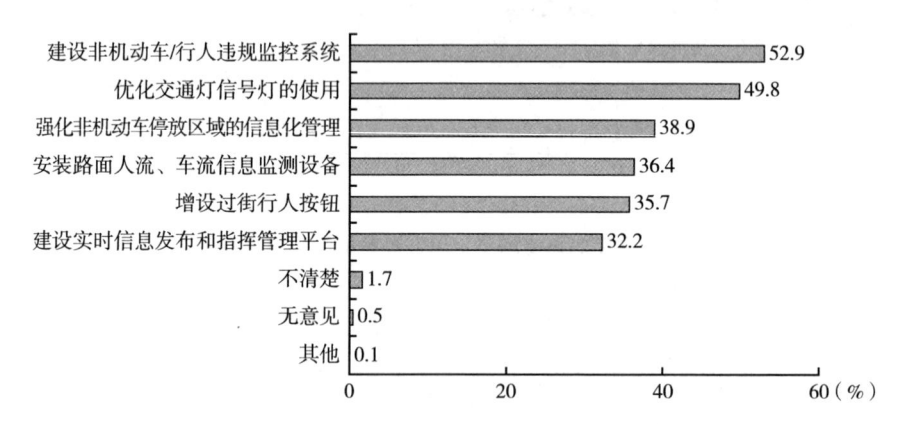

图7 市民对提升短距离出行智能化管理水平的意见（多选）

资料来源：调查数据。

从本次调查的结果来看，完善慢行交通系统，应该以提升慢行交通系统管理智能化水平为抓手，持续加强慢行交通系统基础设施建设，特别是

加大移动交通监测系统和设备的配备，并利用大数据信息采集，建设区域级交通信息分析及处理中枢，打造智能化慢行交通系统综合出行平台，提升一体化智慧慢行出行服务水平，畅通交通微循环，为建设交通强市奠定强有力的基础。

参考文献

高德地图联合国家信息中心大数据发展部、清华大学戴姆勒可持续交通联合研究中心等：《2020年度中国主要城市交通分析报告》，2021年1月。

高德地图联合国家信息中心大数据发展部、清华大学戴姆勒可持续交通联合研究中心、同济大学智能交通运输系统研究中心等：《2021年三季度中国主要城市交通分析报告》，2021年11月。

网易网时代数据：《广州为什么越来越堵？就因为这两个原因！》，https：//3g.163.com/dy/article_ cambrian/EN9NBQ7J05505RW5.html，2019年8月23日。

B.16
广州交通运输安全智能防控对策研究

张 孜*

摘 要： 广州作为实际管理人口超过2000万的超大城市，交通运输安全管理任务繁重。为满足城市交通运输安全防控应用需要，广州市应用科技手段开展智能防控应用实践，建立"常态规避、短临预警、应急响应"的城市交通运输主动安全防控技术体系。面向广州安全防控发展趋势与需求需要拓展风险识别源头，强化综合风险研判能力；加强数据应用协同，提高安全应急处置能力；深度融合信息技术，创新安全协同防控模式，以有效提升广州城市交通运输主动安全防控水平。

关键词： 交通运输　智能防控　广州

交通运输行业车辆规模大、服务群体多、道路覆盖面广，安全管理难度大，一旦发生安全事故，可能造成重大的经济损失和恶劣的社会影响。当前，交通运输安全问题日益突出，安全出行的需求更加强烈。一直以来，行业管理部门和企业在安全教育、运输监管与事故处置等方面开展了一系列工作，取得了相当成效。但在风险防控面、实时状态感知、应急响应效率等方面可进一步提高，另外运输现场安全防控对驾驶员的依赖高，驾驶员个体差异直接影响防控效果。随着科技不断发展，结合科技手段与传统安全防控措施多方位提升交通运输安全水平备受社会各界关注。《交通强国建设纲要》

---

* 张孜，广州市交通运输局科技信息处处长，博士，高级工程师，主要从事交通科技和信息化的管理与技术工作。

《数字交通发展规划纲要》等政策文件强调科学研判安全形势,提出应用技术手段落实交通运输安全提升工作。

广州作为实际管理人口超过2000万的超大城市、国家中心城市,出行量持续增长、行业管理任务繁重,交通运输安全防控形势日趋复杂。为保障城市交通运输安全高效运转,广州市交通运输局长期以来致力于以智慧化手段加强交通运输安全防控建设与应用,并取得了一系列应用实践成效。

一 交通运输安全智能防控现状及发展趋势

(一)交通运输安全智能防控现状

交通运输系统是由人、车、路等要素构成的复杂动态系统,每个要素都可能成为风险源,导致安全事故的发生。当前,交通运输行业针对各要素风险识别与防控开展了一系列技术研究和应用实践。

1. 关于人的风险识别与防控

在交通运输系统中,人主要包括从业人员、乘客与路人,路人是道路环境的重要组成,此处主要讨论运输场景中的从业人员与乘客。利用技术手段采集行车过程中的驾驶员和乘客信息,主要包括驾驶操作行为、驾驶员状态、乘客数量与行为等。在驾驶操作行为方面,通过车辆控制器局域网络(Controller Area Network,CAN)总线采集驾驶操作行为数据,识别驾驶员急加速减速、频繁变道、车未停稳开车门等不规范的驾驶操作行为,并进行及时预警提醒驾驶员安全行驶。在驾驶员状态方面,利用车载智能视频技术感知识别驾驶员状态,降低驾驶员频繁打哈欠、闭眼、疲劳驾驶等风险行为。在乘客数量与行为方面,利用图像技术感知车厢乘客分布与异常行为,尽早发现司乘纠纷规避风险发生。在运输防疫工作方面,利用人脸识别技术测量乘客体温,并采集人脸特征信息及司乘佩戴口罩信息,支撑同乘接触溯源、提醒司乘规范佩戴口罩;通过视频识别客流数据构建AI模型,对公交车厢客流拥挤度进行预测与预警,降低车内客流疫情传播风险。

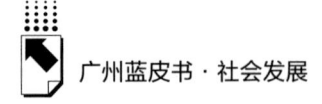

2.关于车辆的风险识别与防控

车辆运行状态及工况监测是识别车辆风险的重要途径，为了实时掌握车辆位置信息、车辆运行工况，一方面利用卫星定位技术实现营运车辆的实时定位与轨迹跟踪；另一方面利用车辆CAN总线实现车辆设备状态与故障秒级同步采集，及时识别发动机转速、电池电压等状态是否异常，有效支撑车辆安全风险识别与预警，降低风险事件发生。

3.关于道路环境的风险识别与防控

在运输过程中，道路环境主要包括道路基础设施和行进中周围的人车环境。为识别道路基础设施破损风险，采用人工巡查、拍照记录等方式进行道路病害巡检，及时养护道路保障通行。为帮助驾驶员对周际人、车流动情况有更全面的掌握，在大中型客货运车辆车身周围搭载视频监控，采用3D视角无缝拼接技术实时感知周际环境，帮助驾驶员消除车辆视角盲区。为了降低碰撞风险，综合应用雷达、视频等设备对车道偏离、碰撞等风险进行实时预警，提醒驾驶员安全驾驶。

综上，既有的交通运输安全智能防控工作主要针对人、车、路三类风险源，利用信息技术分别针对不同风险源进行风险识别与短临预警，但是对于交通运输系统内人、车、路之间的有机联系，以及三者互相影响风险有待进一步研究，同时在交通运输营运风险识别与安全智能防控方面尚有提升空间。面向行业安全管理，需要综合分析各要素之间相互关联，加强复杂场景下风险识别有效性与协同防控能力。

（二）交通运输安全智能防控趋势

当前，"新基建"带动5G、大数据、人工智能等技术在交通运输领域融合应用，进一步提升了感知、分析、管控、服务的覆盖面、精细度和智能化水平，为研究体系化城市级的交通主动安全防控技术及创新应用赋予更多可能，其发展趋势可总结为以下三个方面。

1.防控需求多元化

在交通运输行业迅速发展和公众出行需求急剧增长的情况下，管理部门、企业和乘客等各类交通参与者对交通运输安全性、舒适性等期望与要求越来越高。例如，以往对安全事故的关注在于事故处置，随着技术进步现在更侧重于事前风险预测和防控；以往对驾驶员操作要求不超速、符合道路通行规定，现在还要求不急加速减速，保持平稳驾驶。因此，亟须多源智能化技术满足不同安全防控需求，构建交通运输主动安全防控模式。

2. 安全防控协同化

实践表明依靠单项技术能实现一定的交通运输安全防控效果，然而人、车、路等交通要素之间存在有机联系，且随着交通运输安全防控应用场景不断细化，安全防控需求趋于复杂，因此亟须采集人、车、路全要素信息，强化不同场景内各要素关联分析，协同提升风险识别与防控能力。

3. 防控体系立体化

交通运输安全涉及人、车、路各要素，城市交通运输行业涵盖多个细分领域，安全防控应用需面向驾驶员、企业、行业监管部门等不同应用主体，构建信息感知、风险识别、安全防控的技术体系，不断扩展交通要素、行业领域、应用主体的覆盖面，同时处理好局部和整体之间的有机衔接，系统性提高安全防控水平。

二 广州交通运输安全智能防控建设与应用实践

近年来，广州在交通运输安全智能防控现状基础上，围绕防控需求多元化、防控协同化、体系立体化的发展趋势，着力加强交通运输安全事前防控、风险研判、协同防控和复杂场景应急响应等方面建设和应用，构建了"常态规避、短临预警、应急响应"的城市交通运输主动安全防控应用技术体系（见图1）。常态规避是指通过日常管理与养护，将交通运输安全防控延伸到事故风险发生前，有效降低风险发生概率；短临预警是指对即时识别的风险进行预警，实时提醒相关人员采取措施规避风险；应急响应是针对风险已转为既定事件，以保障安全、控制事件影响为目标开展防控管理。通过应用大数据、人工智能等技术,从规避风险、评估风险、控制风险三个环节开展防控研究与实践,显著提升了城市交通运输安全水平。

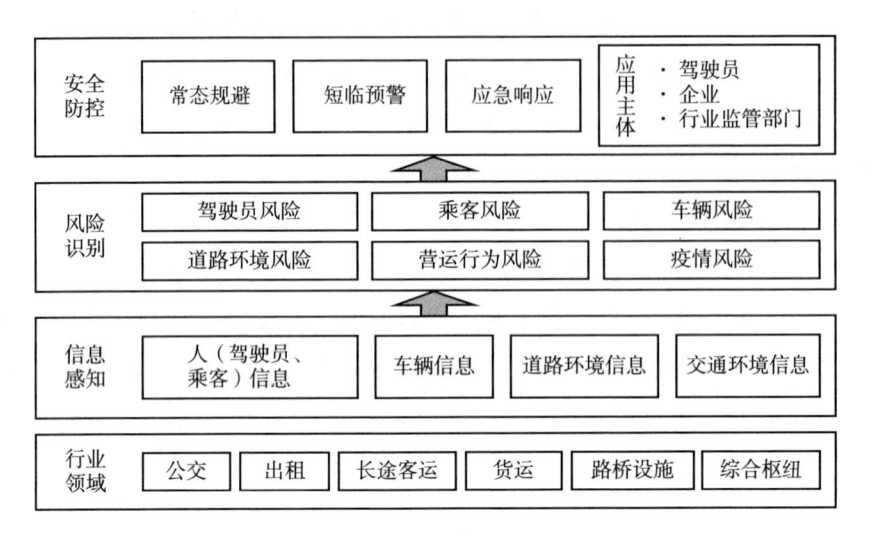

图1 广州交通运输主动安全防控应用技术体系

(一)强化事前安全防控,构建多模式主动安全防控模式

安全经济学的研究表明,事前的一份安全成本投入往往带来千份的安全效益产出。因此,强化风险事前分析和防控能力,构建主动安全防控模式是更有效的安全防控策略。广州以"预防为主、防治结合"的思想将交通运输安全风险识别与防控延伸至驾驶员日常管理、车辆与桥梁日常养护中,通过常态规避降低安全事件发生概率。

在日常管理方面,面向广州交通运输行业数万驾驶员,有针对性地采集风险行为数据建立驾驶行为档案,利用档案数据开展针对性、差异化的管理与教育,进而降低风险发生。通过综合分析驾驶行为档案中的行为、绩效等数据,精准化开展驾驶员教育纠正不规范行为,降低来自驾驶员的风险。例如,无差异抽调某公交企业分公司驾驶员样本进行分析,风险驾驶员群体在经过实时监测预警并前置教育干预一个月后,事故发生概率下降了40%以上，回落至与普通公交驾驶员群体相当风险水平，有效降低了公交驾驶员驾驶风险。

在日常养护方面，针对营运车辆开展全生命周期智慧管理，利用车辆档案中的检修与养护信息，加强易发故障与异常工况分析，降低来自车辆载运工具本身的风险；针对通航桥梁开展健康监测与精细管养，利用桥梁健康监测数据、日常养护数据建立桥梁管养档案，跟踪挠度、应变、倾斜、位移、裂缝、振动、温湿度等状态变化情况，对于异常情况及时预警养护，降低行经桥梁风险发生概率，目前桥梁健康监测与防碰撞应用覆盖了广州数十座桥梁。

（二）加强营运风险识别，持续完善交通运输风险研判网

交通运输营运行为方面的风险主要包括合法营运车辆违规行为与车辆非法营运行为两类。由于交通行业点多、线长、面广，且不同行业的行为特征差异大，传统技术难以高效识别出租、客运、货运、私家车等车辆营运行为风险，主要依靠现场人力稽查，营运行为风险防控效率难以提升。随着人工智能、图像识别等新一代信息技术的发展，基于AI视频与大数据融合开展复杂场景下的营运行为风险识别与防控成为可能。广州综合应用人工智能、大数据等技术研发建成全国首个交通运输领域视频智能化应用平台——"交通慧眼"（见图2），能够高效捕捉出租、客运、货运、私家车等车辆特征，自动识别合法营运车辆违规行为与车辆非法营运行为，有效支撑了交通运输行业营运风险识别与交通执法，显著提升广州交通运输营运风险防控效率。

出租方面，"交通慧眼"可识别载客不打表、套牌车、伪造车、改装车等4类营运风险，通过路段卡口视频检测出租车外观特征，结合营运资质、运行位置等多源数据综合研判，对疑似风险行为进行告警。据统计，2021年，广州交通执法部门利用"交通慧眼"电子执法立案占全年巡游出租车违章立案量的85%以上。

客运方面，"交通慧眼"支持识别大客车非法营运、线路标识牌缺失、定位异常、禁行时段运行、黑名单车辆等5类风险。例如，综合分析车辆进

图2 全国首个交通运输领域视频智能化应用平台——"交通慧眼"

出广州频率、运输距离、行驶线路以及时空位置等数据，若车辆行为与营运资质不匹配，则自动判别车辆具有非法营运嫌疑并告警。据统计，2021年，广州交通执法部门立案查处班车违章同比下降50%多，充分体现了执法部门利用科技手段打击客运违章的效果。

货运方面，"交通慧眼"平台通过综合分析卡口视频、卫星定位、电子运单、黑名单等多源数据，实现危运标识牌缺失、普货涉嫌危运、危运未配押运员、重货定位异常、危险品源头出没、危运定位缺失、危运定位偏移、危运不在线运营、危运黑名单车辆等9类风险识别。据统计，2021年广州交通执法部门在货运方面的科技执法率接近60%。

私家车非法营运方面，"交通慧眼"平台通过"车辆画像"掌握车辆在广州市的时空特征与规律，若车辆轨迹空间范围广，且在重要客运枢纽高频出入，则研判为嫌疑非法营运私家车。平台视频捕捉到嫌疑车辆后，及时提醒周边交通执法人员布控缉查。2021年，广州交通执法部门立案查处非法营运数量同比增长90%以上。

（三）强化要素信息关联，提升车路安全协同防控能力

交通运输系统是一个动态的复杂系统，其内部的人、车、路等要素之间

存在有机联系，要素的不同状态所形成的场景风险存在差异。为了提高不同场景风险识别与防控能力，广州在空间维度上通过关联分析不同要素状态，提高车辆行进过程中的风险研判有效性，结合预警避免风险发生；同时，在时间维度上将有效风险识别数据分类纳入驾驶行为档案、营运风险数据库等历史数据，实现对风险易发人群、车辆、道路设施、时间、空间特征的规律分析，在此基础上采用常态规避策略针对性地降低风险概率。

为满足交通运输行业管理与企业运营监测需要，营运车辆一般都安装了多种设备，但是各类设备大多独立安装、独立传输、独立应用，不同设备之间数据联动不足导致误报预警较高，一方面降低了安全预警的有效性，另一方面也增加了驾驶员的工作负荷。为了提高公交行进过程中风险预警的有效性，广州利用边缘云车载智能终端实现多种终端设备数据的互联互通，并通过终端边缘算力、算法在车端进行数据处理与联动研判，提升不同场景下安全协同防控能力，实现路口加速行驶告警、疑似闯红/黄灯告警、斑马线未礼让行人告警、公交进站速度过高告警、疲劳驾驶告警、车道偏离告警等15类营运车辆安全告警，能够过滤60%以上误报，大幅提升并细化场景告警有效性。例如车载防碰撞辅助驾驶产品对违规变道存在误报情况，边缘云智能车载终端则关联车道、车速、转向灯、方向盘等数据进行综合分析，从而剔除合规变道产生的误判。同时，在车端将处理后的有效数据传输至后台，也降低了车端通信要求与后台处理压力。

（四）加强交通仿真应用，提高复杂场景应急响应能力

对于大型综合客运枢纽等交通繁忙的复杂场景，局部紧急事件的发生可能会对整体的安全防控形势造成较大影响。因此，除了加强事前规避预防、事中短临预警来防范风险，还应对风险转为既定事件的场景，提高安全应急响应能力，控制风险避免二次事件发生。

大型综合客运枢纽是衔接城市对内对外客流的重要节点，对外交通方式主要包括航空、铁路、长途客运，对内交通方式则有公交、地铁、出租、网约车、共享单车等。若对内对外交通运力衔接不匹配，则可能导致枢纽客流

滞留风险，引发人群踩踏等安全隐患，因此全面掌握对内对外交通运转情况、实施合理的应急预案、高效调度运力疏散客流是保障枢纽安全运行的关键。由于枢纽空间结构复杂、人流与车流多、事件影响大，难以通过实景演习或简单的模型计算支撑风险分析与安全防控业务。广州利用大数据、物联网等信息技术，开展立体化风险识别与防控研究，建成全国首个城市级对内对外综合疏运分析系统——"智慧交通系统"，通过集成广州交通业务系统信息及共享数据资源，全面采集枢纽对内对外交通情况，依托仿真预测建立闭环智能决策模式，辅助交通运输安全应急管理和疏运组织服务。

结合枢纽对内对外交通接驳的业务特性，从对外交通、对内交通、区域运转、交通环境四个方面采集枢纽信息。在对外交通方面，采集航班班次信息、航班正晚点信息、列车班次信息、列车正晚点信息、长途客运班次计划、班次运行时间与客流等信息。在对内交通方面，监测公交、出租、网约车、共享单车进出枢纽情况，采集公交、地铁班次计划信息与实时客流信息；在区域运转方面，利用手机信令大数据分析人群驻留时长、站场饱和度、来源流向等信息，分别监测枢纽候乘、到达、发送不同区域的客流数量，实时采集不同区域间通道客流数量与速度。在交通环境方面，接入周边道路施工、交通管制、气象等环境信息。依托全面的信息感知，从对外交通运力晚点、对内接驳运力供给、区域客流数量、异常天气等方面建立风险分级预警机制，一旦风险监测指标达到预警值，则启动相应级别的应急预案，同时"智慧交通"系统综合客流数量、疏运时间和可用运力等多方面因素，自动分析应急疏运调度方案，并支持反复模拟比选有效合理的方案措施。对于枢纽客流量集中、安全隐患特别突出的地方，利用区域客流数量、通道客流速度等数据仿真推演候乘人群流通情况，对应急预案的候乘组织进行效果预演，支持候乘预案效果评估和调优，从而辅助综合枢纽客流高峰时期安全防控与疏运服务。

综上所述，广州应用人工智能、大数据、边缘计算等新一代信息技术，面向行业管理部门、企业、驾驶员等不同应用主体，在公交、出租、长途客运、货运、综合枢纽等多个领域开展了一系列安全防控技术创新应用实践，总体上构建了"常态规避、短临预警、应急响应"的城市交通运输主动安全防控应用体系，有效促进广州交通运输安全管理能力提升。相关技术创新成果在全国知名专家科技评价会上被评为国际先进水平，获得了广东省智能交通科学技术一等奖、中国智能交通协会科学技术奖等四项科技荣誉，同时也被《人民日报》、央广网、新华社、学习强国、《南方都市报》、广东电视台等媒体正面报道，产生了良好的社会反响。

三　广州交通运输安全智能防控对策研究

新一代信息技术的不断发展和成熟，为交通运输安全的智能防控拓展和深化提供了技术条件。同时，新技术在交通运输行业融合应用中所衍生出来的交通新业态、新模式也对安全提出了更多要求。

（一）拓展风险识别源头，强化综合风险研判能力

强化风险源头治理，使安全防控工作关口前移，能够有效提高交通运输安全风险化解能力。除交通运输服务场景下人、车、路及营运风险外，道路设施基建过程与质量也是重要的安全因素；另外，随着交通运输业态发展，交通运输安全防控要求也发生新的变化。因此，需扩大交通运输各环节、各要素信息监测，拓展风险识别范畴，最大限度地消除安全隐患。

为了提高道路设施基建过程与质量风险识别，从建设、管理、养护、服务等环节加强道路信息监测与风险防控。综合应用传感检测技术识别交通建设工地中人员是否规范佩戴安全帽、禁行区域异常活动、扬尘异常等情况，扩大交通建设工地风险检测面。应用图像技术开展路面水浸、路面破损、桥梁水位、隧道水浸等情况智能监测、预警，保障交通运行安全。

为了打造安全的城市交通服务环境，加强新业态交通参与者信用管理，对从事网约车、共享单车、互联网货运等运输服务主体建立信用管理体系，加强交通运输营运环境治理，促进行业新业态安全、有序发展。

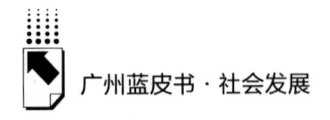

（二）加强数据应用协同，提高安全应急处置能力

安全应急涉及多部门联动协作，需要高效的分级管理与协作防控，在跨区域、跨层级、跨部门的安全应急协同响应机制基础上，持续加强交通运输安全应急协同信息化、智能化建设，促进安全应急实现纵向贯通、横向联通、信息共享、业务协同，全面提升交通运输安全应急处置能力。

持续构建应急感知网络和通信网络，多领域、多系统、多层次、多渠道获取数据，促进数据交换共享和智能监测，汇聚多源数据赋能城市交通运输安全应急管理业务。建立应急处置预案库，针对各类安全应急业务场景划分层级，并建立不同级别的应急预案，实现高效应急响应及处置，为突发安全事故、城市内涝、重大活动赛事、春运客流疏运等多场景应用提供支撑。

（三）深度融合信息技术，创新安全协同防控模式

随着"交通强国""新基建"战略不断推进，智能网联、车路协同等技术发展迅速，为交通运输安全防控提供了新的路径方案。利用无线通信技术可实现人、车、路互联互通，为交通运输系统要素运行运作提供全面信息。在信息互联互通基础上，结合要素间的有机关联，提高风险识别与安全防控的精度与效率。

此外，对于新技术、新模式和新理念，需充分把握其特点，并研判新生事物对智慧交通带来的变革，既鼓励、支持将新技术应用于交通运输创新服务，同时也要加强统筹引导，审慎对待技术成熟度、网络安全等潜在风险，促进技术创新应用与行业安全发展相匹配，让交通运输安全感更有保障。

参考文献

许跃如：《主动安全系统对营运车辆驾驶员行为影响辨析及预测研究》，博士学位论文，东南大学，2019。

商伟超：《城市道路潜在危险交通场景识别与风险评估研究》，硕士学位论文，西安理工大学，2021。

万文佳、孙烨垚、于丰泉：《智能化道路基础设施的交通安全应用研究》，《第十五届中国智能交通年会科技论文集》（2），2020。

丁红威：《驾驶安全辅助系统中关键技术的研究》，硕士学位论文，北京交通大学，2019。

王晓峰、祝志杰：《车辆安全管理与智能防御驾驶系统应用》，《公路交通科技》（应用技术版）2018年第11期。

社会调查篇

Social Investigation

B.17
"十三五"时期来穗农民工城市融入水平分析与对策研究

褚珊珊[*]

摘　要： "十三五"期间，来穗农民工市民待遇不断提高，在经济、社会、心理等方面的融入度稳步提升。但受教育水平和技能水平偏低等主观因素和房价高、收入低、户口难进、教育资源紧张等客观因素限制了农民工的进一步融入。建议通过优化就业服务，加大技能培训力度，加快保障住房建设，推进教育扩容提质，推进基本公共服务均等化等措施，促进农民工劳动技能提升、就业生活状况改善、随迁子女就学无忧，推动来穗农民工更好地融入城市生活。

---

[*] 褚珊珊，国家统计局广州调查队居民收支处一级主任科员，主要研究方向为城乡居民收入、农民工监测、农民工市民化。

"十三五"时期来穗农民工城市融入水平分析与对策研究

关键词： 来穗农民工　经济融入　社会融入　心理融入　政治融入

"十三五"规划指出"推进以人为核心的新型城镇化""促进有能力在城镇稳定就业和生活的农业转移人口举家进城落户，并与城镇居民有同等权利和义务"。自 2015 年起，国家统计局广州调查队每年在广州市随机抽取 450 户来穗农民工家庭开展动态监测调查，结果显示，"十三五"期间来穗农民工经济融入水平不断提升，社会融入不断深化，心理融入不断增强，但也面临受教育水平和职业技能水平低、住房贵、收入低、落户难等困难，建议通过完善就业帮扶政策，推进基本公共服务均等化等措施进一步促进来穗农民工融入城市。

一　来穗农民工基本情况变化趋势

来穗农民工基本情况主要有以下一些特征。

（一）外省农民工占比近七成，就业向第三产业转移

"十三五"期间，外省来穗农民工占比近七成，其中从湖南、广西、四川、江西、河南等省份流入的农民工占外省农民工七成以上。从本省其他地市流入的农民工占比三成左右。

从农民工就业的行业分布变化趋势来看，"十三五"期间，制造业、批发零售业、居民服务业、住宿餐饮业、建筑业等五大行业始终是农民工就业的主体行业，从业占比合计超七成。农民工由制造业、建筑业等劳动密集型产业向商业、服务业等第三产业转移的趋势明显。2020 年，制造业就业占比为 34.9%，较 2015 年下降 9.6 个百分点；建筑业就业占比为 8.6%，较 2015 年下降 3.2 个百分点；批发和零售业就业占比 13.7%，较 2015 年上升 6.4 个百分点；租赁和商业服务业就业占比 8.5%，较 2015 年提高 3.8 个百分点。

（二）年龄结构明显上升，受教育水平有所提高

"十三五"期间，作为农民工群体主体的新生代农民工①占比由近七成下降到五成多：2020年40岁及以下农民工占比为54.0%，较2015年的68.5%下降14.5个百分点；51岁及以上农民工占比持续上升至17.3%，提高了10.2个百分点。来穗农民工平均年龄增加3.5岁，由35.7岁提高到了39.2岁，年龄结构上升明显（见图1）。

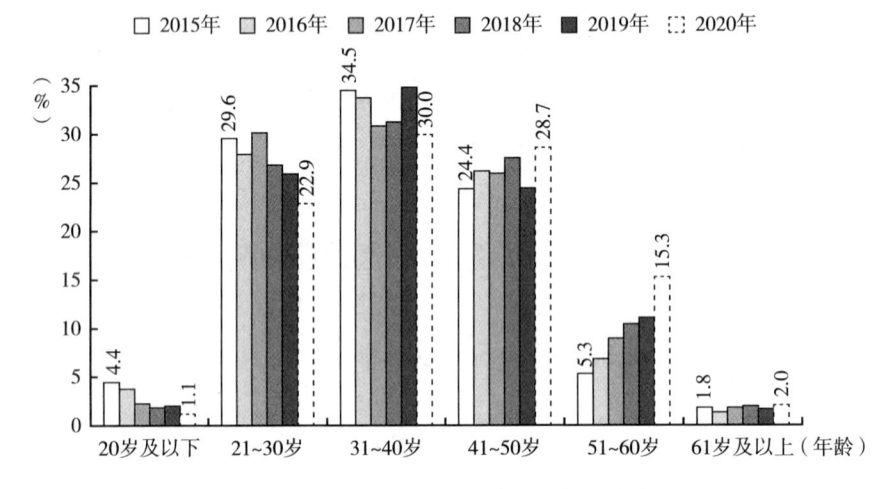

图1 2015~2020年来穗农民工年龄分布

资料来源：国家统计局广州调查队。

受教育水平方面，初中及以下学历在来穗农民工中的占比由60.5%下降到53.3%，下降7.2个百分点；受职业教育发展影响，2020年中等和高等职业教育学历占比10.0%，比2015年的9.3%提高0.7个百分点；大学专科学历占比由9.4%持续上升至13.3%，提高3.9个百分点；本科及以上学历由2015年的5.6%下降到3.8%，下降1.8个百分点（见图2）。

---

① 新生代农民工是指20世纪80年代以后出生、年龄在16岁以上、在异地以非农就业为主的农业户籍人口。

"十三五"时期来穗农民工城市融入水平分析与对策研究

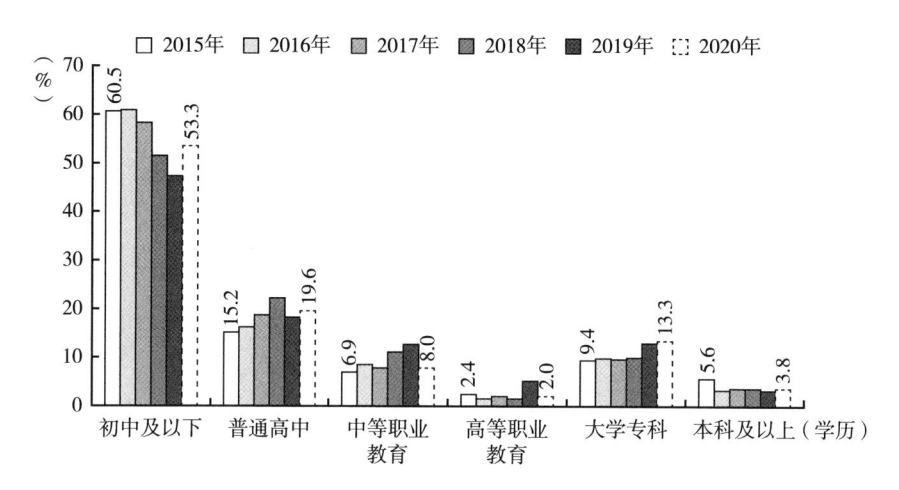

图 2　2015~2020 年来穗农民工学历分布

资料来源：国家统计局广州调查队。

（三）长期在本城镇区域居住的占比上升

2020 年，居住在本城镇区域五年及以上的来穗农民工占比为 63.3%，比 2015 年提高 15.0 个百分点，人数呈逐年增加趋势（见图 3）。

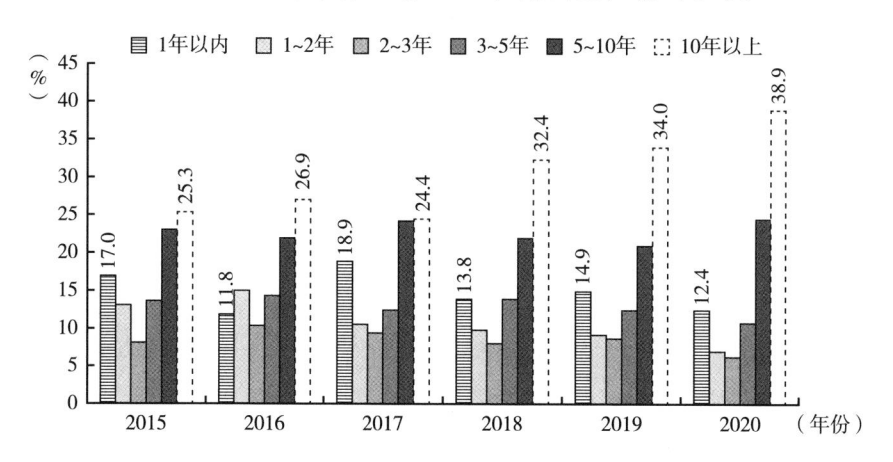

图 3　2015~2020 年来穗农民工居住年限分布

资料来源：国家统计局广州调查队。

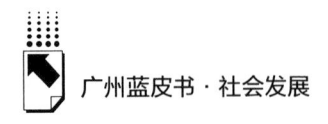

二 来穗农民工城市融入水平稳步提升

农民工城市融入是指通过营造良好的政策和社会环境，以城市主流社会的就业模式和生活方式作为参照系，使得作为从属和弱势的一方——农民工在进城后努力实现与城市主流社会的接轨。[①] 2016年广州市印发实施《广州市来穗人员融合行动计划（2016~2020年）》，之后就来穗人员随迁子女接受义务教育、积分入户、外来人口服务管理、外来人口融入等工作出台针对性政策，有效促进来穗人员"个人融入企业、子女融入学校、家庭融入社区、群体融入社会"，加快推进来穗人员在文化、经济、生活等各领域全方位融入广州。

（一）来穗农民工经济融入水平不断提升

经济融入指农民工在城市有固定住所，而且能够在劳动力市场上和本地居民一同进行正常的经济活动，有稳定平等的收入来源。"十三五"期间，来穗农民工收入提高、消费结构优化、居住条件改善说明其经济融入水平不断提升。

1.就业充分，收入持续增长

2020年，来穗农民工就业依然以工资性就业为主，占81.6%，未就业比例由2015年的5.3%下降至2020年的3.6%，且未就业原因主要集中在为照顾家庭主动放弃工作。2020年，务工农民工月平均收入增加到5144元，比2015年增长36.8%，年均增长6.5%，收入水平明显提升（见图4）。2019年，自营农民工平均月收入为6201元，比2015年增长25.3%，年均增长5.8%。2020年受疫情影响，经营性活动受冲击较大，自营收入有所减少，为5966元。

2.消费结构优化，恩格尔系数持续下降

2020年，来穗农民工家庭年消费支出36463元，比2015年增长14.7%，年均增长2.8%。食品、居住等生存性支出较为稳定。食品支出年均增长

[①] 郭庆：《农民工的社会信任与城市融合研究》，博士学位论文，华东师范大学，2013。

"十三五"时期来穗农民工城市融入水平分析与对策研究

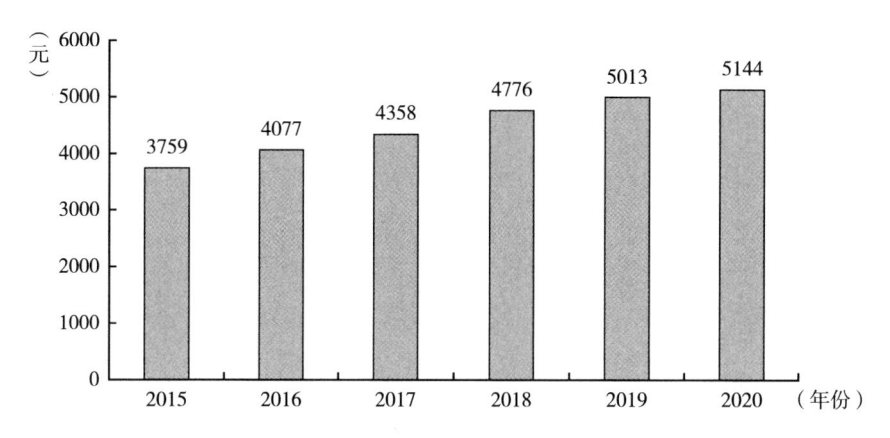

图4 2015~2020年来穗务工农民工月平均收入

资料来源：国家统计局广州调查队。

2.8%，2019年恩格尔系数为38.2%，比2015年下降4.3个百分点，2020年受疫情影响回升至41.3%（见图5）。居住支出年均增长5.8%。"十三五"期间，发展性消费稳步增长，教育文化娱乐消费支出年均增长1.1%，大件物品消费支出年均增长7.1%，医疗保健类支出年均增长14.7%。拥有汽车的家庭占比由2015年的11.6%上升到2020年的23.1%。随着笔记本电脑和智能手机的普及，家庭可以上网的占比由80.2%上升到97.3%。

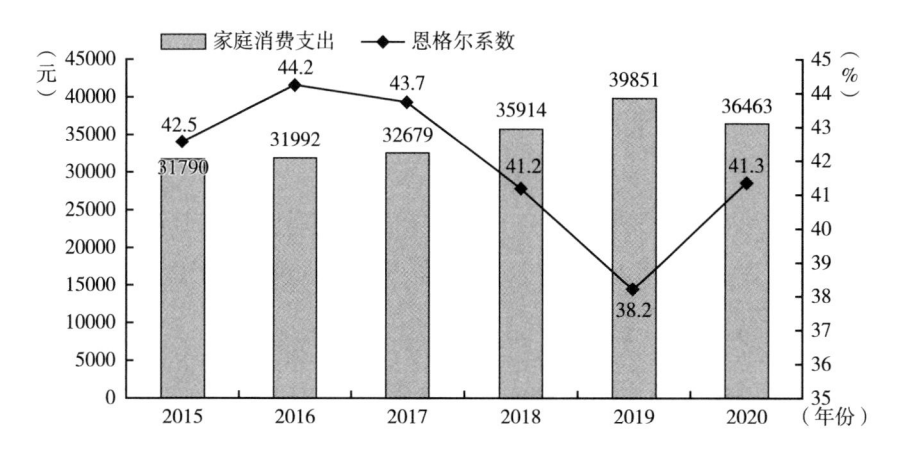

图5 2015~2020年来穗农民工家庭消费支出及恩格尔系数

资料来源：国家统计局广州调查队。

215

3.居住条件有所改善

广州不断加强出租屋服务管理体系基础建设,结合商圈市场、区域功能、人口房屋分布的实际情况,优化调整全市标准基础网格划分,加强精细化管理,方便农民工根据自身条件和意愿选择合适的住房,促进居住条件不断提升。"十三五"期间,来穗农民工主要以租赁私房为主,在居住样式、居住面积、合住情况等方面均有所改善。对居住条件表示满意的占比由39.1%提高到63.1%。

一是农民工租赁私房是主流,居住选择自由度较高。广州梯度式私房租赁市场发达,多层次住房供给体系逐步完善。随着旧城改造和美丽乡村建设的推进,人居环境整治取得显著成效,无论城区、城郊还是农村,居住环境整体较好且公共交通发达,农民工可根据经济条件和需要选择租赁私房。调查数据显示,租赁私房的农民工占比超七成且总体呈上升趋势;单位/雇主提供住房的占比整体下降,2020年为23.8%,比2015年下降3.1个百分点。

二是独户居住和单元房居住的占比上升。2020年,来穗农民工独户居住的占比为88.0%,比2015年的81.6%上升6.4个百分点,与他人合住但有独立房间的占比下降4.9个百分点,与其他人集体居住同一房间的占比下降1.5个百分点。在居住样式方面,居住单元房的占比由2016年、2017年的六成上升到2019年、2020年的七成左右。居住在楼房隔间和工棚的占比受建筑工地施工情况影响,波动较大,但总体呈下降趋势,2020年为3.3%。住房拥有独立厕所和洗澡设施的占比分别为89.8%和97.8%,分别比2015年上升1.1个和2.7个百分点。

三是实际居住面积总体增加。2020年来穗农民工户均居住面积为34.1平方米,比2015年的32.7平方米增加了1.4平方米,2018年最高达到35.2平方米(见表1)。

(二)来穗农民工社会融入不断深化

1.业余活动更加丰富多样

首先,随着收入和生活水平的提高以及生活观念的转变,来穗农民工日益

表1 2015~2020年来穗农民工居住情况

指标	选项	2015年	2016年	2017年	2018年	2019年	2020年
住房性质 （%）	租赁私房	64.7	68.0	67.3	71.1	70.4	69.6
	单位/雇主提供住房	26.9	24.7	23.6	21.6	21.8	23.8
	租赁公租房或廉租房	2.6	3.3	4.0	3.5	2.9	2.2
	自购商品房	3.8	2.7	3.8	1.8	3.8	4.0
	自购保障性住房	0.0	0.0	0.2	0.2	0.0	0.2
	其他	2.0	1.3	1.1	1.8	1.1	0.2
居住面积 （平方米）	户均居住面积	32.7	32.4	31.5	35.2	32.0	34.1
居住样式 （%）	单元房	—	60.1	64.2	74.7	68.5	71.3
	楼房隔间	—	10.0	3.8	4.4	6.2	1.3
	平房	—	1.8	7.3	3.8	0.0	4.4
	集体宿舍	—	16.7	14.0	8.9	17.6	16.4
	工棚	—	5.6	2.2	2.2	2.4	2.0
	工作地住宿	—	4.9	7.6	6.0	5.3	4.2
	其他	—	0.9	0.9	0.0	0.0	0.4

注：2015年调查问卷无居住样式数据。

从家务和照顾小孩等事务中解脱出来，有更多的时间和精力用于休闲、娱乐和提升自己。城市丰富多彩的娱乐休闲活动也为农民工提供了多种选择。2020年，来穗农民工业余时间选择做家务和照顾小孩的占比为19.4%，比2015年下降7.3个百分点；选择休息的占比为16.0%，比2015年下降2.5个百分点；参加朋友聚会、逛街购物等娱乐活动的占比为23.6%，比2015年上升2.9个百分点；参加文娱体育活动，通过学习培训和读书看报等活动提升自己的占比为10.6%，比2015年上升4.6个百分点。其次，上网是来穗农民工业余时间主要活动。随着智能手机普及和网络基础设施迅速发展，日常的衣食住行、文化娱乐等需求均可以通过网络实现，网上消费和网上娱乐越来越多。来穗农民工业余时间选择上网的占比逐年增加，2016年已经超过看电视成为业余生活最主要活动。2020年为23.7%，比2015年上升5.2个百分点。

2.参与社区和党团活动的频次增加

"十三五"期间,广州市积极组织来穗人员融合活动:每年4月最后一周,在五一国际劳动节前进行为期一周的"来穗人员融合服务周";发动各有关部门、社会组织开展融合服务,吸引来穗人员参与各项活动;开展"来穗人员朗读者大赛""来穗人员融合大学堂""书法摄影比赛"等项目、暑期关爱来穗"候鸟儿童"活动等,组建来穗人员志愿者服务队参与社会治理。伴随着相关活动越来越多,越来越深入和细化,来穗农民工参加本地社区活动的机会不断增加,参与公共事务的意识不断增强。来穗农民工经常或偶尔参加社区活动的占比持续上升,2020年达到40.0%,比2015年上升14个百分点;经常或偶尔参加党团活动的占比达到46.5%,比2015年上升19个百分点(见表2)。

表2 2015~2020年来穗农民工参加社区、党团活动情况

单位:%

指标		2015年	2016年	2017年	2018年	2019年	2020年
社区活动	经常参加	1.6	1.1	3.3	5.6	2.4	3.1
	偶尔参加	24.4	25.8	29.3	31.3	34.4	36.9
	没有参加过	74.0	73.1	67.4	63.1	63.2	60.0
党团活动	经常参加	0	7.5	10.0	25.0	9.4	18.6
	偶尔参加	27.5	24.5	30.0	27.8	37.7	27.9
	不参加	58.8	64.2	52.5	44.4	50.9	46.5
	没有开展过	13.7	3.8	7.5	2.8	2.0	7.0

3.权益保障和工作条件持续改善

随着社会法制化建设完善和维权意识提升,政府部门及用人单位更注重农民工权益保障和工作环境的改善。2020年,来穗农民工签订书面劳动合同的占比为64.8%,比2015年上升12个百分点;遇到拖欠工资的占比保持在0.3%~2.2%的较低水平,并在2020年达到最低,为0.3%(见表3)。随着最低工资标准的提高和吸引人员就业的压力,部分企业提高了工资水平、福利待遇和农民工生活补贴。如春节期间为促进来穗农民工就地过节,

增加了交通补贴和节后返岗补贴等福利。"十三五"期间，来穗农民工有免费工作餐或伙食补贴的占比保持在45.8%~55.9%，有免费住宿或住宿补贴的占比在35.6%~45.9%。

表3 2015~2020年来穗农民工劳动合同签订及工资拖欠情况

单位：%

指标		2015年	2016年	2017年	2018年	2019年	2020年
劳动合同签订	无固定期限劳动合同	11.5	21.6	11.3	12.0	15.4	16.6
	一年及以上劳动合同	38.9	35.4	54.4	51.9	58.2	55.0
	一年以下劳动合同	8.2	7.3	9.9	7.0	2.4	3.0
	没有劳动合同	33.9	33.4	23.1	25.4	22.4	21.8
	试用期/实习期未签合同	1.4	1.1	0.3	1.3	0.8	1.4
	其他	6.2	1.1	1.1	2.4	0.8	2.2
是否拖欠工资	是	1.6	0.6	2.2	1.3	1.6	0.3
	否	98.4	99.4	97.8	98.7	98.4	99.7

4. 随迁子女平等享受当地义务教育

一是公办学校就读率提高。2020年随迁子女的在校生中，61.1%在公办学校就读，比2016年[①]提高了17.2个百分点；24.2%在有政府支持的民办学校就读，比2016年提高了8.9个百分点。二是学校教育条件认可度高。2020年调研显示，随迁学生家长中认为子女所在学校的师资非常好或比较好的占比为76.8%，比2016年提高了14.6个百分点。对随迁子女的受教育状况表示非常满意或比较满意占比为81.1%，比2016年提高了18.9个百分点。三是大部分随迁子女可就近上学，交通方便。2020年调研结果显示随迁子女上学路程时间在15分钟以内的占比为61.1%，比2016年提高了6.0个百分点。

（三）来穗农民工心理融入度增强

1. 生活满意度不断提升

通过对来穗农民工生活满意度进行综合评价测算，2015~2020年来穗农

---

① 因调查问卷调整，2015年数据暂不可比，用2016年数据做比较。

民工生活满意度综合得分从68.1分提高到73.8分，表明"十三五"期间来穗农民工对广州生活满意度不断提升。

从生活满意度的构成指标来看，业余生活、务工工作、务工收入、居住条件、生活现状、子女教育等各项满意度指标得分均有提高。首先，业余生活满意度提升最为显著。从2015年的86.0分到2020年的98.1分，提高了12.1分。其次，居住条件、生活现状和子女教育满意度提升较快。居住条件满意度从66.9分到74.3分提高了7.4分，生活现状满意度从65.8分到72.8分提高了7.0分；子女教育满意度从71.4分提高到78.0分，提高了6.6分；务工工作和务工收入满意度稳步提升，分别提高4.2分、4.0分；自营工作和自营收入满意度总体缓慢提升，分别提高2.4分、2.0分（见表4）。

表4　2015~2020年来穗农民工心理融合情况评分

单位：分

指标	2015年	2016年	2017年	2018年	2019年	2020年
生活满意度	68.1	68.5	72.2	72.5	72.4	73.8
业余生活满意度	86.0	90.6	94.3	95.8	94.9	98.1
子女教育满意度	71.4	71.9	74.0	73.5	73.8	78.0
务工工作满意度	69.8	68.3	72.6	72.6	73.6	74.0
居住条件满意度	66.9	68.7	71.6	72.8	72.7	74.3
生活现状满意度	65.8	66.7	70.5	72.2	71.7	72.8
务工收入满意度	64.2	63.6	66.8	69.1	67.8	68.2
自营工作满意度	62.6	61.8	65.7	65.6	63.9	65.0
自营收入满意度	57.7	56.3	62.2	58.7	60.6	59.7
本地生活意愿	62.6	62.9	65.3	67.1	67.7	67.8
生活适应度	73.7	75.7	78.0	80.1	79.8	80.1
定居意愿	51.5	50.0	52.6	54.1	55.6	55.4
本地身份认同	46.4	45.3	48.2	46.6	48.1	47.6

资料来源：褚珊珊著《2015~2019年来穗农民工生活满意度评价》，社会科学文献出版社，2020。

来穗农民工身份认同感提升，定居意愿增强。一是来穗农民工身份认同感提升。2020年认同自己是本地人的占比达到16.4%，比2015年上升5.5

个百分点。二是对本地生活更为适应。2020年对本地生活表示非常适应和比较适应的占比为84.4%，比2015年上升18.2个百分点。对本地生活适应度评分由73.7分提高到80.1分，提高6.4分。三是定居意愿增强，评分由51.5分提高到55.4分，提高3.9分，已在定居和有定居意愿的占比由36.2%上升到43.3%，上升7.1个百分点，没有定居意愿的占比由36.2%下降到28.0%，下降8.2个百分点。希望在本地购买房产的占比持续上升，由2015年的59.5%上升到2020年的73.9%，上升14.4个百分点。

三 来穗农民工城市融入面临的问题

（一）受教育水平和职业技能水平低，限制农民工群体进一步融入城市

农民工受教育水平和职业技能普遍较低。2020年调研显示，来穗农民工中为中等职业教育及以下学历占80.9%，初中及以下学历占53.3%，受教育水平整体较低。无任何职业资格证书或技术等级证书的占88.2%。务工农民工中有75.8%没有接受过就业训练，有80%以上没有接受过职业介绍、职业指导、社区就业岗位开发等公共就业服务。自营农民工中有94%以上没有接受过创业指导、创业咨询、创业帮助等创业服务。教育水平低，职业技能不足使来穗农民工缺乏就业竞争力，职业选择有限，只能集中于劳动密集型工作，也限制了事业的进一步发展，工作条件和待遇较难提升，只能通过延长工时、增加劳动量来提高收入。2020年，自营农民工平均每周工作6.3天、每天工作9.7个小时，务工农民工平均每周工作5.9天、每天工作8.7个小时，均高于劳动法规定的工时制度标准（每日工作时间不超过8小时、平均每周工作时间不超过44小时）。

（二）住房贵、收入低、落户难长期困扰来穗农民工融入

来穗农民工中认为住房贵是定居主要障碍的占33.8%。2015~2020年，

来穗农民工中打算购买商品房的占比由49.7%上升到63.6%，上升13.9个百分点。但其收入水平、储蓄与商品房价格差距较大，使购房打算较难实现，实际自购商品房的占比只有1.8%~4.0%。

来穗农民工中认为收入低是定居广州的主要障碍的占29.3%。农民工整体受教育水平和技能水平较低，职业选择有限，在劳动力市场上竞争力不足，工资性收入有限；积蓄较少，较难获得财产性收入；经营性农民工主要是小本经营，经营收入不稳定；转移收入仅有社保，较难实现收入长期稳定增长的预期。另外还需要寄带回家、负担异地家庭成员生活等支出，收入维持在较低水平。2020年新冠肺炎疫情发生以来，尽管到2021年复工率已接近正常年份，但农民工就业收入仍受到较大影响，收入增长的预期不明朗。

来穗农民工中认为户口进不来是定居广州的主要障碍的占14.2%（见表5）。调查显示，95%以上的来穗农民工户口登记地在外省和本省其他地市。但由于自身条件难以满足积分入户加分条件，农村户口仍与承包地、宅基地等相关权益捆绑等原因无法将户口落入广州。调查中有个别案例在广州工作生活十年以上，已购房买车，仍无法落户。

表5　2015~2020年来穗农民工在广州定居的主要障碍

单位：%

主要障碍选项	2015年	2016年	2017年	2018年	2019年	2020年
住房贵	28.8	32.4	32.8	36.1	36.4	33.8
收入低	29.1	27.2	27.4	28.9	29.8	29.3
户口进不来	12.6	13.3	13.2	13.8	12.3	14.2
子女入学升学难	10.0	9.4	10.7	8.0	7.8	9.0
老人无法照料	7.4	7.8	7.1	6.1	7.6	5.1
没有归属感，难以融入	3.4	2.9	2.1	1.7	1.9	1.7
没有障碍	2.5	1.4	1.6	1.7	1.7	2.1
不能均等享受社会保障	2.8	2.7	2.8	2.2	1.3	1.6
不适应城市生活方式	2.7	1.3	1.5	0.9	0.9	1.0
老家承包地等不好处理	0.7	1.6	0.8	0.6	0.3	2.3

另外，子女入学升学难也是随迁农民工关注的重要问题。由于公办学位仍显不足，随迁子女入读公办学校的比例仍然较低。尤其在幼儿园阶段，由于公办或普惠幼儿园数量较少，民办幼儿园学费相对较高，进城的新生代农民工工作忙、收入少，只能选择将幼童留在老家抚养入园，待到入学年龄再考虑进城入学，或放弃就业机会选择自己在家照顾，这又导致了农民工家庭收入减少，压力增大。

四 建议

一是加大技能培训力度。建立与经济转型升级方向相匹配的职业技能培训规划和教育平台，促进职业教育与广州现代产业体系的对接，使农民工有机会突破学历限制，跟上产业发展步伐。构建基本职业技能、岗位技能提升等多层次的职业技能培训体系，引导有需求的企业针对不同行业、群体、职业发展阶段的农民工，了解其具体特性，提供有针对性的职业技能培训。完善公共就业帮扶政策，加大劳动力技能晋升培训补贴力度，鼓励和引导来穗农民工积极参与公共就业服务和职业技能培训，以"高素质"融入广州经济高质量发展并实现自身收入水平的提高。

二是继续推进基本公共服务均等化。进一步提高来穗农民工享受公共租赁住房、公共服务设施、随迁子女接受本地教育的可能性。例如，加大公办学位和普惠幼儿园的供给，进一步提升随迁子女入读公办学校的比例，提升随迁子女尤其是低幼年龄阶段的受教育水平；加大廉租房、经济适用房的供给力度。建立健全住房保障机制，将长期在广州居住、有相对固定工作的农民工纳入保障性住房覆盖范围，协助来穗农民工解决阶段性住房困难问题。

三是进一步维护农民工合法权益。在农民工签订劳动合同、购买社会保险、规范工时制度、落实加班补贴、休息休假权等方面进一步保障农民工的合法权益，提升农民工就业的稳定性和收入水平。

B.18 2021年广州市居民幸福感状况的调研报告*

华南师范大学幸福广州心理服务与辅导研究课题组**

摘　要： 本报告从广州本土市情出发，使用团队编制的问卷指标体系，对2000名广州市居民进行了网络调研，并与2018年度、2019年度的样本数据进行了对比。结果显示：（1）广州市居民在精神生活、社会环境和政府服务维度上的满意度较高，在生态环境和社会公平维度上的满意度相对较低；（2）广州市居民的7项幸福感指标受到性别、在广州生活时间、婚姻状况、教育程度、居住地、月收入、职业类型等的影响；（3）目前居民的相对剥夺感仍较为普遍，且在不同社会群体中存在差异；（4）生活质量、个人发展和社会环境是影响居民幸福感提升最重要的因素，而生活质量、社会环境和社会公平是居民最希望得到改善的因素；（5）年度数据比较表明，2018年度至2021年度，总体幸福感与七个分维度的得分维持在一个较高的水平。

关键词： 广州市居民　幸福感　年度比较

---

* 该报告为广州市人文社会科学重点研究基地——华南师范大学幸福广州心理服务与辅导研究基地研究成果。
** 课题组组长：郑希付，华南师范大学心理学院教授，心理咨询专家，博士，主要研究方向为临床心理学和心理健康教育。课题组成员：刘学兰，华南师范大学心理学院副院长，教授，博士，主要研究方向为家庭心理与亲密关系、学习心理、心理健康教育；罗品超，华南师范大学心理学院教授，博士，主要研究方向为心理咨询与治疗、情绪加工；黄喜珊，华南师范大学心理学院教授，博士，主要研究方向为青少年心理、家庭与婚姻、心理健康教育；攸佳宁，华南师范大学心理学院教授，博士，主要研究方向为青少年问题行为、青少年生涯发展；贾艳蕾，华南师范大学心理学院助教，主要研究方向为心理咨询与治疗。执笔人：贾艳蕾。

一 调研背景

在2020年中国幸福城市论坛上,广州再次入选中国最具幸福感城市,这已是广州连续三年入选该评选的前十名,且广州市天河区和黄埔区都入选了2020年中国最具幸福感的城区。这表明广州市居民的幸福感在近年来不断提升,也充分体现了广州这座城市在其综合水平上又有了一定程度的提升。建设幸福广州需要持续而稳定地推进。"幸福广州"心理服务与辅导研究基地团队基于马斯洛需要理论,结合广州市本地的市情,以居民幸福感为中心指标,设计并且建立了具有本地特色的评价体系。建立了广州市居民幸福感评价指标体系,使用电子问卷对广州市居民的幸福感状况进行年度抽样调查,通过严谨的方式对数据进行统计分析,得到可靠的调查结果,并根据数据分析结果提出若干建议,以期为相关部门决策提供参考,并对幸福广州的建设做出贡献。

二 调研工具

(一)建立问卷指标体系

广州市居民幸福感评价指标体系共包含7个一级指标、44个二级指标。一级指标由生活质量、社会环境、个人发展、社会公平、政府服务、生态环境、精神生活等组成,考察广州市居民对生活各个方面的满意程度,以此评价其幸福感。居民需要对调查问卷的每个题目都做评价。幸福感指标使用李克特5点量表评定方法。二级指标的评价有五个等级,分别是"非常符合""比较符合""一般""不太符合""很不符合",分别计分为5、4、3、2、1,总计得分越高,表明居民对其满意度越高。广州市居民总体幸福感各项指标权重如表1所示。

表1 广州市居民总体幸福感各项指标权重

单位：%

指标	总体	个人发展	生活质量	精神生活	社会环境	社会公平	政府服务	生态环境
权重	100	10	25	15	15	10	10	15

资料来源：调查数据。

（二）相对剥夺感问卷指标[①]

设计相对剥夺感问卷的目的在于测量居民在特定条件下产生的一种对两者差异的主观感受。问卷共有3个指标，每个指标包括"不同意"、"一般"或"同意"3个选项，分别计1~3分。如指标1"我应该过上比现在更好的生活"，该指标得分越高说明居民的相对剥夺感程度越强；指标2"我现在的生活就是我原来想要的生活"及指标3"我现在的生活比原来想要的更好"，这两项指标得分越低说明居民的相对剥夺感程度越强烈。

（三）人口学情况调查表及开放性问题

人口学情况调查表用于调查受访居民的基本人口学信息，其内容包含了性别、年龄、居住地、在广州居住时间、婚姻状况、职业、学历、月收入；对开放性问题的提问，是为了对"如何更好地提升幸福感"进行直接的调研，获取居民对如何能够提升个体幸福感的真实看法。

三 调查对象

本次调查以广州市常住居民为调查对象（见表2），采用分层抽样和简单随机抽样相结合的方式抽取样本，涵盖了不同性别、年龄、学历、职业及婚姻状况等人群，本次调查通过网络调查的方式，共发放电子问卷2743份，回收有效问卷2000份，回收有效率为72.91%。

---

① 该问卷的设计参考2004年《上海市市民的社会生活状况评价调查报告》。

表2 2021年受访对象的基本人口学信息

人口学变量		人数	%
性别	男	1050	52.50
	女	950	47.50
年龄	18~25岁	300	15.00
	26~35岁	400	20.00
	36~45岁	500	25.00
	46~55岁	400	20.00
	56~65岁	300	15.00
	66岁及以上	100	5.00
在广州生活多久	半年至1年	28	1.40
	1~3年	76	3.80
	3~5年	101	5.05
	5~10年	198	9.90
	10~15年	325	16.25
	15年以上	1272	63.60
居住地	天河区	150	7.50
	荔湾区	349	17.45
	越秀区	132	6.60
	白云区	165	8.25
	海珠区	233	11.65
	番禺区	232	11.60
	黄埔区	98	4.90
	花都区	234	11.70
	南沙区	154	7.70
	从化区	163	8.15
	增城区	90	4.50
婚姻状况	未婚	489	24.45
	已婚	1422	71.10
	离异	68	3.40
	丧偶	21	1.05
学历	初中及以下	106	5.30
	高中/中专/职高	335	16.75
	大专	864	43.20
	本科	665	33.25
	硕士	20	10.00
	博士	10	0.50

续表

人口学变量		人数	%
职业	政府公务员	26	1.30
	企事业单位职员	472	23.60
	企事业单位管理人员	201	10.05
	各类专业技术人员	206	10.30
	自由职业	301	15.05
	军人警察	3	0.15
	农民	21	1.05
	外来务工者	54	2.70
	离退休人员	231	11.55
	失业或下岗	27	1.35
	个体户	167	8.35
	学生	93	4.65
	其他	198	9.90
月收入	1000元以下	17	0.85
	1000~2500元	18	0.90
	2500~4000元	77	3.85
	4000~6000元	212	10.60
	6000~8000元	233	11.65
	8000~10000元	354	17.70
	10000~20000元	657	32.85
	20000~50000元	379	18.95
	50000元以上	53	2.65

资料来源：调查数据。

四 调查结果

（一）2021年广州市居民幸福感状况

1. 总体状况

调查显示（如图1），2021年度广州市居民总体幸福感得分为3.66。将分值"3"定义为"一般水平"，七项具体幸福感指标得分均超过"一般水平"，其中"精神生活"指标得分最高为3.83，其次是社会环境、政府服务、生活质量、个人发展、生活环境、社会公平。这表明近年来政府推进居民幸福感相关的政策实施是行之有效的，广州市居民的幸福感在2021年度维持在较高的水准。

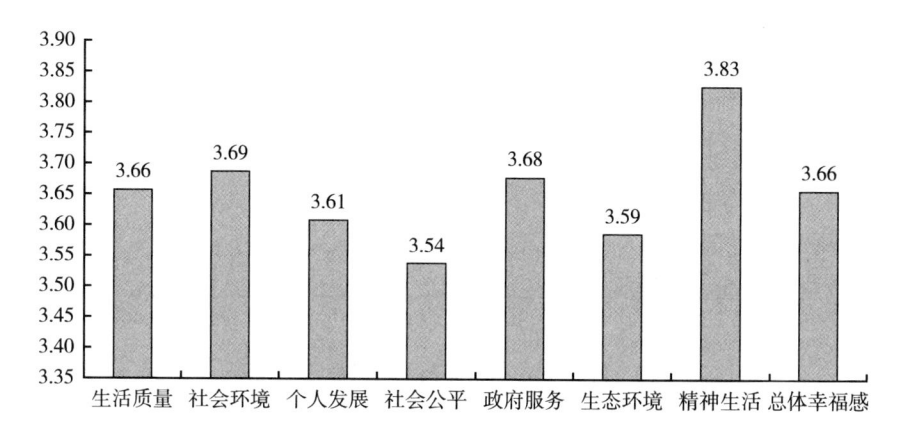

图1 2021年广州市居民幸福感总体状况

资料来源：调查数据。

2. 性别差异

对生活质量、社会环境、政府服务、精神生活维度进行独立样本检验，发现以上维度在性别上无显著差异（$p>0.05$），且不同性别的居民总体幸福感得分不存在显著差异（$p>0.05$）。在个人发展、社会公平和生态环境这三个维度的得分上，女性居民显著低于男性居民（$p<0.05$）（见图2）。总体来看，男性居民和女性居民的总体幸福感基本相同，这说明近年来政府对于女性群体的关爱，推进保障女性居民权益的措施，都收到相当大的成效，女性群体幸福感得到更公平的体验。在个人发展的维度上，男性群体的满意度显著高于女性群体，体现在女性对收入、待遇、个人发展预期等方面的满意程度较低，说明职场上可能仍然存在许多与性别相关的待遇差异；女性在社会公平上得分显著低于男性，体现在女性对社会分配和寻求诉求表达渠道的满意度较低；女性在生态环境上的满意度也显著低于男性，体现在对社会环

境的空气质量、饮用水质量和噪声程度的满意度较低。这可能是由于男性对生态环境的容忍度更高，在意程度相对更低。

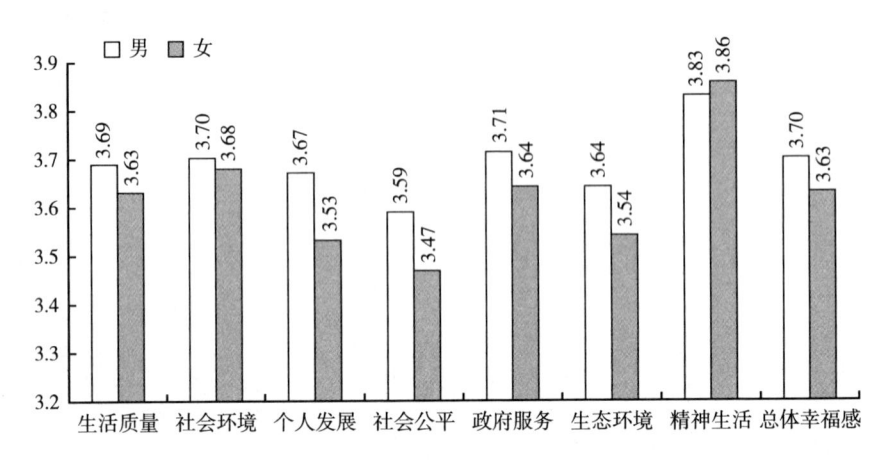

图2　2021年广州市居民幸福感的性别差异

3. 年龄差异

从总体幸福感指标上看，方差分析结果表明，不同年龄段居民之间评分无显著差异（$p>0.05$）。在个人发展和社会公平两个维度上不同年龄居民评分差异显著（$p<0.05$）。事后检验可知，26~35岁年龄段的居民在个人发展和社会公平维度上的评分显著低于18~25岁、46~55岁及56~65岁年龄段的居民。在个人发展的单一维度上评分也是显著低于36~45岁的居民，而与66岁及以上居民评分无显著差异。

4. 在广州生活时间的差异

方差分析的结果说明生活时间因素的主效应显著（$p<0.05$）。在广州居住1~3年的居民，对各个方面的满意度较高。事后检验可知，在生活质量、社会环境、政府服务、生态环境和精神生活维度上，居住1~3年的居民评分显著高于居住5年以上的居民评分（$p<0.05$）；在生活质量、社会环境、个人发展等维度上，居住5~10年的居民满意度显著低于1~5年和15年以上的居民评分（$p<0.05$）；在总体幸福感上，居住时间为1~3年与居住时间为3~5年的居民评分差异不显著，但均显著高于其他居住时间的居民（$p<0.05$）。

居住15年以上居民满意度在一个较高的水平，但与往年的幸福感趋势有较大差异。往年的调研呈现出居住时间越长幸福感越高的趋势。而2021年发现，居住1~3年的居民的生活满意度更高。这可能是该时间段恰好是新冠肺炎疫情发生的阶段，政府的防疫政策、防疫措施给予很多保障，让他们充满信心，满意度保持较高水平。居住时间较长的居民，原本稳定的生活受到了疫情带来的冲击，变得不稳定，幸福感下降。

5. 婚姻状况差异

方差分析结果说明，在总体幸福感上，婚姻状况不同的居民在评分上存在显著差异（$p<0.05$），离异居民的评分显著低于已婚居民（$p<0.05$）。在社会公平、生态环境和精神生活等维度上，居民间的评分也同样存在显著差异（$p<0.05$），其中已婚居民和未婚居民的评分显著高于离异居民，而已婚居民和未婚居民的评分之间无显著差异。通过分析发现，离异居民72%以上是46岁以上的居民，22%的为36~45岁，也就是说94%以上的离异居民在36岁以上。该年龄阶段的居民在离异情况下，独自面对疫情显得更为脆弱，原本独立稳定的工作和生活遭到了冲击，对生活的幸福感降低。而社会可能对离异居民带有刻板印象，导致他们对社会公平的满意度较低。根据埃里克森发展阶段理论，这个年龄阶段个体的主要目标是发展繁殖感，避免停滞感，关心后代的繁殖和养育，婚姻是对生育最好的法律和物质保证，而婚姻结束后该发展目标受到了影响和阻碍，可能因此而导致他们的精神生活满意度较低。

6. 文化程度差异

通过方差分析发现，在总体幸福感上，不同文化程度之间没有显著差异（$p>0.05$）。在个人发展上，不同文化程度居民的评分存在显著差异，硕士研究生学历居民评分显著高于大专、高中/中专学历的居民评分（$p<0.05$）。除此之外，其余维度不同学历的居民满意度评分无显著差异（$p>0.05$）。近两年，受疫情影响，各行各业都遭受了不少打击，居民的就业前景变得相当不乐观，各大院校研究生招生进一步扩招，2020年研究生的招生人数高达111.4万人，研究生数量的增加，间接影响到招工企业对学历的要求。在学历的硬性标准提高后，相对于其他较低的学历，硕士毕业生的相对优势会凸显出来，因此个人发展满意度更高。

7. 居住地差异

方差分析结果说明，居住在不同行政区的居民在总体幸福感维度上评分无显著差异（$p>0.05$）。除个人发展维度外，在其他维度上不同居住地居民满意度评分无显著差异（$p>0.05$）。在个人发展上，海珠区与荔湾区，两个区的居民满意度评分均居于末位，其评分显著低于其余六个区。作为广州"老三区"的成员，较低的得分反映了老城区的居民对城区的建设或者规划不太满意，提醒政府工作要关注老城区的相关建设。天河区和增城区在个人发展维度上居民满意度均名列前茅。

8. 不同房产状况的差异

通过方差分析发现，拥有不同房产数量的居民在所有维度及总体幸福感的评分均存在显著差异（$p<0.05$）。无房产居民的幸福感最低；在生活质量维度上，有多套房产的居民评分最高，其次是有一套房产的居民。在其余维度上，有多套房产的居民跟有一套房产的居民的评分无显著差异（$p>0.05$），但均高于无房产的居民。在当前社会情境下，房子代表一种安全感，而安全需求在马斯洛需要层次理论中属于基本的需求，因此无房产居民最基本的安全需求并未得到满足，所以这一群体幸福感水平偏低。但拥有多套房产的居民除生活质量维度之外，其余维度的满意度并未显著高于拥有一套房产的居民，所以房产数量本身代表有较多的幸福，且房产数量能够显著提升生活质量水平。换个角度说，房产是个人财产中的一种，更多的物质保障能够提升居民的生活质量。

9. 不同月收入差异

在总体幸福感和七个分维度上，不同月收入水平的居民均差异显著（$p<0.05$）。具体来看，月收入为20000～50000元的居民幸福感水平最高，在生活质量、政府服务、生态环境、精神生活等四个分维度上，与收入为10000～20000元的居民差异不显著，但显著高于其他收入水平的居民。收入为2500～6000元的居民幸福感水平最低，在总体幸福感和其他多个分维度

上显著低于收入为10000~50000元的居民得分。总体来看，随着收入增加，居民的满意度也随之提高，每月收入与各维度的幸福感评分呈现递增趋势，说明居民群体的经济基础在很大程度上影响着居民的幸福感体验。

10. 月消费水平差异

方差分析结果显示，本次调研对象中1000元以下和50000元以上月收入的居民数量较少，不能代表这两类居民的真实状况，在此不做进一步分析比较。不同月消费水平的居民在总体幸福感和各个分维度上得分均存在显著差异（$p<0.05$）。具体来说，月消费水平为20000~50000元的居民幸福感得分最高。其中，除了精神生活维度，在其余维度和总体幸福感的水平上，月消费水平为20000~50000元的居民均高于其他消费水平的居民。整体而言，在不同维度的相邻月消费水平中，幸福感评分差异不显著，在总体幸福感和七个分维度中，随着家庭月消费水平的增高，居民的幸福感呈递增趋势。消费水平也体现居民的物质财富水平，物质财富越丰富，幸福感也更高。

11. 职业类型差异

不同职业的居民在总体幸福感和七个分维度上的得分均存在显著差异（$p<0.05$）。政府公务员、学生这两类居民幸福感水平较高，而失业或者下岗和农民群体的居民幸福感水平最低。可以看出，在疫情来袭后的两年里，稳定职业的居民幸福感普遍较高，而学生仍未步入社会，在严峻社会环境下仍然有较高的幸福体验感。同时期，农民的农作物买卖不顺，生活遭受一定影响，幸福感相对较低。这也提示广州政府应在严峻的疫情情况下，更多的重视失业者，对失业的救助保障尤为重要。

12. 居民相对剥夺感

65.35%的受访者认为"我应该过上比现在更好的生活"，1.55%的受访者不同意这种说法；34.65%的受访者认为"我现在的生活就是原先想要的生活"，14.50%的受访者表示不同意；另有36.05%的受访者认为"我现在的生活比原来预想的更好"，15.90%的受访者表示不同意。从数据可得，目前广州市居民的相对剥夺感仍较为普遍。

如表3所示，相对剥夺感在不同社会群体中存在差异，具体表现为：在不同性别上差异不大，女性的相对剥夺感略高于男性；相对剥夺感与年龄呈相关的趋势，随着居民年龄的上升，相对剥夺感呈现为下降的状态；除丧偶居民外，不同婚姻状态居民相对剥夺感大致相同，但参与调研的丧偶居民数目较少，不足以做参考；受教育程度不同的居民相对剥夺感差异不大，表现大致相同；对不同职业的居民而言，相对剥夺感最高的是学生居民，其他职业和自由职业者居民的相对剥夺感也都处于较高水平，而政府公务员相对剥夺感最低；相对剥夺感在收入水平上差异不大，收入水平越高的居民相对剥夺感呈现降低的趋势。

表3　2021年居民的相对剥夺感现状

单位：%

分类		相对剥夺感的状况		
		我应该过上比现在更好的生活	我现在的生活就是我原来想要的生活	我现在的生活比原来预想的更好
性别	男	60.10	36.38	36.19
	女	71.16	32.74	35.89
年龄	18~25岁	72.33	27.33	31.33
	26~35岁	72.25	32.25	31.00
	36~45岁	67.20	36.80	39.80
	46~55岁	63.00	37.00	38.50
	56~65岁	54.33	38.00	37.33
	66岁及以上	50.00	36.00	38.00
婚姻状况	未婚	73.01	30.67	33.95
	已婚	62.45	36.71	36.99
	离异	63.24	20.59	32.35
	丧偶	90.48	33.33	33.33
文化程度	初中及以下	64.15	29.25	44.34
	高中及中专、职高	60.00	34.33	34.63
	大专	64.00	32.99	34.95
	本科	70.68	37.89	36.99
	硕士	40.00	35.00	35.00
	博士	70.00	30.00	30.00

续表

分类		相对剥夺感的状况		
		我应该过上比现在更好的生活	我现在的生活就是我原来想要的生活	我现在的生活比原来想的更好
职业	政府公务员	50.00	65.38	53.85
	企事业单位职员	69.07	37.92	34.32
	企事业单位管理人员	68.66	43.78	44.78
	各类专业技术人员	59.71	35.44	36.89
	自由职业	70.43	32.89	36.88
	军人警察	33.33	100.00	33.33
	外来务工者	62.96	31.48	35.19
	离退休人员	53.25	35.50	39.83
	农民	61.90	3.76	9.52
	失业或下岗	59.26	14.81	18.52
	个体户	58.08	34.13	34.13
	学生	77.42	22.58	32.26
	其他	70.20	26.26	31.31
房产	没有	68.00	24.66	30.88
	一套	63.06	41.69	39.51
	多套	67.36	38.89	39.58
家庭人均月收入	1000元以下	82.35	29.41	37.06
	1000~2500元	61.11	11.11	22.22
	2500~4000元	67.35	29.87	35.06
	4000~6000元	72.17	23.11	31.60
	6000~8000元	60.94	29.61	31.76
	8000~10000元	60.73	30.79	41.81
	10000~20000元	66.67	37.44	33.64
	20000~50000元	64.38	44.06	38.52
	50000元以上	70.37	43.40	49.06
家庭每月消费金额	1000元以下	75.86	17.24	27.59
	1000~2500元	63.47	29.22	40.64
	2500~4000元	70.11	27.45	39.13
	4000~6000元	59.78	36.26	36.70
	6000~8000元	63.54	38.73	26.58
	8000~10000元	66.34	36.63	35.31
	10000~20000元	70.62	41.24	43.50
	20000~50000元	75.00	38.64	43.18
	50000元以上	60.00	40.00	50.00

13. 居民的心声

如图3所示，2021年影响居民幸福感的因素，最重要的是生活质量，这个因素被选比例为59.15%，其次为个人发展（34.90%）、社会环境（29.80%）和精神生活（24.45%），生活环境和社会公平这两个选项的被选比例相对较低。如图4所示，2021年居民希望改善的幸福感因素中，最渴望改善的因素为生活质量（38.75%）和社会环境（34.30%），其次为社会公平（26.45%）。

因素	比例(%)
生活环境	12.10
社会公平	15.45
政府服务	16.10
精神生活	24.45
社会环境	29.80
个人发展	34.90
生活质量	59.15

图3 2021年影响居民幸福感的因素

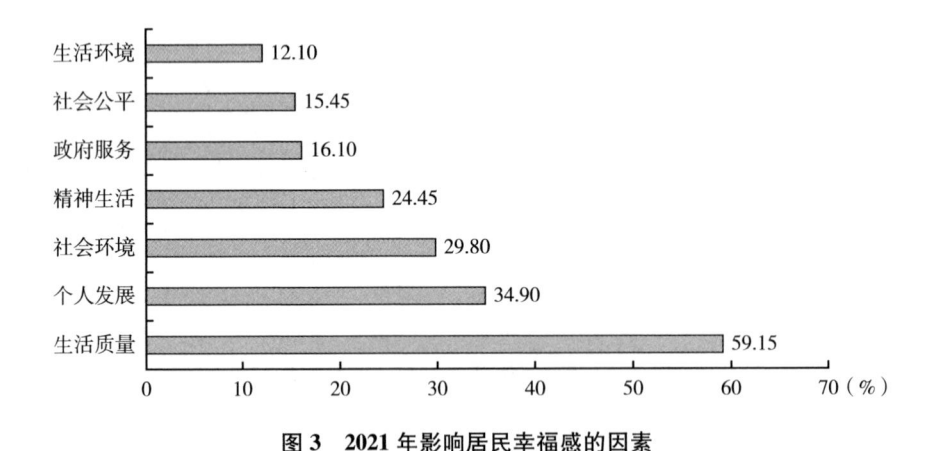

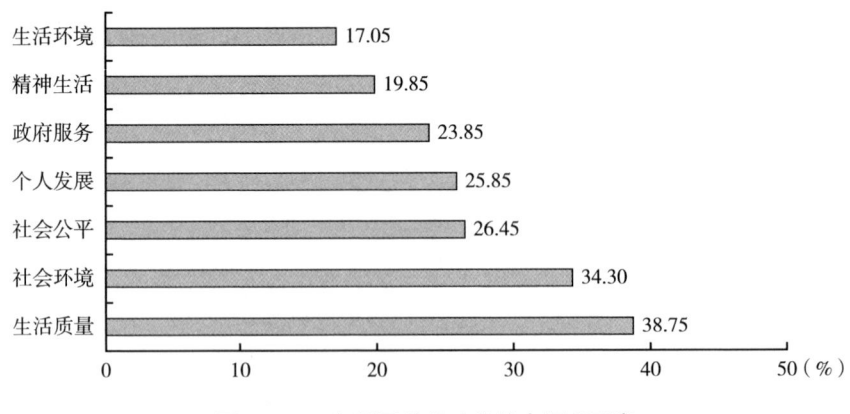

因素	比例(%)
生活环境	17.05
精神生活	19.85
政府服务	23.85
个人发展	25.85
社会公平	26.45
社会环境	34.30
生活质量	38.75

图4 2021年居民希望改善的幸福感因素

通过进一步数据分析，在生活质量这一指标上，居民对于住房状况和消费水平这两个项目满意度相对较低；在个人发展一级指标上，居民对收入及增长状况这个项目的满意度相对较低；在社会环境一级指标上，居民对食品药品安全状况满意度相对较低；在社会公平一级指标上，居民对社会分配公平和诉求表达渠道满意度相对较低。

习近平总书记指出：住房问题，既是民生问题也是发展问题，关系千家万户切身利益，关系人民安居乐业，关系经济社会发展全局，关系社会和谐稳定。而居民的消费水平在很大程度上受整体经济状况的影响，在近两年经济状况的影响下，收入水平的不稳定自然影响居民的消费水平，要继续坚持发展经济，以整体带动提升居民收入水平，进而提升居民的消费水平。

（二）2018年、2019年与2021年广州市居民幸福感状况对比分析

1. 总体情况对比

如图5所示，从总体幸福感来看，2018年与2019年的评分差异很小，而2021年度居民的总体幸福感得分有所下降，但下降幅度不大；在社会环境、政府服务、精神生活维度上，与之前两个年份持平或者略有提升；在生活质量、个人发展、社会公平和生态环境等维度上，2021年的幸福感评分都略有下降。这些数据表明，广州市政府在这两年做出的各方面努力是收到成效的，在新冠肺炎疫情发生的时期依然维持居民较高的幸福感。同时，由于新冠肺炎疫情引起的人们对生活、未来发展的担忧而导致在个人发展维度的幸福感降低也是可以预见的。

2. 性别差异对比

2018年的测评结果表明，男性居民在精神维度上的得分显著高于女性居民，但其他维度和总体幸福感得分无显著差异（$p>0.05$）；在2019年，男性居民和女性居民在分维度和总体幸福感得分均出现显著差异（$p<0.05$）；2021年，男性居民和女性居民在总体幸福感得分有显著差异（$p>0.05$），在个人发展和社会公平维度上男性居民得分显著高于女性居民，而其他维度上没有差异。

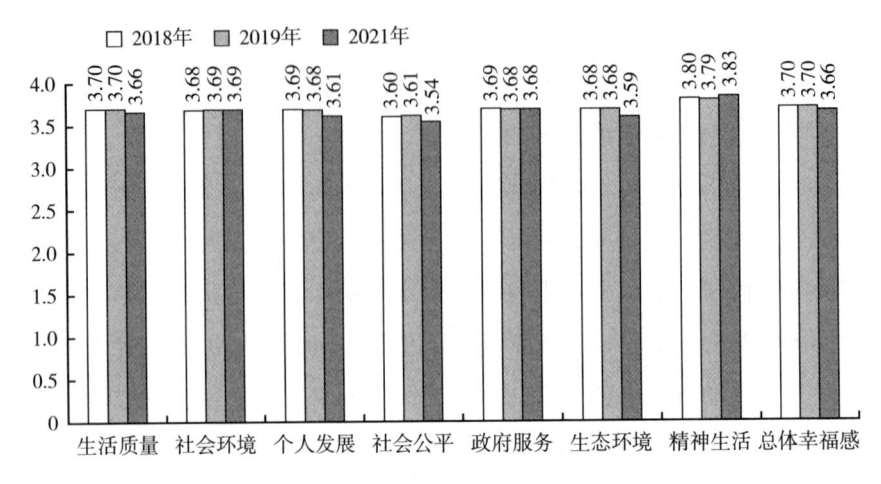

图 5　2018 年、2019 年与 2021 年广州市居民幸福感状况比较

3. 年龄差异对比

2021 年各年龄段居民的总体幸福感和各维度评分与 2018 年、2019 年相比有显著差异，而 2018 年与 2019 年之间评分差异不大。2021 年不同年龄段居民幸福感评分表现为 45 岁以下的居民幸福感评分较往年有所下降，而 46~65 岁年龄段的居民幸福感较往年差异不大；在 66 岁及以上的居民中，幸福感有较为显著的下降，在生活质量、个人发展、社会公平、生态环境维度以及总体幸福感上表现尤为明显。

4. 婚姻状况差异对比

2018 年度已婚居民在总体幸福感、生活质量、社会环境、生态环境和精神生活上的满意度评分均为最高，丧偶居民除社会服务和社会环境外，在其他维度的满意度评分均为最低；2019 年度未婚居民的总体幸福感和各维度评分较 2018 年有所下降，已婚状况的居民评分与往年相比差异较小，离异居民的评分在总体幸福感、政府服务、社会公平、社会环境四个维度上均有较明显上升；2021 年度未婚居民在总体幸福感和各维度上的满意度评分均为最高，而已婚状况的居民评分较往年有所下降，离异状况的居民幸福感评分跌至近年来较低水平。

5. 教育程度差异对比

2018年结果显示，博士和本科学历的居民总体幸福感得分较高，而初中及以下学历的居民得分最低。2019年测评结果显示，学历为高中及中专、职高，博士的居民满意度最高，而学历为初中及以下、大专的居民满意度最低；在生态环境和精神生活维度上，学历为硕士的居民得分最低。

在2021年测评中，受教育程度不同的居民在除个人发展外的各维度上幸福感评分均无差异，与2019年的比较中，除了高中及中专、职高以及博士的居民幸福感有所下降，在其他维度以及总体幸福感上，各学历的居民幸福感评分都有所提升。对比三年的调研结果，不难发现，学历高的居民，其幸福感体验并不一定也高。从整体来看，文化水平与幸福感不成正比，还受其他因素影响。

6. 月收入差异比较

因三年调查样本中家庭月收入4000元以下和50000元以上的人数较少，不具有代表性，故不做进一步比较分析。在幸福感各个维度上，2021年度调研表明，月收入为中低水平的居民幸福感较2018年、2019年有明显提升，而中高收入的居民幸福感评分较2018年、2019有所降低，在20000~50000元收入的高收入居民中，2021年的幸福感评分为三年最低。

7. 月消费水平差异比较

综观三年的数据可以发现，2018年和2019年，不同消费水平的居民在总体幸福感和所有维度上的幸福感评分有明显差异，且总趋势相同，说明不同收入之间的幸福感存在明显的差异。而2021年测评结果表示，不同消费水平的居民群体，在1000~20000元的区间内，居民的幸福感评分都较为接近，没有较大的差异。这说明不同消费水平的居民都能够得到较高的幸福感，而不是直接与消费水平高低挂钩。与2018年和2019年相比，2021年的居民评分，在低消费水平的群体中提高了，但在高消费水平的群体中小幅下降。说明政府近年来促进各消费水平的居民获得高幸福感的工作是有成效的，但也需要注意到高消费水平群体的居民幸福感小幅下降的情况。

8.职业类型差异比较

通过三年的数据可以发现，2018年和2019年两个年份中，不同职业间的幸福感评分比较，在总体幸福感和各个分维度上均存在明显差异，表现在自由职业者和个体户的幸福感较高，而专业技术者和外来务工的幸福感相对低一些，不同职业的幸福感跨年度接近。从总体幸福感来看，2021年的幸福感评分表现为各职业幸福感接近，无显著差异，在专业技术者、外来务工和离退休人员居民的幸福感有较明显的提升，而自由职业者和个体户的幸福感较往年下降，这可能是受到疫情的影响。在各维度上的比较与总体幸福感类似，这说明政府在促进公平的方向上收到成效，同时也要关注到幸福感下降的职业，给予更多的关怀。

9.居民相对剥夺感比较

如表4所示，就整体情况而言，与2018年、2019年相比，2021年认为"我应该过上比现在更好的生活"的人数比例有所上升，认为"我现在的生活就是我原来想要的生活"和"我现在的生活比原来想的更好"的比例有所下降。

表4　2018年、2019年和2021年居民相对剥夺感总体情况比较

单位：%

类别	我应该过上比现在更好的生活			我现在的生活就是我原来想要的生活			我现在的生活比原来想的更好		
	2018年	2019年	2021年	2018年	2019年	2021年	2018年	2019年	2021年
同　意	61.80	62.40	65.35	39.75	43.65	34.65	44.70	45.95	36.05
不同意	3.25	3.15	1.55	12.20	12.75	14.50	11.25	11.60	15.90

根据三年的调研结果来看，广州市居民的相对剥夺感仍然较为普遍。如表5所示，相对剥夺感在不同社会群体中存在差异：2018~2021年，男女居民的相对剥夺感大体相同；相较于2018年、2019年，2021年中18~35岁的居民相对剥夺感有明显下滑，而其余年龄段的居民相对剥夺感相比较没有

太大差异；2018年与2019年婚姻状况不同的居民相对剥夺感相对没有变化，离异居民的相对剥夺感最高，而2021年未婚居民的相对剥夺感最高；2018年则为博士学历居民的相对剥夺感最高，而2019年相对剥夺感没有特别大的差异，表现为初中及以下与博士学历居民的相对剥夺感较低，2021年同样是学历为博士的居民体验的相对剥夺感最高；2018年的职业数据中，职业为军人警察、外来务工者的相对剥夺感较高，该数据在2019年的报告中则表现为外来务工和离退休人员的相对剥夺感较高，在2021年的职业数据中，外来务工者、失业或下岗和学生的相对剥夺感较高；2018年表现为月收入为50000元以上的居民相对剥夺感较高，2019年表现为月收入为20000~50000元的居民相对剥夺感较高，2021年则是4000~6000元以上居民的相对剥夺感较高。

表5 2018年、2019年与2021年居民的相对剥夺感现状

单位：%

类别		相对剥夺感的状况								
		我应该过上比现在更好的生活			我现在的生活就是我原来想要的生活			我现在的生活比原来想的更好		
		2018年	2019年	2021年	2018年	2019年	2021年	2018年	2019年	2021年
性别	男	62	64	60	40	45	36	44	46	36
	女	61	61	71	39	42	33	45	46	36
	18~25岁	62	63	72	38	43	27	42	52	31
	26~35岁	63	58	72	43	44	32	48	45	31
	36~45岁	61	64	67	38	48	37	47	50	40
	46~55岁	63	62	63	39	42	37	45	42	39
	56~65岁	60	65	54	43	41	38	41	39	37
	66岁及以上	60	64	50	35	38	36	39	48	38
婚姻状况	未婚	64	58	73	39	23	31	40	32	34
	已婚	61	63	62	40	45	37	45	47	37
	离异	78	61	63	33	46	21	48	52	32
	丧偶	0	31	90	0	31	33	33	8	33

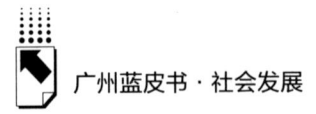

续表

类别		相对剥夺感的状况							
		我应该过上比现在更好的生活			我现在的生活就是我原来想要的生活			我现在的生活比原来想的更好		
		2018年	2019年	2021年	2018年	2019年	2021年	2018年	2019年	2021年
文化程度	初中及以下	33	45	64	56	36	29	22	27	44
	高中及中专、职高	69	65	60	31	41	34	36	40	35
	大专	61	58	64	32	37	33	42	45	35
	本科	61	63	71	43	47	38	47	48	37
	硕士	65	68	40	34	32	35	38	38	35
	博士	89	47	70	67	37	30	78	47	30
职业	政府公务员	71	66	50	59	44	65	60	42	54
	企事业单位职员	57	65	69	36	48	38	42	51	34
	企事业单位管理人员	61	65	69	44	47	44	47	51	45
	各类专业技术人员	67	55	60	40	40	35	43	37	37
	自由职业	58	54	70	35	42	33	43	50	39
	军人警察	100	44	33	25	67	100	13	78	33
	农民	0	38	53	0	0	36	0	0	10
	外来务工者	60	64	62	19	26	4	30	31	35
	离退休人员	64	58	63	23	29	31	23	22	40
	失业或下岗	50	29	59	0	14	15	0	7	19
	个体户	65	72	58	52	43	34	69	50	34
	学生	55	40	77	27	0	23	27	0	32
	其他	100	0	70	100	0	26	100	0	31
家庭人均月收入	1000元以下	0	33	82	0	0	29	0	0	37
	1000~2500元	0	32	61	0	26	11	0	42	22
	2500~4000元	0	28	67	0	10	30	0	21	35
	4000~6000元	56	61	72	28	32	23	36	36	32
	6000~8000元	52	56	61	29	44	30	33	40	32
	8000~10000元	64	62	61	35	43	31	43	44	42
	10000~20000元	64	62	67	41	42	37	46	42	34
	20000~50000元	62	73	64	51	56	44	54	66	39
	50000元以上	67	56	70	50	41	43	33	48	49

10. 居民心声的比较

如图 6 所示，在这三个年份影响广州市居民幸福感因素的比较中，2018年与 2019 年的受访者中有接近 50%的比例认为生活质量是影响幸福感体验的最重要因素，而这个数据到了 2021 年，甚至上升至约 60%，这说明生活质量这个因素的重要性随时间上升，而不足 20%的受访者选择政府服务的因素，同时发现精神生活的重要性在逐年提高。

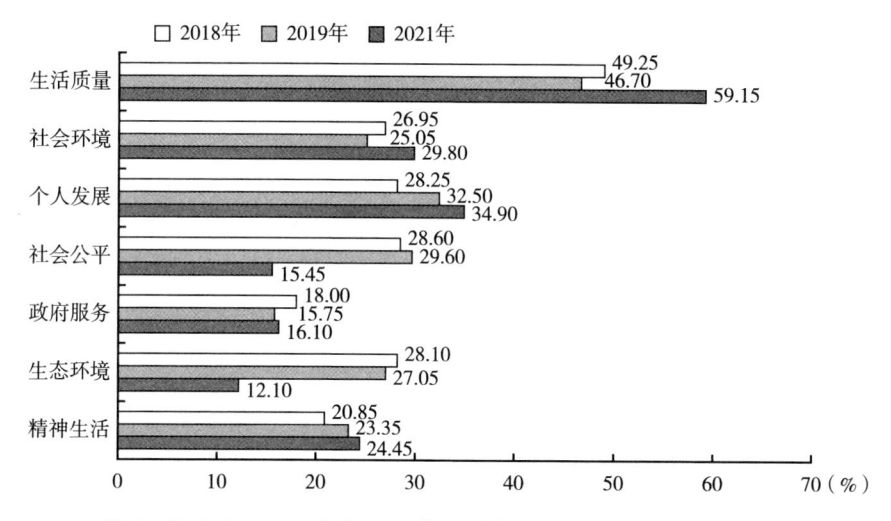

因素	2018年	2019年	2021年
生活质量	49.25	46.70	59.15
社会环境	26.95	25.05	29.80
个人发展	28.25	32.50	34.90
社会公平	28.60	29.60	15.45
政府服务	18.00	15.75	16.10
生态环境	28.10	27.05	12.10
精神生活	20.85	23.35	24.45

图 6 2018 年、2019 年与 2021 年影响广州市居民幸福感因素的比较

三年数据可见，生活质量是居民最为迫切希望改善的因素，而精神生活在居民的意见里都是排序较后的选项，这也说明只有在生活质量得到显著提升的情况下，居民才能更多地去考虑精神生活相关的问题。

五 建议与对策

对居民幸福感进行调研，用问卷量化广州市居民的幸福感，能够作为衡量和评价广州社会的良好运行与广州政府工作效果的"标尺"。2021 年，幸福感的测评结果能在一定程度上反映现阶段广州市居民对幸福广州建设的真实感受和具体诉求。根据年度报告，广州市各级政府可参考幸福感数据反映的各个指标及其背后的原因，并以此为导向，探索未来工作方向，这也体现了"从群众中来，到群众中去"的工作方针，进一步体现"为人民服务"的宗旨。

在建立居民幸福感评价指标体系的基础上，对广州市居民幸福感情况进行了多年的跟踪调研。综观2018年、2019年与2021年的调研结果，2021年的幸福感数据显示，居民在个人发展、社会公平、生态环境维度上的评分略有下降，但差异不显著，而在总体幸福感和其他三个维度上的评分都基本持平或提升。经历新冠肺炎疫情的两年里，依然能将广州市居民的幸福感维持在一个较高的水平，说明政府在各个幸福指标维度上的工作是有成效且得到居民认可的。

针对三个不同年份的居民幸福感调研结果，同时结合相关研究及相关文献的参阅，以实现"幸福广州"为终极目标，本团队提出以下几点建议。

（一）改善住房状况，提升生活质量

在"幸福广州"的幸福感测评指标中，生活质量权重最高，在近些年来的三次调研中，认为自身的幸福感体验与居民生活质量关系最紧密的受访居民占比越来越高，超过35%的受访居民认为要提高幸福感体验，关键是提升生活质量。2021年，对生活质量维度下的二级指标比较发现，住房状况是居民最不满意的项目，满意度最低。在经济飞速发展的当下，房价一路飞升，近年来房地产行业的火爆也体现了这个趋势。可知住房是影响居民幸福感体验的重要因素。在这个基础上，本团队认为，提升居民生活质量的关键点在于保障居民的住房情况。是否拥有住房直接影响到居民面对经济困难时的安全感状况。政府应从两方面着手，一是稳定市场价格，让大家转变住房观念，确立房子是用来住的；二是要解决当下年轻人的住房问题，实现多主体供给、多渠道保障、租购并举的住房制度。

（二）保障食品药品安全，优化社会环境

对社会环境维度下的二级指标进行分析，2021年，食品药品安全已经

成为广州市居民满意度最低的问题。在当今社会，人们对于食品药品安全等关系到百姓安全的问题更加关注，因此保障食品药品安全显得尤为重要。面对新冠肺炎疫情来袭，在食品药品安全问题中，特别是药物和新冠肺炎疫苗的安全显得尤为重要。针对这个问题，我们提出以下几点建议：第一，各级政府加大投入，对各级食品药品监督管理局的财政投入应能够保证监管人员的充实、保证检验设备的优化、保障各部门经费的落实；第二，优化食品安全检验检测体系，从多方面加强食品药品安全的检测，保证检验检测体系的高效协调运行；第三，制定行业的硬性标准并予以执行，规范行业的组织和参与人员，提升行业水平；第四，充分发挥现代社会多媒体和人民群众的监督作用。

（三）提高居民的整体收入水平，推进个人发展

对个人发展维度下的二级指标进行分析，在2021年度，广州市居民对当前的收入及其增长状况的满意度相较于其他项目更低。我们认为，首先，要做到提高广州市居民的整体收入，保障经济良好发展，把蛋糕做大；其次，减小不同层次之间人群的收入差距，促进分配公平，把蛋糕分好。应发扬中国人民勤劳致富和艰苦奋斗的精神，鼓励广州市居民通过劳动，去创造自己想要的未来，通过拼搏，提高收入，提升生活水平。在提升整体水平的同时，也要切记低收入者的存在，保障并提高低收入者收入，不断扩大中等收入者比例，才是推进居民个人发展的重要措施。

（四）全面深化改革，促进社会公平

对社会公平维度下的二级指标进行分析，2021年，对于社会分配公平的问题，广州市居民的满意度表现为最低。自改革开放实施以来，我国GDP总量从当年世界第十一攀升至世界第二，人均GPD也实现了飞跃。但也要意识到，在我国，实际上存在利益分配不均的情况。党的十九大报告中也指出，必须始终把人民利益摆在至高无上的地位，让改革发展成果更多更公平地惠及全体人民。我们提出以下几点建议：第一，坚持按劳分配原则，

完善按要素分配的机制，促进分配有序合理地进行；第二，鼓励勤劳致富，艰苦奋斗，保障低收入人群收入，扩大中等收入人群数量，合理调节过高收入，取缔非法收入；第三，拓宽居民收入渠道，创造就业机会，履行好政府再分配的调节职能，缩小过大的收入分配差距；第四，合理利用互联网和媒体，实现跨地区的资源交流互通，减少因资源分配不合理造成的影响。

（五）促进生态文明建设，保护生态环境

对生态环境维度下的二级指标进行分析，2021年，对于空气质量和噪声控制情况，广州市居民有较大的担忧。党的"十九大"高度重视生态文明的建设，生态文明建设也是中国特色社会主义事业中"五位一体"总体布局的一员。生态文明建设是关系中华民族永续发展的根本大计。保护生态环境，刻不容缓。但保护并不意味着要影响发展，深刻理解"绿水青山就是金山银山"。我们建议，面对当下情况，政府必须大力推进生态文明建设，着力推进绿色发展，循环发展，低碳发展；建立相关法律制度，政策导向，建立健全发展体系；构建政府主导，企业为主体，各社会组织和人民群众共同参与的治理体系；利用好媒体和互联网的作用，做好相关生态保护的宣传和落实。

（六）健全社会心理服务体系，提升全民幸福感

根据2021年广州市居民幸福感的调研报告发现，居民的总体幸福感在逐年稳步上升，但在不同的情况下，居民间的幸福感仍存在较大的差异。上文中提到的相对剥夺感，便是反映了个体以及群体之间不公平程度的指标，也可以视为个体对自身情况进行分析后做出的判断感受。近年来，尽管经济飞速发展，但社会的发展仍然存在不平衡。对于这种现象，建立健全的社会心理服务体系显得非常重要。我们提出以下几点建议：第一，按照《社会治安综合治理　综治中心建设与管理规范》等的要求，在县、乡、村各级综治中心或城乡社区综合服务设施规范建立心理咨询室，为村（社区）群众提供心理健康教育和心理咨询服务。第二，把握城市老年活动中心或妇女

之家等服务设施，为空巢、丧偶、留守老年人，孕产期和遭受意外伤害妇女及其亲属提供心理疏导、情绪排解、家庭关系协调等心理健康服务。第三，加大资金投入，保障心理服务人才的培训和建设，组建心理健康领域社会工作专业队伍、心理咨询人员队伍和志愿者队伍。第四，利用互联网科普心理健康相关知识，利用各种宣传方式广泛宣传和科普心理健康知识。第五，大力发挥广州市的"幸福广州心理服务与辅导基地"的作用，该团队会为推进社会和谐发展、建设幸福广州贡献属于该基地的一份力量。也希望借此平台，积极推广社区性质的心理服务，进一步规范广州市内心理服务机构，督促心理服务行业的发展，共同创造适合广州的心理健康工作模式，让各界人士提高对心理健康工作的关注和重视，合力建设"幸福广州"。

综上所述，提升广州市居民幸福感，"幸福广州"的建设必然是一项需要全体人民持之以恒进行的工程。这个过程关系到各方各面，生活质量、社会环境、个人发展、社会公平、政府服务、生态环境、精神生活这7项幸福感指标并非彼此独立，而是你中有我，我中有你，相辅相成的。所以，在广州城市整体的建设过程中，政府应做到统筹兼顾，促进协调发展。

B.19
广州青少年志愿服务的参与特征、短板与优化路径研究

孙 慧 巫长林*

摘　要： 研究发现，广州青少年志愿服务的参与呈现组织动员行政化、教育培训专业化、保障体系规范化、激励机制系统化、服务对象多元化、服务内容日常化、服务时间碎片化等特点。同时存在参与时间碎片化导致人员组织难度大、行政化动员方式影响活动知晓率和社会认可度、常态化的资源保障不足、服务的有效供给与需求匹配效果不佳等痛点与难点。本报告提出了强化职能部门联动协同，健全完善青少年志愿服务工作机制；注重激励、创新方式，吸引青少年持续参与志愿服务；加强志愿文化宣传，提升志愿服务的社会认可度；完善资源保障体系等对策建议。

关键词： 志愿服务　志愿文化　碎片化

一　研究背景

党中央高度重视志愿服务工作，习近平总书记在不同场合的讲话中对志愿者及相关工作表达关切之情。从实践上来看，志愿服务已经成为服务社会主义现代化建设、完善社会动员机制、加强青少年思想品德教育、助力青少

---

* 孙慧，广州市团校助理研究员，主要研究方向为青年工作、志愿服务；巫长林，广州市团校助理研究员，主要研究方向为共青团工作、港澳青年群体研究。

年成长成才的重要创举，共青团也将推动发展青少年志愿服务事业作为新时期开展青年工作的重要思路和方式方法。

广州是中国志愿服务事业的重要发源地，通过多年深耕，不断探索青少年参与志愿服务的新形式和新机制，在促进青少年志愿服务发展方面取得了良好成效。志愿服务已成为广州青少年了解社会、提升素质、培育品德的重要渠道。新时代对广州青少年志愿服务事业的发展提出了新要求，需要充分了解广州青少年志愿服务发展现状，并在此基础上，总结提炼契合广州青少年志愿服务发展的新特征，破解青少年志愿服务参与中的难点、痛点，优化广州青少年志愿服务参与路径。

二 研究方法

（一）研究对象

本报告的研究对象为青少年，按照公安部门的统计标准，青少年的年龄介于13~25周岁，基本处于中学阶段（包括初中、高中）与大学阶段。在实际取样过程中，我们发现同一年级的学生年龄上存在差异，考虑到调查样本的整体性，我们在抽样时并非严格以年龄为标准，而是将初中生、高中生以及大学生均作为此次调查的研究对象。

（二）调查方法

本次调查研究采用座谈会、个案访谈、问卷调查、文献分析等方法。共计召开6场座谈会，座谈会包括中学与高校教师座谈以及深圳、杭州等城市志愿服务工作者座谈。个案访谈共计访谈了12名青少年，涵盖本科生、大专生、高中生、初中生等不同层次。本次调查共发放调查问卷2000份，回收1985份，有效问卷回收率达99.25%。在文献分析方面，对广州市青少年志愿服务政策发展情况以及相关保障、激励、培训等机制进行了梳理，为调研打下坚实的政策及理论基础。

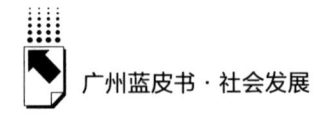

（三）样本基本情况

本次调查研究共发放2000份调查问卷，回收有效问卷1985份，其中初中生488名，高中生500名，大学生997名；性别方面，男生占比46.2%，女生占比53.8%；政治面貌以共青团员为主，占比69.3%，中共党员占比2.1%，群众占比28.2%；宗教信仰方面，无宗教信仰学生占比93.9%；户籍方面，广州户籍学生占比37.4%，外地户籍学生占比62.6%（见表1）。

表1 样本基本情况

	分类	频率	百分比(%)
性别	男	917	46.2
	女	1068	53.8
户籍	广州户籍	741	37.4
	外地户籍	1239	62.6
政治面貌	中共党员	42	2.1
	共青团员	1375	69.3
	其他民主党派人士	7	0.4
	群众	560	28.2
宗教信仰	有	120	6.1
	无	1860	93.9
群体类别	初中生	488	24.6
	高中生	500	25.2
	大学生	997	50.2

资料来源：调查数据。

三 广州青少年志愿服务参与的总体情况

（一）系统注册青少年志愿者人数持续攀升

广州是中国内地志愿服务的发源地，近几年，志愿者人数持续攀升。据广州青年志愿服务信息管理系统数据显示，截至2021年12月7日，广州市实名注册志愿者人数达到 426.17 万人，占广州市常住人口约 22.82%，占广东省实名注册志愿者总数约 30.73%，居全省第一。其中 35 岁以下青年志愿者共 346.26 万人，占比 81.25%。在青少年志愿者人数方面，据统计，"志愿时"系统登记注册的广州青少年志愿者人数每年均呈递增趋势：截至 2018 年 12 月 31 日，广州市在"志愿时"系统登记注册的 14~22 岁青少年志愿者人数为 887647 人，2019 年这一数据为 1025013 人，截至 2020 年 10 月 30 日，这一数据为 1230391 人。2018~2020 年，广州市在"志愿时"系统登记注册的 14~22 岁志愿者总人数增长了 342744 人，增长率为 38.61%。

（二）志愿服务参与动机凸显社会责任感

志愿者参加志愿服务，既有体现社会价值的需求，比如帮助他人、关怀社会、服务社会、履行公民责任等，也有一部分是受个人利益所驱动，如丰富经验、培养组织及领导才能、拓宽人际交往、获得相应的奖励和优惠政策等。这些都可以归为志愿者参与志愿服务的动机。分析发现，广州青少年参与志愿服务最主要的原因是帮助有需要的人，回应社会需要（59.1%）；其次为认同"助人为快乐之本"的价值观（58.3%）；最后是尽公民责任，回报社会（28.7%）。

为进一步探讨志愿服务动机类型，我们将受访青少年参与志愿服务的动机归类为以"责任感"为轴心的传统性动机、以"发展"为轴心的现代性动机以及以"快乐"为轴心的后现代性动机。其中，"帮助有需要的人，回应社会需要""参与改善社会问题""尽公民责任，回报社会"归为责任感型动机；将"希望发挥一己所长""感知自我价值""学习新的技能""扩宽社交圈子""丰富经验，自我成长""培养组织及领导才能""为未来工作做准备""完成学业任务"归为发展型动机；将"认同'助人为快乐之本'的价值观""善用业余空闲时间""寻求新刺激，拓宽生活体验""赶潮流，追时尚""出于对志愿服务的好奇心"归为快乐型动机。

由表 2 可以看出，广州青少年志愿者的参与动机更多体现为"责任感型"，是为了帮助有需要的人以及回报社会，更多地表现出一种利他性；"发展型"的现代性服务动机也占据较高比例；同时"快乐型"的后现代服务动也受到较高重视。这表明青少年志愿者参与志愿服务的动机是多元化的，既有帮助他人、回报社会的利他动机，也有充实自我、提高综合素质的利己需求；同时注重参与志愿服务过程中的内在心理感受，追求一种快乐感和幸福感。

表2 广州青少年志愿者的参与动机（多选）

单位：%

动机类型	志愿服务动机	百分比	合计百分比
责任感型	帮助有需要的人，回应社会需要	59.1	106.6
	参与改善社会问题	18.8	
	尽公民责任，回报社会	28.7	
发展型	希望发挥一己所长	17.6	94.3
	感知自我价值	21.0	
	学习新的技能	16.9	
	为未来工作做准备	2.1	
	扩宽社交圈子	7.0	
	丰富经验，自我成长	22.7	
	培养组织及领导才能	3.3	
	完成学业任务	3.7	
快乐型	寻求新刺激，拓宽生活体验	2.1	68.6
	善用业余空闲时间	6.7	
	赶潮流，追时尚	0.3	
	认同"助人为快乐之本"的价值观	58.3	
	出于对志愿服务的好奇心	1.2	

资料来源：调查数据。

（三）志愿服务参与满意度较高

在对参加志愿服务活动的满意度方面，87%的青少年志愿者对参加过的志愿服务工作感到满意，其中感到很满意的占28.2%；觉得比较满意的占58.8%。对参加过的志愿服务感到不满意的不到1%，此外还有12.4%的青少年志愿者对参加过的志愿服务工作满意度一般（见图1）。

对志愿者参加志愿服务后的心理感受进行分析发现，大部分受访者参加志愿服务后的心理感知是积极正面的，在服务过程中持有一颗快乐的心。34.1%的青少年志愿者表示参加志愿服务后总是非常快乐；54.5%的人大多数时候快乐；还有9.5%的人表示参加志愿服务后感受复杂，说不清（见图2）。

广州青少年志愿服务的参与特征、短板与优化路径研究

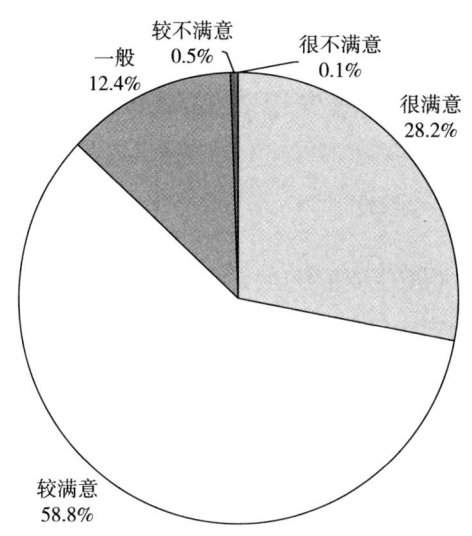

图1　对参加过的志愿服务工作的整体满意度

资料来源：调查数据。

访谈中也有很多青少年志愿者表示，参加志愿服务可以帮助到别人，自己有比较强烈的被需要感，因此参与志愿服务后内心感到很快乐、很满足。

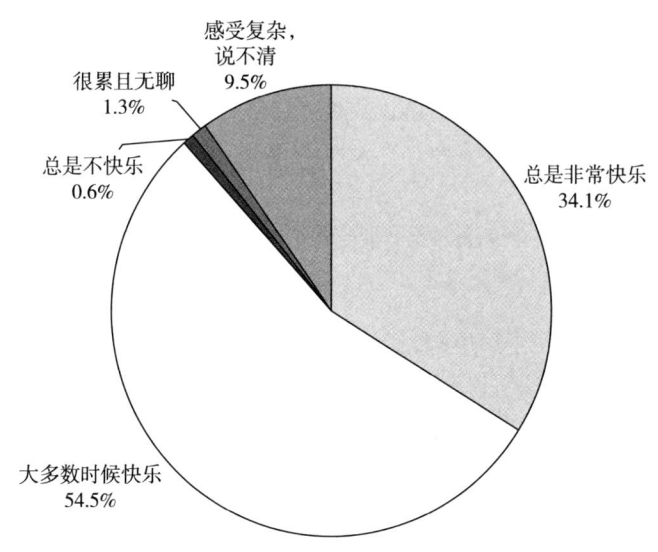

图2　志愿者参与志愿服务后的心理感受

资料来源：调查数据。

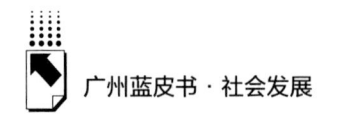

四 广州青少年志愿服务参与特征

(一)组织动员行政化

1.志愿服务信息获取主要依托学校平台

调查发现,广州青少年获取志愿服务信息最主要的途径是学校团委、学生会、学校志愿团体,所占比例为44.5%;其次为志愿服务官方网站,占比23.7%;再次是通过同学、朋友或老师等,占比13.2%(见图3)。从群体差异来看,中学生尤其是初中生通过学校平台获取志愿服务信息的比例显著高于大学生。

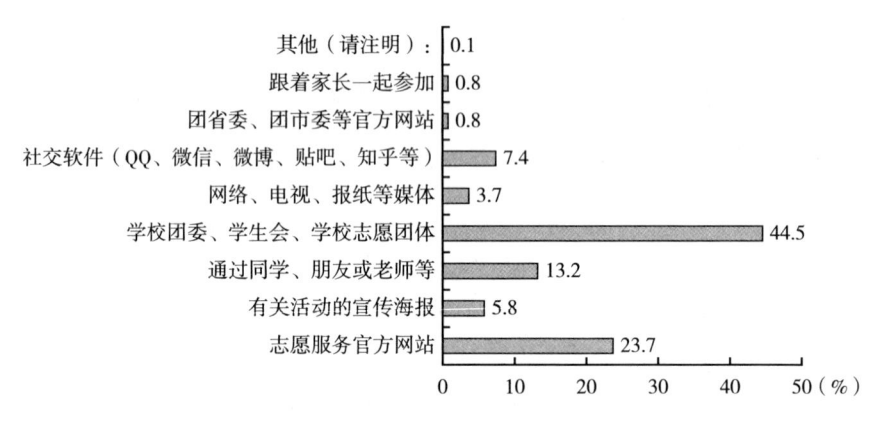

途径	比例(%)
其他(请注明)	0.1
跟着家长一起参加	0.8
团省委、团市委等官方网站	0.8
社交软件(QQ、微信、微博、贴吧、知乎等)	7.4
网络、电视、报纸等媒体	3.7
学校团委、学生会、学校志愿团体	44.5
通过同学、朋友或老师等	13.2
有关活动的宣传海报	5.8
志愿服务官方网站	23.7

图3 广州青少年获取志愿服务信息最主要的途径

2.志愿服务活动主要由学校组织开展

调查发现,51.5%的青少年表示参加的志愿服务活动主要是由所在学校组织的;21.3%的青少年主要参加政府系统、团市委、青年志愿者协会等官方组织的志愿服务活动;只有少部分青少年参加民间团体组织、半官方半民间性质志愿者组织、自发的志愿者团体等组织的志愿服务活动(见表3)。

表3 参加的志愿服务活动的组织者

组织者类型	频数	百分比(%)
政府系统、团市委、青年志愿者协会等官方组织的志愿服务活动	333	21.3
非政府组织(NGO)、非营利组织(NPO)等民间团体组织的志愿服务活动	104	6.7
半官方半民间性质的志愿者组织的志愿服务活动	96	6.1
自发的志愿者团体组织的志愿服务活动	76	4.9
个人进行的志愿服务活动	28	1.8
所在学校组织的志愿服务活动	804	51.5
所在社区组织的志愿服务活动	85	5.4
不清楚	30	1.9
其他(请注明)	5	0.4
合　计	1561	100.0

资料来源：调查数据。

(二)教育培训专业化

1. 全国率先打造专业化的志愿服务培训学院

参加志愿服务培训是志愿者的一项基本权利，也是开展志愿服务活动的前提。2010年10月，全国第一家以政府为主导建立的专门从事志愿者培训和志愿服务理论研究的公益性事业单位——广州志愿者学院成立。在共青团广州市委员会的支持指导下，联合市人社局研发了志愿服务岗位能力培训体系，将志愿者培训划分为基础级、骨干级、领袖级和专业领域四个层次。围绕这一体系，研发了《志愿服务岗位能力培训教材》，同时依托院内外优秀师资"送教进校"，为青少年志愿者提供专业培训。

2. 近八成青少年志愿者参与岗前志愿服务培训

除了志愿服务知识与理念等常规化志愿服务培训，广州青少年参与志愿服务活动前会参与活动组织方开展的专业培训，培训以专业技能（61.3%）、人际沟通为主（46.8%）。调查发现，78.1%的青少年志愿者表示在参加志愿服务前获得了相关培训。其中，57.1%的人参加了一次性培训；15.6%的人获得连续、多次培训；5.4%的人表示可以全程获得开展相关志愿服务的指导（见图4）。可见，开展志愿服务时，活动组织方非常重视志愿者培训工作，通过培训促进志愿者个人能力及活动实际效果的提升。

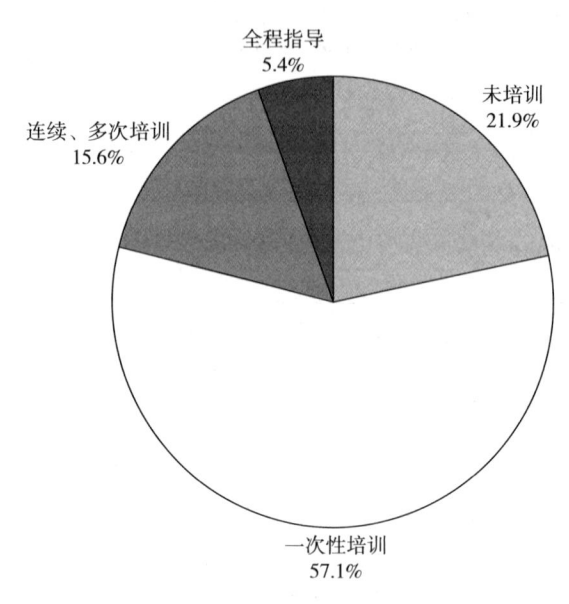

图4 参加志愿服务活动前您是否获得了相关培训

- 全程指导 5.4%
- 连续、多次培训 15.6%
- 未培训 21.9%
- 一次性培训 57.1%

资料来源：调查数据。

（三）保障体系规范化

1. 全国率先立法为志愿者购买保险

2008年9月25日，《广州市志愿服务条例》（以下简称《条例》）经广州市第十三届人民代表大会常务委员会第十三次会议表决通过。《条例》规定，"市、区（县级市）人民政府要为志愿服务事业提供必要的资金扶持"。与国内其他省市已出台的相关法律条例横向比较发现，《条例》对于志愿服务的组织实施过程进行了重点规范，关注并重视保护志愿者合法权益。《条例》明确提出要"为志愿者购买保险"，这是国内首次将为志愿者购买保险以立法形式予以明确。《条例》还提出"当存在可能危及人身安全、身心健康、涉及外籍人员等情形时，志愿服务组织与志愿者、志愿服务组织与接受志愿服务的单位或者个人之间应当签订书面协议"。此外，广州市羊城志愿服务基金会自2013年起连续七年资助"志愿时"网站，为广州志愿者购买人身意外保险，购买保险总金额超过870万元。

2. 不断完善志愿服务保障体系

2019年，由广州市文明委指导，市民政局牵头，会同市文明办、团市委等单位，开展了《条例》修订工作。完善注册、培训、管理、激励机制等配套制度，形成具有本土特色的广州志愿服务制度体系。《条例》目前规定，不具备完全民事行为能力的志愿者从事志愿服务应征得监护人同意，且只能参加与其年龄、身心状况相当的志愿服务。《条例》还明确了参加志愿服务活动，接受从事志愿服务活动所需的专业培训和岗位培训；自由、名誉、隐私和信仰受到尊重；获得与从事志愿服务相关的完整信息；根据工作的性质与特点，在适当的安全与卫生的条件下从事工作；未经本人同意，不得安排超出约定范围的工作。《条例》也为志愿服务活动提供了支持与保障。提出，市、县（市辖区）人民政府应当对各级志愿服务活动给予必要的专项经费支持，鼓励社会各界对志愿服务活动进行捐赠、捐款等。

3. 积极落实志愿服务保障制度

在志愿服务保障方面，55.6%的青少年表示参加志愿服务活动征得了监护人口头或书面的同意，初中生、高中生等未成年人员征得监护人同意的比例更是分别高达89.7%与73.9%；51.5%的青少年表示志愿服务组织方会发放服装、工作证等志愿服务装备；45.1%的人表示接受了开展志愿服务技巧的岗前培训；40.1%的人反映活动组织方会提供交通费、餐费等补贴；还有22%的人表示组织方对其开展了人身安全培训。由此可见，广州青少年在参与志愿服务时获得了较为全面的保障，但同时我们发现在人身安全培训等方面的保障力度有待进一步加强。

（四）激励机制系统化

1. 制度化规定志愿者奖励措施

《条例》第三十二条明文规定，"国家机关招考公务员、国有企事业单位招聘人员、高等院校录取新生时，在同等条件下优先录用、聘用和录取有志愿服务经历者",从制度上对参与志愿服务给予支持和保障。此外,《条例》第三十六条进一步规定,"政府及有关部门,应定期或不定期对有突出贡献或特殊表现的模范志愿者组织、优秀志愿者,以及关心、支持、帮助志愿服务事业特别突出的社会组织与个人给予表彰奖励",对志愿者的辛勤付出予以充分肯定和激励。

2. 激励方式多元,以精神激励为主

在志愿者参加志愿服务活动的奖励方面,志愿者主要获得了精神方面的奖励:49.5%的受访青少年得到了学校的支持和肯定,44.0%的表示得到服务对象的认同与接纳,34.8%的表示获得了志愿组织或机构、志愿服务主办方的肯定与感谢,27.6%的表示获得了荣誉证书和荣誉称号。除此之外,也有部分志愿者获得了适量奖金或物品,以及政府依照相关法律规定给予的升学或就业方面的政策优惠等物质奖励(见图5)。

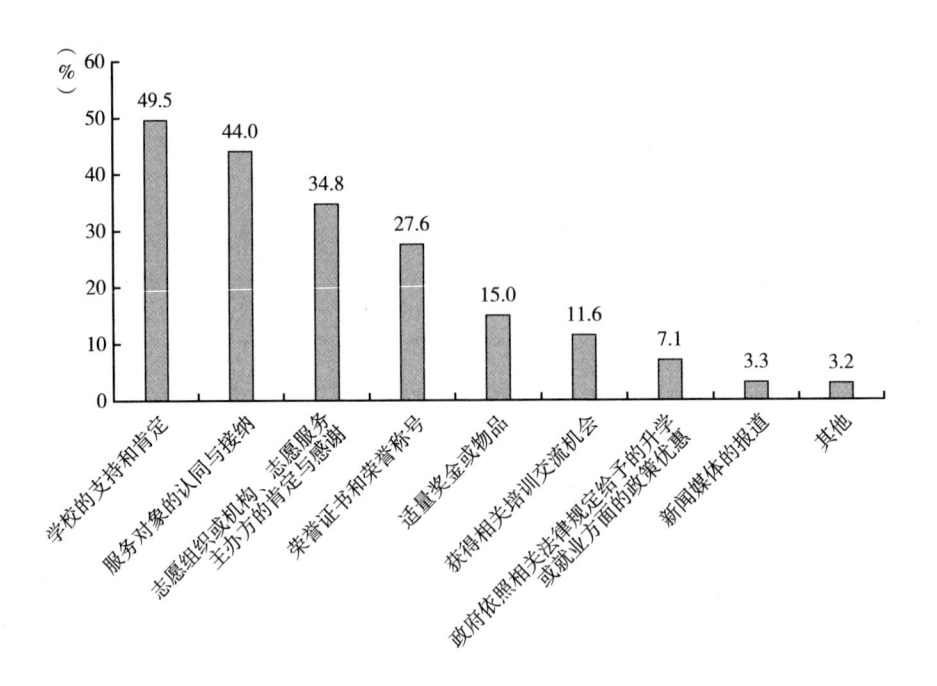

图5 志愿者参加志愿服务获得的奖励(多选)

资料来源:调查数据。

（五）服务对象多元化

分析发现，广州青少年志愿者参加志愿服务的服务对象较为多元，主要为青少年、长者以及儿童等群体。其中，超过六成曾经服务过青少年；59.7%曾经服务过长者；曾经服务过儿童的青少年志愿者占比44.9%；还有部分青少年志愿者为残疾人士、外来务工人员、低收入市民等群体提供志愿服务（见图6）。初中生与高中生服务最多的群体均为青少年，大学生服务最多的群体为长者。由此可知，广州青少年志愿服务对象服务广泛，基本覆盖所有群体。

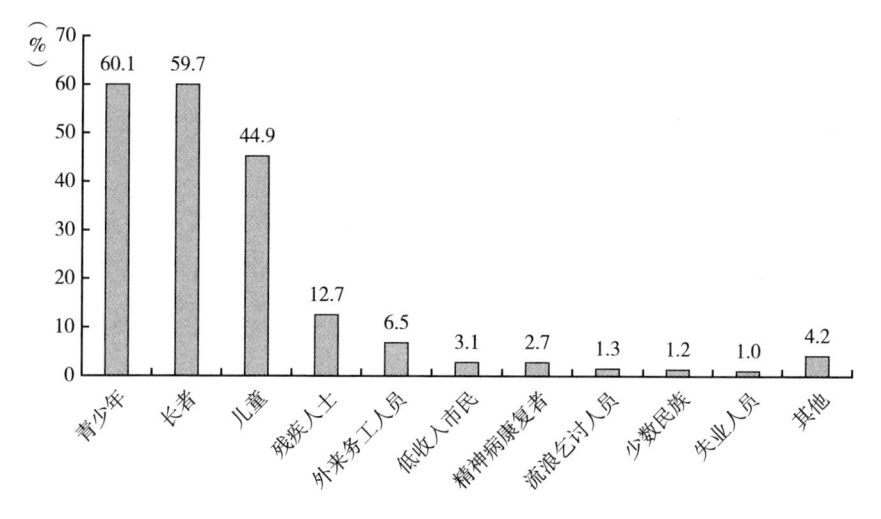

图6　志愿者参加志愿服务的服务对象（多选）

（六）服务内容日常化

广州青少年志愿者参与的志愿服务类型，主要包括：创建文明、卫生等综合服务（31.3%），环境保护（30.4%）以及助残助弱、扶贫等（28.8%）日常性志愿服务活动。交通协管员、地铁、火车站秩序维护志愿者，禁毒宣传活动的也占一定比例（见表4）。相比较而言，大学生参加大型志愿服务活动的比例显著高于中学生，中学生参加环境保护和禁毒宣传活动的比例则显著高于大学生。可见，目前广州青少年志愿者参与的服务活动内容主要是协助政府管理、扶助弱势群体等方面，中学生志愿服务在这方面体现得更为明显。这些志愿服务内容充分体现了广州青少年志愿者公民责任感与奉献、友爱、互助、进步的志愿者精神。

表4 广州青少年志愿者参与的志愿服务类型

单位：%

志愿服务类型	百分比
大型活动（如奥（残）运会、亚（残）运会等）	12.8
禁毒宣传活动	20.2
环境保护	30.4
助残助弱、扶贫等	28.8
海外志愿服务活动	2.5
应急救援（雪灾、水灾、地震、消防等灾害性事情的协助工作）	2.6
青少年成长教育与心理咨询的服务	15.2
慈善募捐服务	15.0
创建文明、卫生等综合服务	31.3
交通协管员、地铁、火车站秩序维护志愿者等	20.8
其他	7.9

资料来源：调查数据。

（七）服务时间碎片化

在志愿服务参与模式方面，广州青少年偏好一次性志愿服务。44.8%的青少年最喜欢参与一次性志愿服务；32.8%的人最喜欢参加经常性的志愿服务；最喜欢参加季节性志愿服务的占比21.7%；还有0.7%的青少年表示无所谓。参加志愿服务的时间主要为周末，占比29.7%；其次为不固定时间参加，占比29.4%；21%的青少年志愿者在课余时间开展志愿服务，还有19.9%的青少年利用节假日开展志愿服务。群体差异方面，中学生选择不固定时间参加志愿服务的比例最高，大学生选择周末参与志愿服务的比例最高。这主要是受制于青少年生命周期特点，多数人难以实现持续、稳定地参与志愿服务活动，多半是以一种短期性、活动性的参与为基本形式。访谈中也有部分学生表示，平时学业较忙，无法固定时间参加志愿服务，只能根据自己的实际情况利用碎片化时间参与，在不影响自己学业的情况下尽量参加志愿服务活动。

五 广州青少年志愿服务参与存在的痛点、难点

（一）工作机制有待进一步完善

首先是缺乏专项的青少年志愿服务政策与推动机制。广州作为改革开放的前沿地区，在推动志愿服务发展的政策制定方面，走在了全国前列。经过多年发展，广州市已基本建立起由党政部门主导，文明委指导，民政、共青团等相关部门综合协调，全社会共同参与的志愿服务工作机制。但具体到青少年志愿服务方面，由于青少年主要是学生群体，且大部分人属于未成年人，其志愿服务推动机制明显异于其他志愿者，应根据青少年群体个性特征形成凸显该群体特色的志愿服务推动机制，制定出台广州青少年志愿服务专项政策。其次是青少年志愿服务记录及证明工作有待进一步规范。目前全省有统一的志愿服务信息平台，这在一定程度上解决了志愿者注册登记工作的重复和重叠问题，但同时也存在一些问题。有受访者表示，在平台申报志愿服务时数时，系统只认可在该信息平台报名参与的志愿服务活动，通过其他途径参与的志愿服务虽然也可以凭相关证明申报，但审核的流程较长，花费的时间成本较大，会打击青少年志愿者的参与积极性。

（二）人员流动性高、组织难度大

在青少年看来，目前广州开展青少年志愿服务工作面临的最主要困境是青少年学业压力大，人员组织的难度较大，所占比例为59.7%。从阻碍青少年参加志愿服务的因素分布来看，学业负担重是无法回避的问题，56.5%的被访者表示没有时间参加，49.7%的被访者表示学业太重是导致其无法参

加志愿服务的最主要因素。这也佐证了"青少年学业压力大,人员组织难度较大"为开展青少年志愿服务工作面临的最主要困难的观点。从志愿者的构成分析来看,广州青少年志愿者主要为高校大学生以及中学生。大量的大学生因为学业课业的加重或者毕业后去往别的城市参加工作而无法持续参与志愿服务活动,有的或许参与一次,就再也没有参与了;中学生群体同样面临这个问题,他们除因为学业压力导致没时间参加外,还有些学生是在穗务工人员随迁子女,只是暂时借读在广州,他们往往在参加了一段时间的志愿服务后就随父母去其他城市或回老家了。正是由于青少年群体的特殊性,他们往往以提供短期服务为主,超过半数的服务时间在一年以下,也更喜欢参与一次性的志愿服务。种种因素的制约导致广州青少年参与志愿服务的频率较低且出现较高的流失率。在此情况下,提高青少年参与志愿服务的频率、降低青少年志愿者流失率、加强青少年志愿者队伍的维系工作迫在眉睫。

(三)活动宣传力度不够,知晓率和认可度较低

调查发现,四成以上的青少年认为,目前广州开展青少年志愿服务工作面临的最主要困境为志愿活动的宣传力度不够,社会认可度不高。在影响青少年参加志愿服务的因素方面,33.5%的人表示是因为不知道如何获取志愿服务信息和参与途径而错失参与志愿服务的机会;在调查青少年没有参加防疫志愿服务的原因时,也有41.4%的受访青少年表示不知道通过什么途径参加,这说明志愿服务活动宣传工作不到位。此外,在青少年期待参与的志愿服务方面,五成以上的青少年期望参加大型活动类志愿服务,但不管是在活动前期还是后期,这类活动通常只有关于活动本身的宣传,鲜少有关于活动中志愿者或志愿服务的宣传。这就要求不仅是在志愿服务活动前期的志愿者招募环节,而且在活动开展后期都要加大志愿服务活动相关信息的宣传力度,让青少年畅通志愿服务信息渠道,也让社会大众对青少年志愿服务有更多的了解与关注,提升社会对青少年志愿服务的认可与重视。

（四）常态化的资源保障不足

近年来，广州市越来越重视志愿服务工作，也在政策和资金上给予了大力支持，但资源短缺尤其是经费短缺仍然是广州志愿服务事业发展的主要障碍之一。大部分志愿服务组织的经费来源严重不足，来源渠道狭窄，自我造血功能不足。调查中，近三成的青少年表示"经费保障不足"是开展青少年志愿服务面临的主要困境。在与一些志愿服务组织的负责人交流时，对方表示目前组织存在的最大问题就是资金不足，组织的资金主要来自社会，政府虽然也会提供场地和部分物资，但是相较于组织要开展的志愿服务活动、要准备的志愿服务物资以及要发放的志愿服务补贴等，这些是远远不够的。此外，还存在志愿服务需求方及资源提供方信息不对称的问题，难以形成有效对接，出现资源扎堆投放或资源分配不均匀等问题。

（五）期望与现实存在差距弱化了参与的持续性

此次调查中，79.9%的青少年表示自己参加过志愿服务，并且从广东"I志愿"系统统计数据来看，广州青少年志愿者注册人数不断攀升，队伍日益壮大。志愿服务理念越来越深入人心，在社会公共生活中随处可见志愿者的身影，同时志愿服务也成为青少年社会参与的重要平台。但被问到今后是否打算继续参加志愿服务时，只有四成左右的青少年表示肯定会参加，远远低于79.9%的参与率。其原因固然与青少年面临较大学业压力、没有时间参加有关，但参与志愿服务的现实情况没有达到青少年的心理预期也是一个重要原因。在调查不打算继续参加志愿服务的原因时，近四成的人表示志愿服务没有达到自己的心理预期是最主要的原因，主要包括活动组织不严谨、安排不合理，活动没有吸引力、对活动不感兴趣，参加活动后没有得到预期的尊重和认可、没有获得预期的成长和自我提升等。可见，期望和现实之间的差距对青少年参与志愿服务的积极性和持续性都产生了一定的消极影响。未来要从增强活动趣味性、提升活动参与获得感等方面着手，降低青少年志愿者参与志愿服务活动的心理落差，提升其持续参与志愿服务的内在动力。

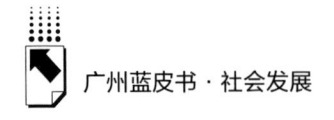

六　促进广州青少年参与志愿服务的对策建议

（一）强化职能部门联动协同，健全完善青少年志愿服务工作机制

1. 更加重视顶层设计，更大力度推进工作统筹

在青少年志愿服务发展过程中，政府要负责主导推动，进一步强化工作统筹力度，推动广州青少年志愿服务健康有序发展。建议成立由市政府牵头的青少年志愿服务工作领导协调小组，各职能部门派专人专项参与；定期或不定期地召开领导协调小组会议，研究开展青少年志愿服务的难点、痛点、堵点，整体统筹推进广州青少年志愿服务工作。领导协调小组各成员单位间要形成联动机制，实现措施共策、资源共享、平台互通，为广州青少年志愿服务在政策和制度方面提供保障。

2. 更加系统梳理志愿服务政策清单，出台专项青少年志愿服务政策文件

目前广州市文明委、市发改委、团市委等职能部门均印发了志愿服务方面的相关政策，市教育局、市民政局等相关职能部门也针对各自领域的志愿服务编制了工作条例、志愿服务工作指引或管理办法，但缺乏专门针对青少年群体的配套政策；同时目前各部门间未形成完善的协作机制，难以形成合力对各项政策进行有效统筹和宣传普及，从而影响政策的知晓率和应用率。建议对广州市已有的涉及志愿服务工作的政策文件进行梳理，形成政策清单，在此基础上以市政府名义出台促进青少年志愿服务工作的指导意见，补充各项必要的政策制度和实施细则，保障青少年志愿服务工作的开展。

（二）注重激励、创新方式，吸引青少年持续参与志愿服务

1. 以志愿服务引导青少年人格培育和价值塑造

青少年个人的成长，不仅仅是指能力的提升，而且是指青少年心灵的成长和人格的完善，是在参与志愿服务的过程中，能够成为更加健康、完整的人，可以通过参加志愿服务使生活更加快乐和有意义。因此，在开展志愿服务活动时，活动的设计要注重提高青少年参与志愿服务后的价值感，从而真

正调动青少年内在的志愿精神和服务愿望，促进青少年素质的全面提升，使青少年更好地成长。

2. 以完善的志愿服务激励措施提升对青少年的吸引力

借鉴杭州市经验，将"I志愿"系统与政府、企业征信系统等进行有效对接，将志愿服务转化为个人就业、就学等方面的重要依据，保障青少年志愿者在医疗保障、社会救助、升学就业、公共服务设施使用等方面享有的优惠待遇。还可以对表现突出的志愿者个人设立专项的物质奖励。在精神激励方面，青少年参加志愿服务时数达到一定额度后，可以获得相关荣誉证书；参与某些特定的志愿服务活动，比如大学生义务支教后可以向其颁发优秀志愿者证书。

3. 以创新的志愿服务方式，吸纳青少年参与社区治理和建设

志愿服务尤其是社区志愿服务已成为青少年接触社会生活、参与社会生活的有效途径。建议参考杭州市相关经验，推动街道和学校团支部以结对的方式开展社区治理服务。建议先在每个区挑选1~2个街道作为青少年参与社区治理服务的试点街道，根据每个街道的实际情况选择相对应学校组成一对一的结对模式，常态化开展助残助弱、禁毒宣传、创文创卫等服务，推动青少年志愿服务与基层实际需求的紧密结合。

（三）加强志愿文化宣传，提升志愿服务的社会认可度

1. 强化价值引领，凸显志愿服务理念

许多研究表明，价值观念会对志愿者行为规范产生影响，对志愿服务有正确的认知，是志愿者能持久地参与志愿服务的内在动力。要积极推动志愿服务课程进校园，将志愿服务理念与知识教育作为高校大一新生必修课；在中学则将其作为第二课堂的学习内容，也可以定期开展班会活动，邀请学生家长与学生共同参与课程学习。同时，在对青少年志愿者培训的过程中不断将志愿服务的价值观念渗透在培训课程中，这样才能激励青少年志愿者持久地参与志愿服务，并且在服务过程中获得一种满足感和价值感。

2. 拓展宣传方式，彰显志愿服务力量

通过各种方式延伸宣传阵地、丰富宣传形式，除了在志愿服务官方网站进行志愿文化与志愿活动宣传，还可以通过时下深受青少年喜爱的新媒体传播方式，比如抖音、快手、B站等进行推广。从宣传内容上，不能只是宣传活动开展效果，还要增加活动前期招募、志愿服务信息平台的宣传；从宣传时间上，不能局限于特定的时间点，比如学雷锋月、国际志愿者日、创文期间等进行集中宣传，而是应该将宣传融入青少年的日常生活与学习，时时宣传、处处宣传、长期宣传。同时建议在志愿者中树立先进典型、推广优秀项目，充分发挥志愿先锋、时代楷模、道德模范、先进榜样的引领作用，增加青少年对志愿服务的认同感、向往感，同时也让社会大众切实地感受到志愿服务的存在和力量。

（四）完善资源保障体系

1. 加强经费保障

完善包括财政支持、社会捐助、组织自筹在内的多元化志愿服务资金保障体系，加大对志愿服务工作的财政支持力度，将志愿服务工作经费纳入政府年度预算。建议广州市财政局统一制定保障标准，每年年初对符合资质的志愿服务组织统一拨付一定比例的志愿服务活动经费，年中根据各志愿服务组织活动开展情况与活动成效评分调配剩余比例的经费。

2. 探索"政府购买服务""资助服务项目"模式

建议政府职能部门和企事业单位在制定年度财政预算时将志愿服务项目经费纳入其中，鼓励其采购志愿服务组织的服务，实现志愿服务项目与政府公共服务外包有机衔接。同时，引导社会资金加大对志愿服务活动的经费投入，实现在志愿服务经费问题上的"政府+社会"双重保障。

参考文献

吴冬华：《广州青年参与发展研究》，社会科学文献出版社，2019。

魏国华：《广州青年发展报告（2012~2013）》，社会科学文献出版社，2013。

吴鲁平：《志愿者参与动机的结构转型和多元共生现象研究——对24名青年志愿者的深度访谈分析》，《中国青年研究》2008年第2期。

吴鲁平、刘涵慧等：《后现代化理论视野下的青年价值观研究》，社会科学文献出版社，2013。

刘广阳：《深圳"志愿之城"3.0建设的探索和实践》，《深圳义工改革发展实录（第一辑）》，社会科学文献出版社，2020。

高福泉、陈东林、叶晓华：《社区志愿服务与青少年成长——深圳市宝安区沙浦社区青少年志愿服务探索》，《广东青年干部学院学报》2008年第1期。

孙慧：《广州大学生就业创业现状特点与路径调查及建议》（下），《中国培训》2019年第7期。

涂敏霞、孙慧：《广州志愿者发展现状及其培育机制研究》，全国志愿服务制度化建设交流研讨会交流材料，2015年4月。

B.20
关于粤港澳大湾区网红青年群体特质的分析研究[*]

谢素军[**]

摘 要： 粤港澳大湾区作为中国面向国际的重要窗口，因活跃的经济形态和多元的青年文化环境，网红青年群体发展迅速，呈现出"单身""外地化""较高学历""从业时间短""流动性快"等明显特征。同时容易催生畸形金钱观，与现实生活脱节，亚健康等问题。建议完善制度，强化网络直播行业监管力度；法律赋权，保障网红青年权利义务；多方介入，推动网红青年社会参与；公益支持，确保网红青年身心健康。

关键词： 粤港澳大湾区 网红青年 网络直播 思想引领

2021年是"十四五"开局之年，目前，我国信息化发展迅猛，网络强国建设迈出了坚实的步伐，互联网行业实现跨越式发展，在经济社会生活中的影响越来越大。根据2021年8月份公布的第48次《中国互联网络发展状况统计报告》显示，截至2021年6月，我国网民规模达10.11亿，互联网普及率达71.6%，网络直播用户规模达6.38亿，占网民整体的63.1%，其中青年群体是网络直播的主力人群，特别是粤港澳大湾区城市青年网络直播

---

[*] 本报告系2021年中国青少年研究会重点课题"新时期港澳青年思想动态研究"（项目编号：2021A06）的阶段性成果。

[**] 谢素军，广州市团校广州市穗港澳青少年研究所副研究员，主要研究方向为青少年发展、台港澳问题。

参与度更高、影响力更大。网络直播的迅猛发展一方面推动了社会新经济增长点的萌发，提升了商业效率，丰富经济形势，拓宽青年就业渠道；但另一方面，作为一种方兴未艾的新业态，井喷式的网络直播形势也容易导致泥沙俱下的情况发生，网络直播作为"眼球经济"的逐利性极容易使青年深陷其中。为避免网络直播的"野蛮生长"，网络直播持续发出"网络好声音"，传播"社会正能量"，做好粤港澳大湾区青年网络直播的方向引领工作尤为重要。基于此，本报告立足粤港澳大湾区主要城市，具体包括香港、澳门、广州、深圳、珠海、佛山、东莞和中山等城市，对网络直播平台、运营公司及网红青年进行了问卷调查和个案访谈，以期明晰粤港澳大湾区网红青年发展现状、困境及出路。

本次调研采用整群抽样的方式抽取调查样本，于2022年1~3月开展了问卷调查和实地访谈调研，其中向网红青年有效发放和回收线上问卷1420份，并通过对YY直播、虎牙直播、深传媒等平台和基地开展实地调研，对30名网红青年及运营人员的个案访谈，获得了丰富的第一手实证调查资料。基于调查数据和访谈资料，发现粤港澳大湾区网红青年群体呈现一些显著特征。

一 粤港澳大湾区网红青年职业发展状况

（一）具有明显的"年轻化"特征，"单身""外地"是其主要身份特征，超六成具有大专及以上学历

在受访的网红青年群体中，28岁以下是主要年龄群体，占比超过八成，其中18~22周岁占比37%，23~28周岁占比42%，显示网红青年群体具有明显的"年轻化"迹象。从户籍来看，具有所居住城市户籍的占30.2%，且主要是香港和澳门青年基本具有本市户籍；而湾区其他城市网红多为外地户籍，占比逾70%，外来人口占较大比例。同时，82.5%的受访群体为未婚青年，可见，"单身""外地"是粤港澳大湾区网红青年最为显著的身份特征。从受教育程度来看，24.8%的受访青年具有大专学历，31%具有大学本

科学历，甚至还有5.5%具有研究生学历，显示出粤港澳大湾区网红青年具备较高的教育水平。

（二）从业时间较短，兴趣是网红青年择业的首因

网络直播作为一种新业态，在近几年才成为青年人的重要择业选择。根据调查数据，在选择做网红主播的原因方面，接近65%的青年表示纯粹是因为喜欢，超过51%的青年考虑该行业比较自由，还有超过18.5%的青年是认为这个行业收入高。可见，兴趣已超过经济收入成为青年人选择进入网络直播行业的首因，显示出"后物质主义"的价值取向深刻地影响着青年人的职业选择。但同时也必须注意到，青年人在网络直播行业中难以保持热度和韧劲，遇到挫折或发现网络直播"未如其所愿"时就选择迅速退出。问卷调查数据显示，从业时间在3个月以内的占比超过53%，从业时间超过1年的占比约32%，其中从业超过三年的主播占比约15%。可见，大多数网红青年加入直播行业时间较短，能够坚持下来的比例不高，这也导致网络直播行业青年的流动性过大，增加了开展常态性、组织性思想引领工作的难度。

值得关注的是，尽管青年群体选择做网红主播的原因比较多元，但38%的主播认为自己的选择获得了家庭较为支持或非常支持的态度，约40%的青年认为家庭对自己的职业选择持中立态度，约22%的青年则未能获得家庭的支持。

（三）游戏电竞直播是主要形式，从事电商直播比例偏低

根据第48次《中国互联网络发展状况统计报告》显示，在网络直播中，占比最大的直播类型依次为电商直播、游戏直播、真人秀直播，分别占整体网民群体的38%、26.2%、17.6%。与这一数据略有不同，粤港澳大湾区网红青年群体主要从事的直播形式超过40%为游戏电竞直播，近35%的主播则主要涉及生活娱乐，5%的主播主要直播学习教育方面的内容，从事电商直播的比例不到15%。这与广州有YY直播、虎牙直播等几个大型的游

戏电竞直播平台密切相关。同时，仅看深圳和广州两座城市，电商直播的占比高达36%。事实上，在新冠肺炎疫情背景下，电商直播有利于通过线上平台拓展销售渠道，以新技术为传统销售赋能，广州是传统商业发达的中心城市，拥有布匹市场、服务市场、皮具市场等大型的线下交易集散地，通过线上的平台销售与转化有利于提升广州市中小企业应对疫情冲击的能力，为更多零售业带来生机，深圳在电商发展方面也呈蓬勃之势，有必要对电商领域的网红青年进行积极的引导和培育。

（四）劳动强度总体不大，超五成低于平均工资水平

调查显示，在直播时长方面，约56%的网红平均每天直播1~4小时，约30%的网红平均每天直播5~8小时，达到9~12小时的约占9%，平均每天直播超过12小时的约占6%。受网络直播职业性质的影响，直播时间往往与工资收入呈正相关，直播时间越长，获取高收入的可能性就越大。从直播时长的数据可见，超过五成的网红直播时间在4小时以内，显示直播工作量并不饱和，这也导致网红的总体收入偏低。以广州市为例，2020年，广州市城镇私营单位就业人员年平均工资为68826元，每月平均工资为5735.5元，但对网红青年群体的工资收入进行调查，却发现，近40%的网红通过直播的月收入在2000元以下，约16%的主播月收入在2000~4000元，约28%的主播月收入达4000~8000元，月收入达8000~20000元的比例约为10%，20000~50000元的比例则仅有3.4%，深圳、珠海和中山等城市同样如此。这意味着虽然网红主播"月入轻松过万"充斥新闻媒体，甚至知名网红一场直播销售额过亿元的新闻也经常见诸报端，吸引了不少希望能够快速赚钱的青年人加入这一行业。但是现实情况是，对于一般网红青年群体而言，工作量不饱和，工资低于所在城市平均水平，经济收入仅能"糊口"的情况还是比较普遍。

（五）网红职业培训比例偏低，认为工作经验和社会实践至关重要

在职业培训方面，超过52%的青年主播未参加过任何学习培训，约

18%的青年主播主要通过网络自学来提升自己，以及极少数青年主播自费参加了市场化的技能培训，仅有18%的青年主播反馈有参加过所在公司的职业培训。超过45%的青年网红主播认为影响个人职业发展最主要的素质是工作经验或社会实践经历，还有近30%的主播认为最主要的因素是受教育程度，只有近20%的主播认为最主要的因素是身高相貌，而还有超过12%的主播认为社会关系更重要。值得注意的是，在个人应具备的能力方面，约28%的主播将个人业务能力放在首要因素，25%的主播将个人社交能力放在首要因素，还有约19%的主播将逻辑思维能力摆在最重要的位置。而户籍、性别和年龄等的影响因素则排在最后。

二 网红青年群体思想发展状况

（一）大多数内地青年网红主播希望加入中国共产党，近半数网红主播平台建立团组织

基于此次调查问卷数据分析，发现逾80%的网红主播对加入中国共产党持积极态度，完全不想加入的仅占比2.1%。同时，约47%的网红主播所在公司或平台建立了团组织，18.8%的网红主播所在公司或平台未建立团组织，还有约34%的网红主播不了解自己所在公司是否建立了团组织。约53%的网红主播发现自己身边有很多团员或认为身边的人几乎都是团员，仅30%的主播认为自己身边的团员很少，认为自己身边完全没有团员的比例仅占5.5%。

（二）青年网红主播党史了解程度不一，学习比率偏低

在对中国共产党党史各个发展阶段的了解方面，内地的湾区城市40.5%的主播最了解中国特色社会主义新时代，28%的主播最了解改革开放和社会主义现代化建设时期，对新民主主义革命时期、社会主义革命和建设时期了解比例相对较低，分别占比13.8%和6.6%，还有约11%的主播对中

国共产党发展历程不大了解。而港澳网红青年对党史了解程度总体处于较低水平。

在党史学习教育方面，内地的湾区城市逾37%的网红主播在过去一年学习党史次数为0，约35%的网红主播过去一年学习党史1~3次，学习4~6次的占比为11%，学习7~10次的占比为4.5%，学习10次以上的占比达11.8%。总体而言，网红主播学习党史在群体内部表现不大均衡。同时，广州青年网红主播对党史学习教育的形式有一定的偏好和要求，75%的网红主播喜欢影视作品播放的形式，其次是学术讲座、报告、论坛，占比为39%，排在第三位的则是参观革命纪念地，占比37.9%。值得注意的是，青年网红主播喜欢的学习形式中占比最低的三类分别是演讲比赛、红色征文大赛和拍摄主题快闪。而港澳网红青年对党史学习教育总体兴趣不大，但仍有12%的主播希望以后能够深入学习了解。

值得关注的是，调查过程中，调研组设计了关于对社会主义核心价值观基本内容的问题，在正确的24个字中，插入了爱岗、自强、勤劳和奉献四个词，结果发现仍有相当比重的网红主播选择了错误的内容。其中选择爱岗的占比达41%，选择自强的占比达53%，选择勤劳的占比达45%，选择奉献的占比达32%。可见粤港澳大湾区网红主播对社会主义核心价值观并没有全面和深入的了解，只是大概了解基本的内容，特别是港澳网红青年在访谈中较多反映不大了解甚至没听说过。

（三）青年网红主播爱国热情较高，追崇偶像较正面

调查发现，青年网红主播的爱国热情在各个方面得到体现。近65%的主播在观看电影《长津湖》，在看到中国在科学技术、医学等领域取得重大突破的相关报道，在看到中国运动员夺冠的相关报道时，会热血沸腾，感受到祖国的强大。逾60%的主播在发生撤侨、撤离中国游客等国际事件，以及约38%的主播在阅读爱国主义文章或参与爱国事件网络话题讨论时，会激发自己的爱国热情。

关于青年网红主播关注的偶像，大多数青年网红主播最熟悉钟南山，

占比达92%，其次是袁隆平，占比达88%，排在第三位的是屠呦呦，占比为75%。而诸如于敏、申纪兰在青年网红主播的熟知率为25%左右，李延年、孙家栋、张富清、黄旭华等的熟知率为20%左右。可见，网红主播熟悉的主要是媒体报道比较频繁的人物，而一些默默付出的战斗英雄、军事科研专家等虽然获得了"共和国勋章"等荣誉，但知晓率相对偏低。

（四）青年网红主播关注时事政治，政治态度主要受国内主流媒体影响

调查发现，在时事政治和国家大事的关注度方面，青年网红主播总体积极性较高，超过67%的主播比较关注或非常关注，不大关注或从不关注的主播占比不到10%。而在关于影响网红主播政治态度和观点的因素方面，近50%的主播认为主要受境内主流媒体影响，22%的主播认为境内网络媒体对自己影响更大，还有约11%的主播认为主要受海外媒体影响。

值得关注的是，在面对出现突发事件或者社会热点问题时，逾50%的网红青年认为相关的党政机构部门发布的信息最可靠；排在第二位的是新华社、《人民日报》、中央电视台等官方媒体发布的消息，占比为25%；排在第三位的是微信等媒介，占比约15%。值得关注的是，港澳网红青年仍然比较关注海外媒体。

三 粤港澳大湾区网红青年群体发展的困境与问题

尽管在问卷调查中可以发现青年网红主播发展总体向好，思想较为正面，但基于实地调研、座谈和个案访谈发现，青年网红主播仍然存在一些发展的困境和思想上的误区。

（一）青年网红主播收入偏低催生畸形金钱观

尽管网络上经常推出网红主播收入排行榜，且不乏主播标榜收入"一

天抵得上打工一年""一次热播赚一套房"。但事实上，整个网红主播行业收入呈现的是严重的金字塔结构，顶流的主播与底层的主播特别是刚入行不久的青年网红主播收入差距巨大。据 H 网红主播培育公司创始人介绍，旗下签约的主播大多数收入在 3000~4000 元，且这个收入主要依靠公司内部打赏支撑，有不少主播在直播三个月内平均每天收入仅数十元，很难维持生活，也很快会被淘汰。问卷调查数据也显示，粤港澳大湾区青年网红主播目前最迫切希望获得的帮助是提高收入，占比达 57.7%。调研发现，对于网红主播而言，流量就是收入，为了能够赚取足够的生活费或更加富足的收入，有部分青年网红主播不断踩踏红线，甚至有个别主播已经被纳入行业黑名单。可以说，网红青年群体中正在滋生畸形的金钱观，有必要予以关注并矫正。

（二）青年网红主播社会参与缺失导致思想脱节

由于网红主播主要工作时间在晚上，工作地点多以独居公寓为主，客观上使网红主播缺少线下社会参与。由于长时间离开社会实践，部分网红主播明显地与社会脱节，在思想上也比较容易进入死胡同，有必要进行积极的引导和干预。

（三）青年网红主播缺少锻炼影响心身健康

与社会参与度偏低密切相关的另一个问题就是青年网红主播健康状况。据 H 平台资深人力资源经理（HR）介绍，网红主播普遍存在的问题就是缺乏锻炼，长期蜗居于电脑屏幕前，无法坚持必要的日常锻炼，身体长期处于亚健康状态。此外，无论本身相貌如何，网红主播都需要根据"人设"进行深度化妆，大量使用化妆美颜用品导致皮肤受到伤害，长期视频直播同时还会带来对视力的伤害。"身体健康问题是网红主播普遍存在的问题，与其他行业不同，在网络直播行业可以说是一种常态，我们希望能够得到改善。"另一位接受访谈的 HR 则表示，与身体健康问题相比，心理健康问题其实更应该得到关注，由于网络直播行业发展太快，一系列极端的现象很容

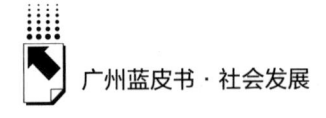

易对普通的网红主播带来心理上的冲击,及时关注、关心网红主播的心理状态,才能及时矫正心理失衡和偏差。

(四)青年网红主播社保缺失容易滋生极端思想

调查发现,由于网红主播群体基数大,而平台运营类公司则主要是提供平台支持,并不提供固定工资及相对应的"五险一金",而相当一部分青年网红主播正值职业发展初期阶段,基本没有什么资金积累,一旦直播失败或者进入直播淡季,赖以生存的基本收入就没有了,从而导致主播心态失衡,较容易产生极端的心理。特别是当网红主播遭到所在公司、平台不合理对待时,因为没有签订劳动合同,网红主播的权益也比较难以得到保护。因为网红主播对当下和未来的社会保障都充满不确定性,很容易产生消极情绪,甚至衍生极端思想,从而带来一系列社会问题。问卷调查数据同样显示,当个人权益受到侵害时,青年网红主播会产生较激烈的反应,超过70%的网红主播选择采取法律手段,超过62%的网红主播选择向政府职能部门反映,约49%的网红主播选择向媒体曝光或自己在网上曝光,也有26%的主播选择向公司反映,约31%的主播选择向工会或共青团组织寻求帮助。

四 粤港澳大湾区网红青年发展困境背后的原因

网红青年相较于普通青年在职业发展和思想状况上有着明显的行业特性,所带来的问题源于复杂的行业生态和多元的价值取向,大体可以归于四个方面。

(一)直播行业高速发展掀起新思潮

网络直播的高速发展不仅带来直播技术的发展,更使得直播所催生的行业生态迅速变革与重组。一方面,网络直播在吸引天量流量的同时,吸引了大量资本的关注和投入,资本本身以逐利为目的,在打造、重构直播生态时会主动或被动地产生"思想",推广潮流文化,青年直播群体因为依赖平台而不得不参与其中,成为一些新思想、新潮流的推广者。另一方面,平台本身在完善技术、制造文化元素时,更多是为了吸引眼球而忽略了文化元素的正向性,从而助推了一些不良文化和思潮的传播。

(二)新兴青年群体多元化发展趋势

网红青年本身的发展便带有鲜明的新兴青年群体特征,更加追崇开放、自由,热衷于自身的爱好并愿意将大部分时间精力投入其中。网红主播在具体的行业类别中被划分为成千上万种"人设",不同的主播会根据粉丝团的喜好朝着不同方向发展,这一发展过程同样会影响粉丝团体。从而导致网红青年更加多元化发展的趋势。因此,多元的主体和文化衍生了更加多元的思想,且很难对这些思想的产生、变化和发展进行跟踪评估和及时矫正。

(三)直播平台"造星"带来副作用

网红青年群体一系列思想问题的产生与网络直播平台有着千丝万缕的关系。在直播行业高速发展的当下,平台的一项重要手段便是"造星",在基于主播本身特质的基础上,平台及运营团队会对主播进行市场化的重塑和画面、故事再呈现,围绕流量流向趋势,采用极度夸张的表现手法对网红青年群体不断改造,甚至为了上热搜而碰触红线。这个过程以及所带来的包括金钱、地位、传播的影响力较容易促使网红青年群体思想上剑走偏锋,带来不良的后果和影响。

(四)青年思想引领工作相对滞后

事实上,针对网红青年群体思想上出现的一系列问题,监管部门一直在加大监管力度,出台了一系列政策措施,但针对青年思想的正面引领问题还做得远远不够。一方面,目前没有专门的部门负责网红青年群体的思想引领工作,特别是港澳网红青年的情况还未引起相关部门的重视。另一方面,相关监管更多地表现在技术层面,主要对显性的行为进行监督引导，而更加隐性的思想则相对处于真空状态，青年多元的思想动态不能及时被关注和引导，往往是产生了不良后果后才开始介入，思想引领工作相对缺位和滞后。

五 粤港澳大湾区网红青年健康发展对策建议

针对网红青年群体在职业发展和思想状况上呈现的共性和个性问题，可以从制度建设、法律法规、社会支持等维度探索具体的建议和措施。

（一）完善制度，强化网络直播行业监管力度

做好网红青年群体的思想引领并不是一蹴而就的工作，首先需要在网络直播行业发展的制度设计上下功夫，一方面针对已经出现的问题和可能出现的问题分层、分类地做好顶层制度设计，强化制度约束的效力。另一方面要加强制度、政策、规范的传播和普及，推动行业监管制度切实落地实施，避免制度出台后束之高阁，作为网络直播行业主体的青年如果不了解相关制度，则无法实现监管的科学性和有效性。同时，官方媒体、直播平台应该及时宣传相关制度和政策，主动反馈制度实施过程中遇到的瓶颈和不足，从而更好地完善网络直播行业的制度安排。

（二）法律赋权，保障网红青年权利义务

网红青年群体思想上容易走向极端的一个重要原因是因为无法享受社会保障而缺乏安全感。因此，一方面是相关职能部门应该充分调查目前网红主播的生存状态，从法律层面赋予该群体合法的就业、医疗、养老、工伤等方面的保障，为该群体未来发展提供法律支持和社会保障。另一方面是相关监管部门要主动介入网络直播平台中青年主播的劳动纠纷，为网红主播和平台方提供公平公正的调解和评判，为网红青年群体权益保护树立示范。此外，广大媒体也要充分发挥监督作用，对侵犯权益的事件进行积极报道，形成良好的法律支持氛围。

（三）多方介入，推动网红青年社会参与

网红青年群体思想动态不仅是一个青年群体的问题，更是一个社会深层次的问题，特别是针对网红主播生活空间单一，社会实践参与较少，以及过度依赖电脑产生的群体孤独，需要党政青年工作部门、平台运营方、相关社会组织、媒体等共同参与，积极为网红青年群体提供线下活动平台，鼓励网红主播通过参加联谊活动、志愿服务活动等拓展社会资源，线上工作和线下生活有效衔接，形成良好的工作和生活氛围。特别是要鼓励网红主播代表网红青年群体关心国家大事，关注民生实事，在主播的岗位上贡献青春和力量，避免思想走偏、行为失范，积极打造健康的网络直播环境。

（四）公益支持，确保网红青年心身健康

针对网红青年群体长期在线上工作带来的身体健康问题，以及长期从事网络直播，沉浸于"人设"、追逐一夜爆红、一夜暴富带来的心理健康问题，除了督促平台运营方设立保健室，对主播进行常态化心理咨询，更加需要社会公益的支持，一方面是积极引导心理保障类社会团体、公益组织为网红主播提供专门的心理支持。另一方面是高校要特别关注网红青年大学生健康问题，对该群体进行跟踪服务。此外，一些公益心理咨询热线，如12355等应该与网络直播平台密切合作，乃至在平台设立专线，由专门的公益团队提供心理咨询服务。身体健康方面则更加需要相关公益组织针对网红青年群体开展专门的徒步、登山、球赛等体育活动，这些活动不仅可以缓解网红主播的身体压力和思想压力，还可以通过直播的方式进一步传播健康的网络直播理念。

参考文献

张旻：《热闹的"网红"：网络直播平台发展中的问题及对策》，《中国记者》2016

年第5期。

贺爱英：《监管与引导：网络直播平台火热背后的"冷思考"》，《人民论坛》2020年第2期。

李玲：《网络直播用户打赏行为研究》，《法制博览》2020年第6期。

李岚：《网络直播平台对传统文化品牌传播的影响分析》，《传播力研究》2019年第36期。

冯军伟：《网络直播营销的法律风险与对策》，《青年记者》2018年第32期。

贾永健、邓美华：《网络直播乱象的法律治理》，《青年记者》2018年第27期。

专题研究篇
Special Research

B.21
2021年广州实现碳达峰碳中和的法律行动调研报告

谢 伟*

摘 要： 为满足实现碳达峰、碳中和目标需要，广州市2021年采取了一系列的法律行动。在修订《广州市生态环境保护条例》和新制定的地方性法规、规章和规范性文件中，融入实现"双碳"目标的战略要求和具体措施。碳排放交易不断拓宽和深化，服务于构建粤港澳大湾区统一碳市场，绿色低碳金融持续创新，绿色建筑规范全面开始实施，加快建设低碳绿色出行交通体系，加强森林碳汇建设。

关键词： 绿色低碳 绿色出行 碳达峰 碳中和 广州

---

* 谢伟，广东财经大学法学院教授、博士后，主要研究方向为生态文明建设、生态环境法治。

实现碳达峰、碳中和是新时期党中央、国务院赋予粤港澳大湾区的新发展战略。广州是粤港澳大湾区的核心城市，属于国家制造业重地，广州经济发展起源于和香港"前店后厂"的相互帮助模式。但广州在高新技术发展、信息技术发展上领先，2019年广州的先进制造业增加值占规模以上工业增加值的比重达到58.4%。因此，尽管不同区域的碳达峰时间受到资源禀赋、产业结构以及发展程度等方面的差异而有所不同，但广州在产业结构调整等方面都在全国领先，因此在实现"双碳"目标方面也有领先的条件。广州在新一轮实现"双碳"目标的历史进程中，勇于迎接挑战、抓住机遇，为实现"双碳"目标，制定和实施了一系列领先的政策和立法。

一 广州市实现"双碳"目标的立法和政策发展

2021年是中国开始具体落实"双碳"目标的立法和政策发布年。2021年1月，生态环境部先后发布《碳排放权交易管理办法（试行）》《关于统筹和加强应对气候变化与生态环境保护相关工作的指导意见》。2021年2月，国务院发布《关于加快建立健全绿色低碳循环发展经济体系的指导意见》。2021年3月，十三次全国人大四次会议发布《中华人民共和国国民经济和社会发展第十四个五年规划和2035年远景目标纲要》提出单位国内生产总值能源消耗和二氧化碳排放分别降低13.5%、18%，落实2030年应对气候变化国家自主贡献目标，制定2030年前碳排放达峰行动方案，完善能源消费总量和强度双控制度，重点控制化石能源消费。2021年5月，生态环境部发布《关于加强高耗能、高排放建设项目生态环境源头防控的指导意见》，提出坚决遏制高耗能、高排放项目盲目发展，推进"两高"行业减污降碳协同控制。2021年7月，发改委发布《"十四五"循环经济发展规划》，提出推进循环经济发展，构建绿色低碳循环的经济体系，助力实现碳达峰、碳中和目标。2021年9月，生态环境部发布《关于推进国家生态工业示范园区碳达峰碳中和相关工作的通知》；发改委发布《完善能源消费强度和总量双控制度方案》，推进能源总量管理、科学配置、全面节约，推动能源清洁低碳安全高效利用，倒逼产业结构、能源结构调整，助力实现碳达峰、碳中和目标；发改委、生态环境部、自然资源部、商务部等十部委发布《关于印发全国特色小镇规范健康发展导则的通知》，要求特色小镇应按照碳达峰、碳中和要求，协同推进经济高质量发展和生态环境高水平保护。2021年10月，中共中央办公厅、国务院办公厅发布《关于推动城乡建设绿色发展的意见》。发改委、工信部、生态环境部、市场监管总局、能源局联合发布《石化化工行业重点行业严格能效约束推动节能降碳行动方案（2021~2025年）》《冶金、建材重点行业严格能效约束推动节能降碳行动方案（2021~2025年）》。《中共中央 国务院关于完整准确全面贯彻新发展理念做好碳达峰碳中和工作的意见》（2021年9月22日），提到2025年、2030年、2060年三个目标。国务院下发《2030年前碳达峰行动方案的通知》，提到"十四五"期间、"十五五"期间两个目标。国务院发布《中国应对气候变化的政策与行动》，系统总结和梳理了中国在应对气候变化方面的新理念、国家战略、历史性变化以及共建公平合理、合作共赢的全球气候治理体系等内容。生态环境部先后发布《关于做好全国碳排放权交易市场数据质量监督管理相关工作的通知》《关于在产业园区规划环评中开展碳排放评价试点的通知》。2021年11月，中共中央、国务院发布《关于深入打好污染防治攻坚战的实施意见》，提出到2035年，广泛形成绿色生产生活方式，碳排放达峰后稳中有降，生态环境根本好转，美丽中国建设目标基本实现。2021年12月，发改委发布《关于推进中央企业高质量发展做好碳达峰碳中和工作的指导意见》，提出要把碳达峰、碳中和纳入国资央企发展全局，加快央企绿色低碳转型和高质量发展。至此，中央政府初步构建了碳达峰、碳中和的"1+N"政策框架。

（一）《生态环境保护条例》对实现"双碳"目标做出专章规制

受到来自国家层面的政策的强力影响和推动，广州市人大常委会在立法中强化绿色低碳发展理念，要求制定实现"双碳"目标的行动方案等。特别是广州市人大常委会2021年10月大幅度修订了《广州市生态环境保护条例》。该条例专门对广州市实现碳达峰、碳中和做出战略规划和较具体的行动安排。主要包括以下八项规定。

一是明确应对气候变化的区域联防联控机制。包括两个层次：第一，在粤港澳大湾区范围内，广州市、各区应加强与大湾区其他城市的协调配合；第二，加强部门之间的合作和交流，即要求负有生态环境保护监督管理职责的部门在规划编制、生态保护、环境管理、污染治理、应对气候变化、环保科研与产业等领域，组织开展粤港澳大湾区区域合作和交流，根据需要开展联合检查、联动执法、区域突发环境事件协调处理等工作。二是明确控制碳达峰、碳中和的战略规划地位。要求广州市和下辖各区人民政府应当将应对气候变化和控制温室气体排放作为制定中长期发展战略和规划的重要内容，制定碳排放达峰行动方案，采取措施推进碳达峰、碳中和相关工作。三是明确实行温室气体和污染物协同控制机制。要求主管部门编制温室气体排放清单，会同有关部门在环境影响评价、国土空间规划、基础设施建设、水安全、灾害防御、产业发展、金融等领域落实应对气候变化要求，推进温室气体和污染物排放协同控制。四是明确推进"双碳"目标的鼓励机制。包括鼓励企业事业单位和其他生产经营者向社会公开温室气体排放信息，鼓励单位和个人践行绿色低碳生产生活和消费方式。五是构建低碳行为引导机制。市、区人民政府及其相关部门务必指导本行政区域内企事业单位和其他生产经营者加强碳排放控制和管理，加强碳普惠体系建设，形成政策激励、商业鼓励和市场交易相结合的低碳行为引导机制。六是明确政府管理者与企事业单位等被管理者相互配合实现"双碳"目标。对纳入国家、省碳排放管理和交易范围的企事业单位和其他生产经营者必须依法开展碳排放信息报告与核查、配额清缴履约等工作。市、区人民政府及其相关部门务必为符合条件的单位和个人申报核证自愿减排量，参与碳排放交易提供便利。七是明确发展绿色低碳金融机制。支持设立各类绿色发展基金，支持金融机构和企业在绿色循环低碳领域发行绿色债券，鼓励金融机构开展绿色信贷、发展重大环保装备融资租赁。八是明确应对气候变化的信息公开制度。该条例要求负有生态环境保护监督管理职责的部门应当依法公开应对气候变化、环境行政处罚等信息。

《广州市生态环境保护条例》是广州市生态文明建设的基本法律规范，该条例专门对应对气候变化、实现碳达峰及碳中和做出多项具体规定，体现出广州市高度重视"双碳"工作，确定了实现碳达峰、碳中和在广州市生态文明建设中的基础性地位和作用，表明广州市下一步生态文明建设的重点已经开始转变到以节能降碳实现碳达峰、碳中和领域。该条例对碳达峰、碳中和的制度性规定，同时体现出广州市在应对气候变化领域，立足粤港澳大湾区，科学规范和应对，是广州市对多年来在节能减排、低碳环保领域的经验总结和制度创新的结合。

（二）在新制定或修订的地方性法规、规章中融入实现"双碳"目标要求

广州市不仅在综合性环境保护的地方性法规中专章规定实现"双碳"目标的法律规范，也把实现碳达峰、碳中和的目标或具体要求写入其他地方性法规、地方性规章中，在新制定或修订的地方性法规、规章中融入绿色低碳发展要求。比如，广州市人大常委会2021年8月5日通过的《广州市临空经济区条例》明确规定，市人民政府应当建立临空经济区生态建设和环境保护的联动机制，加强生态修复和建设，强化环境治理和保护，支持检察机关开展环境公益诉讼，促进形成绿色生态低碳发展的临空经济区。管委会应当做好建设项目环境准入评估，推动节能环保材料和新能源技术的应用，大力发展循环经济，倡导绿色低碳的生产生活方式。2021年广州市政府修订的地方性规章中也有类似的规定。比如，2021年11月2日修订通过的《广州市房屋交易监督管理办法》对新建商品房的交易规则做了明确规定：房地产开发企业销售商品房时，应当以书面方式在销售现场显著位置公示房屋的绿色建筑等级、能耗指标、节能措施和保护要求、保温工程保修期等信息。这就意味着广州市新建商品房必须符合绿色建筑的法定要求，扎实降低建筑领域碳排放。广州市在新制定或修订的地方性法规、规章中融入碳达峰、碳中和要求，反映出广州市能够扎实贯彻习近平法治思想和习近平生态

文明思想，把生态文明建设融入经济建设、政治建设、社会建设、文化建设"四位一体"的中国特色社会主义建设总体布局中，把广州市生态文明建设融入粤港澳大湾区建设，全面推进、整体实施。

（三）综合性规划和环境规划均设计"双碳"目标实施行动

碳达峰、碳中和绝不仅仅是生态环境保护领域的事务，而是涉及经济社会发展的全方位、全局性事务，需要与经济社会发展整体规划、综合协调。为此，应在广州市政府发布的综合性经济社会发展规划中强调绿色低碳发展，实现碳达峰和碳中和目标。2021年5月19日，广州市政府正式发布《广州市国民经济和社会发展第十四个五年规划和2035年远景目标纲要》（以下简称广州"十四五"规划），该规划强调，要推动绿色低碳循环发展，以建设低碳试点城市为抓手，实施碳排放达峰行动，探索碳中和路径，协同推进经济高质量发展和生态环境高水平保护。规划对"十四五"时期发展壮大的新一代信息技术产业、先进制造业、生物医药与健康等战略性新兴产业，大力发展数字经济、金融服务、文化旅游等现代服务业，做强智慧城市、绿色交通等方面的建设规划都体现出绿色低碳发展理念和绿色发展经济转型。特别是重点发展智能汽车、纯电动汽车、混合动力汽车、氢燃料电池汽车整车研发制造，支持智能驾驶决策、智能传感、人机交互、三电系统（电池、电机、电控）、高精度地图、车规级芯片、新一代电子电气架构等关键零部件及技术产业，大力发展太阳能、天然气、氢能等低碳能源直接减少碳排放。与广州市综合性经济社会发展"十四五"规划对实现碳达峰、碳中和的要求相呼应，广州市下属各区也在本区的生态环境保护专项规划中贯彻落实应对气候变化、实现碳达峰、碳中和的具体行动和措施。比如，《花都区生态环境保护规划（2021~2030年）》确定规划目标中包括大力发展低碳循环经济，规划指标体系中包含绿色低碳指标体系，环境保护规划方案中包括应对气候变化规划，明确了规划措施是为加强温室气体排放控制、深化低碳发展试点、提升气候变化适应能力，提出了应对气候变化、大气环境保护和能源结构调整、生态保护与建设等实现碳达峰、碳中和的多项重点工程。

从综合性经济社会发展规划对"双碳"工作的谋划,到专门性生态环境保护规划中对"双碳"工作的具体操作性规范,说明广州市已经构建形成立体化、多元化、宽领域的碳达峰、碳中和实施步骤和方案,既有中长期战略性规划,也有短期战术性方案,把实现碳达峰、碳中和与广州市经济社会发展深入结合起来,使得广州市碳达峰、碳中和的实施方案更具可操作性、更有实际意义和价值,象征着广州市碳达峰、碳中和已经从理念层面全方位、各领域深入行动层面。

(四)政府规范性文件注重以财政资金支持"双碳"行动

"双碳"目标的实现是一场广泛影响经济发展和社会生活的深层次变革,涉及复杂利益关系的调整,这场前所未有的变革,仅仅依靠市场自发调节难以实现既定目标,需要政府的强力支持和引导,特别是政府必须以强有力的财政资金支持改革的艰难推进。为此,广州市政府、区政府均以规范性文件的形式强调以高额财政补贴、补助和配套财政支持促进绿色低碳发展,实现碳达峰、碳中和目标。比如,2021年5月,广州市政府发布《广州市黄埔区 广州开发区 广州高新区促进绿色低碳发展办法》,该办法分三种形式给予财政扶持。首先是财政补贴资金。明确了对纳入监管的重点用能单位实施节能降耗,最高补贴1000万元;对纳入国家绿色制造示范名单的绿色工厂、绿色园区、绿色供应链管理企业给予100万元补贴等;对采用合同能源管理模式建设分布式光伏发电项目应用方给予最高200万元的补贴。其次是财政补助资金。对企业实施循环经济和资源综合利用项目的按实际投资总额给予最高200万元补助;对区域循环经济发展、节能降碳等贡献大的重点项目则给予后期财政补助。再次是给予配套资金支持。对获得国家、省、市发展改革部门扶持的资源节约循环利用、节能环保产业等企业投资项目分别按照获得国家、省、市扶持金额的100%、70%、50%给予项目实施单位配套扶持。

为加强生态公益林建设,提高广州市森林碳汇能力,2021年广州市政府林业行政主管部门发布了《广州市林业和园林局 广州市财政局关于印发2021~2025年广州市生态公益林补偿实施方案的通知》。该通知详细规定了广州市生态公益林补偿的实施面积和具体范围、每年的资金投入总量和补偿对象、实施的法律依据、补偿的指导思想和基本原则、补偿的目标任务、补偿实施的具体方案、资金的拨付程序和要求、补偿资金的归属管理、补偿的部门分工和做好生态公益林补偿的保障措施等内容，明确了补偿分为损失性补偿和管护补偿，划分了补偿档次，补偿标准实行动态增长。生态公益林是林业碳汇的主要载体，广州市充分发挥财政资金作用，对生态公益林的补偿实施方案提高了生态公益林的补偿标准，可以极大地激励单位或个人投身生态公益林建设，促进广州市生态公益林的管护和保护。

除了这些具有法律强制力的文件，还有一些软性文件。虽然不具有强制力，但对于全社会树立碳达峰、碳中和理念所产生的潜移默化的影响也不容忽视。最典型的当属2021年7月发布的《广州绿色金融从业机构落实碳达峰碳中和行动目标的倡议》，该倡议是继广东金融学会正式发布《广东金融业落实碳达峰碳中和行动目标的倡议》之后，由广州市绿色金融促进协会组织广州绿色金融从业机构正式发布的，内容主要包括研究制定实现碳达峰、碳中和的实施路径、加大绿色产业扶持力度、参与绿色金融体系建设、完善从业机构环境信息披露工作、运用绿色金融科技手段加强环境和气候风险管理能力、支持碳排放权等环境权益交易市场建设、探索打造碳中和机构、传播普及绿色发展理念和绿色金融知识、鼓励地方金融组织大力发展绿色金融业务、加强国内国际学习研究与交流合作等十条具体倡议，对广州绿色金融从业机构强化"双碳"理念、在"双碳"领域付诸实际行动上具有重要的理论指导和引领作用。

二 发展碳排放交易，探索构建粤港澳大湾区跨境碳市场

2021年7月，我国碳排放市场交易正式上线。广州碳排放交易迎来了新的发展机遇和挑战。作为一家国家级碳交易试点交易所和广东省政府唯一

指定的碳排放配额有偿发放及交易平台，广州碳排放权交易所（简称"广州碳交所"）2021年继续努力发挥碳交易服务中介功能，公平公正、严格执行碳交易规则，积极促成碳排放交易，成交量继续保持全国领先。其中，二级市场成交碳排放权现货4125.26万吨，累计成交金额达13.2亿元；广东省碳排放配额（GDEA）现货成交2750.58万吨，成交金额10.49亿元，超越欧洲能源交易所、韩国交易所二级市场配额现货交易量，不仅碳配额交易规模位居全国各试点交易平台首位，而且位居世界前列。同时，受全球碳市场碳价普遍上涨趋势影响，广东碳配额价格2021年末同比上涨约87%。国家核证自愿减排量（CCER）现货成交1717.36万吨，广东省碳普惠制核证减排量（PHCER）成交106.86万吨。至此，广州碳交所顺利完成了广东省试点碳市场的第八个履约期，也圆满完成了广东碳市场八年试点建设的第一阶段任务。同时也应该看到，由于全国碳排放交易市场开始运营，把电力行业纳入全国市场，对广州碳排放交易造成较大影响，因为电力行业占到广东碳排放交易市场份额达49%，为此，广州开始探索构建粤港澳大湾区碳排放交易市场，降低碳市场入门限制。

为支持碳达峰、碳中和工作有效开展，为我国广泛开展碳排放交易提供基层数据保障，促进粤港澳大湾区跨境碳市场形成，2021年2月，广州碳交所正式启动碳中和登记平台。该平台为广州市、广东省、粤港澳大湾区乃至全国推进碳达峰、碳中和工作提供信息数据基础，针对各类市场主体的碳排放数据和碳中和行为，能够提供涵盖碳排放登记认定、碳排放数据存证、碳排放数据追溯验证、碳排放信息披露等服务，可以为各种社会组织、各类产品（包括金融产品）、各种规模的社会活动、各级政府等多层级、多元化主体建立特定的碳排放登记体系，将各类单位和个人的碳排放信息数字化、可视化，进而实现全社会碳排放信息大数据的互联互通。

三 持续创新绿色低碳金融产品

金融是现代经济发展的血脉，绿色金融是绿色经济发展的动力和源泉，没有绿色低碳金融的保障，就难以实现经济绿色低碳的转型，也难以确保实现碳达峰、碳中和目标。广州金融机构牢牢抓住实现"双碳"目标的历史机遇，为广州产业结构绿色低碳化调整、开创绿色金融产品、营造优质气候金融圈、为绿色能源融资等方面提供金融支持，取得显著成绩。

2021年1月，经国务院同意，中国证监会正式批准设立广州期货交易所。而在《粤港澳大湾区发展规划纲要》中明确提出，支持广州建设绿色金融改革创新试验区，研究设立以碳排放为首个品种的创新型期货交易所。广州期货交易所的设立和逐步开始运营，必将为粤港澳大湾区发展碳排放权期货市场，进而发展粤港澳大湾区绿色金融奠定良好基础。

同样是在2021年1月，中国建设银行广州分行与广州市南沙区签订全面战略合作框架协议暨气候投融资合作协议，计划新增200亿元专项信贷规模倾斜，专项用于气候应对及绿色产业。2021年4月份，建行开发区支行积极与金融局、工信局、财政局、国资局等职能部门对接，为区域内绿色信贷联盟认证企业提供支持，发起设立了"绿创通"平台。该平台创设了目前国内首个绿色资产评价体系，"绿创通"评估评价体系旨在为绿色科创企业提供绿色金融全过程服务，通过信息联动共享，创新绿色资产评估模式，实现无形资产增信、变现、风控的完整闭环，整合交易和金融业务资源，保障交易的真实性以及各市场主体的合法权益。①

中国建设银行广州分行2021年4月在广州市南沙区成立了专门的气候支行，该支行系全国首家气候投融资特色支行，主要是为了创新完善气候金融产品服务，发展适应气候变化的绿色金融机构运行模式。2021年8月，建行广州分行成功推荐建信理财有限责任公司投资了广东省能源集团子公司广东省电力开发有限公司"碳中和+乡村振兴"双贴标债券，项目募集资金主要用于绿色光伏项目开发和运营。

在广东省人民政府与中国建设银行股份有限公司《支持广东省先进制

---

① 《广州开发区发布国内首个绿色资产评价体系"绿创通"助力企业融资增信》，广州开发区金融工作局网，http://www.hp.gov.cn/gzhpjr/gkmlpt/content/7/7256/post_7256838.html#4843，2021年4月29日。

造业发展战略合作框架协议》正式签署之后,建行广州分行研发创新"智造-集群+""智造-研发+""智造-并购+""智造-绿色+""智造-跨境+""智造-创业+"等"六智六+"专属绿色金融智造产品系列,对广州市绿色先进制造业给予专项金融支持,帮助广州制造业实现绿色高质量发展。①

除了银行对绿色低碳金融的支持,保险公司也积极创新绿色金融保险产品,为实现"双碳"目标助力。2021年6月,人保财险广东省分公司在广州市碳排放交易所的技术支持下,开创了广东省首单林业碳汇价值综合保险业务。该公司为广东省云浮市国有大云雾林场碳汇造林项目提供112万元的风险保障。森林提供的碳汇是实现碳中和不可或缺的必要手段,然而,森林碳汇功能也面临着潜在的火灾、暴风雨、冰雪等极端气候的重大威胁。为保护大云雾林场的碳汇功能,保障林场森林的吸碳、减碳和固碳作用,广东人保联合广碳所为大云雾林场设计了林业碳汇价值综合保险方案,将林木价值、碳汇、生态效益、碳排放权交易价值有机结合在一起,为大云雾林场的林木价值、碳汇价值与生态功能提供风险保障。② 2021年12月,广东人保再次根据广州碳排放权交易中心对林场森林具有碳汇减排量综合生态价值的认定结论,为清远市清新区三坑镇布坑村林场提供了217万元的风险保障,该保单是广东省首单林业"林木价值+碳汇价值+碳汇价格"组合型碳汇保险,也是首次为广东省内已申报成功的林业碳普惠项目业主提供碳汇价值和价格损失风险保障。③

四 全面实施绿色建筑规范

民用建筑的碳排放量在城市碳排放总量中占比较大。根据中国建筑节能

---

① 范昊怡:《落实"碳达峰 碳中和"广州建行在行动》,《新快报》2021年6月18日。
② 《广东首单碳汇保险落地,碳普惠助力"双碳"新时代》,广州市碳排放交易所网,http://www.cnemission.com/article/news/jysdt/202107/20210700002236.shtml,2021年7月8日。
③ 《助力生态产品价值实现 碳汇保险再创新模式》,广州市碳排放交易所网,http://www.cnemission.com/article/news/jysdt/202112/20211200002393.shtml,2021年12月31日。

协会发布的研究报告,我国仅2018年的建筑全过程碳排放总量就高达49.3亿吨,在全国碳排放总量中占比超过半数,高达51.3%。正是由于建筑碳排放量对实现"双碳"目标影响颇大,广州市高度重视绿色建筑的发展。2021年,广东省按照中央政府的统一部署,开始全面实施《广东省绿色建筑条例》,发布实施《广东省绿色建筑创建行动实施方案(2021~2023)》。按照该法规的要求,广州市政府主管部门发布了《关于明确我市绿色建筑建设有关事项的通知》。明确从2021年起,所有广州市新立项的民用建筑一律执行《绿色建筑评价标准》,不遵守绿色建筑标准和要求的当事人将按照《广东省绿色建筑条例》等法律法规的规定进行处罚。为进一步确保执行绿色建筑的设计要求,广州市政府主管部门2021年3月发起了对广州市建筑节能、绿色建筑设计质量和施工图审查实施情况的大检查,重点检查广州市有关绿色建筑和建筑节能的施工图设计、节能指标计算、节能设计等绿色建筑的指标是否符合相关法律法规的要求。广州市南沙区积极响应省、市两级政府的要求,发布实施了《南沙区2021年建筑节能、绿色建筑和装配式建筑工作要点》,该要点严格落实了南沙区年度绿色建筑的建设目标,提出了建立公共建筑能耗限额管理机制、提高建筑能效水平、修订南沙区绿色建筑与建筑节能工作指导意见等具体任务。市、区两级政府率先行动,为广州市全面实施绿色建筑开了好头。

广州市绿色建筑行动不仅有政府主导和带头执行,而且也带动了社会组织积极参与。2021年10月,广州市工程勘察设计行业协会正式设立了绿色建筑分会。作为广州市工程勘察设计的行业主管社会组织,该协会在广州市工程勘察设计专业领域具有显著影响,对于协助广州市住建部门执行行业管理、连接管理人员和勘察设计专业技术工作者、促进建筑企业与科研机构、高等学校相关学科的产学研融合发挥了重要作用。由此可见,广州市工程勘察设计行业协会绿色建筑分会的成立象征着广州市绿色建筑发展有了行业协会的管理和引领,意味着广州市建筑低碳化、绿色建筑设计、高效机房、超低能耗、综合能源技术系统等技术有了行业协会的支撑。[1] 可以预见,既有

---

[1] 廖惠康:《智慧低碳携手创 绿色发展享未来》,《广东建设报》2021年10月18日。

完善的绿色建筑管理规范和技术规范保障，又有行政主管部门和行业协会的协同管理、技术支持，广州市绿色建筑将开始一个全新发展的时代。需要注意的是，尽管前途一片光明，但毕竟绿色建筑规范刚刚开始全面实施，总结过去绿色建筑发展的经验，还存在不同程度的"重绿色设计、轻运营管理"现象。未来广州市不仅要全面实施绿色建筑设计，更应充分发挥行业组织的技术优势，强化对绿色建筑运营管理的监督，使得绿色建筑不仅有良好的设计，也应有实际运营和管理，真正实现低碳绿色，切实降低能耗，减少温室气体排放。

五 加快构建绿色低碳交通体系

交通领域的公路、航空、海运和水路运输都是碳排放的大户，因此，低碳交通是实现碳达峰、碳中和的重要保障。2021年，广州市发布了《广州市交通运输"十四五"规划》，该规划强调要推进交通运输行业碳达峰、促进行业绿色低碳发展，到2023年率先实现现代化综合交通体系在碳达峰、碳中和方面的引领作用，形成"布局合理、生态友好、清洁低碳、集约高效"的绿色出行服务体系。为此，规划提出了五点工作计划：一是要发展绿色低碳交通。主要包括加强交通运输行业节能减排的协调管理，细化编制交通领域碳达峰行动方案，深入推进交通"碳普惠"试点示范，推动大型交通运输企业申报"绿色企业"绿色项目。二是加强新能源营运车辆的应用。主要包括公交车和出租车电动化，物流车新能源化，公路货运车辆逐步新能源化，开始试点建筑废弃物运输车辆使用氢能源和电动能源。三是促进节能技术推广和应用。主要包括建设铁路、机场、港口等节能低碳交通枢纽站场，精准管控地铁站点节能，建设绿色高速公路等。四是提高轨道交通的运能和效率。五是增强交通领域环境绿化和生态修复。由此可见，广州市明确了从改善能源结构、强化节能降碳、改进运输结构、加强新能源应用等方面实现交通领域碳中和。

经过多年努力，广州市持续稳步推进绿色出行创建行动的各项工作计

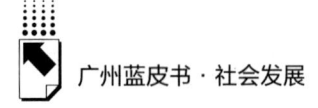

划，不断构建和完善广州市绿色低碳出行交通体系，得到政府主管部门和社会公众的肯定。2021年，经第三方统计调查，广州市民绿色出行服务的满意率高达84.5%。2021年8月10日，广州市获国务院交通运输部、公安部、商务部联合授予的"绿色货运配送示范城市"的荣誉称号，这是对广州市持续多年形成的"集约、高效、绿色、智能"的城市绿色货运配送体系的认可。此外，为提升公交车电动化应用效率，2021年广州市交通运输部门新增2座公交立体充电停车场，配套388个室内充电桩，以及新增147个公交专用充电桩，进一步完善了公交车电动化应用。而且2021年全市新增或更新的公交车辆、巡游出租车已全部使用新能源车辆。

航空运输方面，广州白云机场在2020年连续获得国际一级、二级、三级碳排放认证，创造全球最快碳排放认证记录。尽管广州市交通行业在城市公共交通领域降碳方面取得了优异成绩，但综观整个交通领域，广州市在水路运输、海运的碳中和方面还存在不足之处，有待进一步改进。比如，缺乏对水路和海运行业实现碳达峰、碳中和的具体规划和实施目标。值得欣慰的是，2021年通过的《广州市生态环境保护条例》已经专门对水路和海运的港口岸电设施做出明确规定，下一步就是具体落实船舶如何使用岸电来降低碳排放和污染。

六　深入加强森林碳汇建设

森林能够大规模吸收、储存和固定温室气体，因而具有重要的碳汇功能，是我国实现碳中和最有效、最简单的手段。2021年广州市除了以规范性文件建章立制、加强生态公益林建设、提高广州市森林碳汇能力，广州市还加强了对森林碳汇工程的监督检查，以确保森林碳汇工程落到实处，真正增加森林碳汇功能，切实提高广州市碳中和能力。从2021年6月开始，历时4个月，广州市林业和园林局等行政主管部门对全市由政府投资的林木种苗和造林绿化工程苗木的质量展开大规模筛查，重点检查了白云区、从化区、花都区、增城区的森林碳汇工程。尽管抽查合格率达到100%，但也存在施工单位未及时采取有效措施整治森林碳汇工程的多株种苗而出现病虫害、外来入侵物种薇甘菊防治不彻底等问题。[1]

此外，广州市2021年还加强了节能管理，重点对年耗电量超500万千瓦时的数据中心进行节能监察，主要对数据中心2018~2020年度企业经营情况，能源消费利用情况、信息设备电能消耗、电能使用效率、是否有备案和节能审查等进行检查审核，从而确保落实节能法律法规，保障能耗双控目标完成，助力碳达峰、碳中和目标实现。

广州市2021年在促进公众参与实现"双碳"目标上也有影响较大的行动。比如，2021年9月，广州市实施"绿色出行宣传月和公交出行宣传周"活动，以"倡导绿色出行、促进生态文明"为活动主题，鼓励公众优先选择公交出行、自行车或步行方式；2021年10月，广州市发起了"2021爱在交通公益行"活动，该公益性活动以"桥续奋进路、低碳公交行"为主题，吸引全市公民普遍参与，帮助公众树立低碳出行理念，降低城市碳排放。

七　结语

全面梳理、回顾和总结2021年广州市在实现碳达峰、碳中和上采取的法律行动和措施，可以发现广州市在探索建立具有广州特色的碳达峰、碳中和实现模式上行稳致远、日渐成熟。然而，深入思考和挖掘，还有可改进和完善的空间。实现碳达峰、碳中和是人类在全球气候变化新时代在生产生活消费方式、经济社会发展模式上进行的深刻而广泛的革命，在这样的涉及复杂利益关系调整的系统性变革中，立法、行政和司法三大国家权力一个都不能少。然而，尽管广州市已经出现涉及碳排放的案件,[2] 但与诸多法院表态为实现碳达峰、碳中和提供有力司法保障相比，广州市各级法院显然在运用

---

[1] 徐振天：《森林碳汇工程监管不到位，广州市园林局提整改要求》，https://news.ycwb.com/2021-12/02/content_40428263.htm，2021年12月2日。
[2] 董柳：《广深均已出现涉碳排放案件》，《羊城晚报》2022年1月29日。

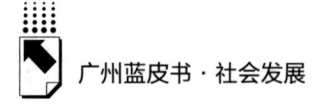

司法权促进碳达峰、碳中和上比较薄弱。同时，作为一个区域环境共同体、区域经济共同体，粤港澳大湾区需要在府际协议基础上加强低碳经济转型和实现碳中和行动的合作、交流。广州作为粤港澳大湾区中心城市，无论是在充分运用司法权保障"双碳"目标实现，还是在协同促进大湾区实现碳中和方面都应做出示范、走在前列。

B.22
广州加强自然教育基地建设培养市民生态文明意识的建议

杜 红[*]

摘 要： 广州市一直不遗余力地提升城区生态治理水平，持续建设花园城市。但在重视显性的绿色生态效果的同时，还应发展隐性效能的自然教育产品。本报告从广州市已拥有的生态环境资源出发，分别就政府主导、社会支持、市民参与等产学研深度融合的各方面，提出建设花园城市的同时，要加强自然教育基地建设，让市民出门就有机会接受自然教育，从而培养生态文明意识的建议。

关键词： 生态文明 花园城市 自然教育 碳达峰 碳中和

中共十九大报告提出，我们要建设的现代化是人与自然和谐共生的现代化，既要创造更多物质财富和精神财富以满足人民日益增长的美好生活需要，也要提供更多优质生态产品以满足人民日益增长的优美生态环境需要。因此大力发展自然教育是践行习近平生态文明思想的具体行动，是提供更多优质生态产品的前提，是实现我国"碳达峰、碳中和"重要目标，实施粤港澳大湾区绿色发展和建设美丽宜居广州的有力保证。

广州市政府从2000年开展实施"青山绿地""四季花城"工程，近年来不断"拆围透绿""还绿于民"，让广州市的公园绿地与城市街区环

---

[*] 杜红，广州市儿童公园副主任，高级工程师。

境融为一体。20多年来不断提升广州市的生态治理水平，高质量建设花园城市，为市民提供了越来越多的优质生态产品。2000年广州市已建成各类公园共118个，经过20多年的努力，2020年公园数量增加至1202个，计划至2025年广州市将建设不少于1579个公园（见表1）。然而我们重视了显性的绿色生态效果，却忽视了隐性的自然教育效能，没能及时在建成的绿地内发展自然教育产品。2021年发生的广州市大规模迁移砍伐大树事件，不仅暴露了广州市部分建设者错误的政绩观，更让人意识到生态文明意识并未随着广州生态环境的提升而同步渗透到广州发展的各个领域。

表1 广州市城乡公园过去、现状及五年规划比较

单位：个

年份	森林公园	湿地公园	城市公园	社区公园	口袋公园	合计
2000	2	0	44	72	0	118
2020	92	25	85	112	888	1202
2025	99	26	99	≥167	≥1188	≥1579

资料来源：《广州市林业和园林发展"十四五"规划》。

在密集城市建筑群中，被电器产品包围成长的青少年，是广州发展的生力军和未来建设者。我们要从小培养青少年生态文化素养和生态文明意识，才能把绿色理念渗透到个人成长的各个环节。广州市民也需要有高质量的生态文化引领，共同珍惜得之不易的生态环境，才能达到人与自然和谐共生。因此我们有必要充分利用各类公园，因地制宜地开拓自然教育基地，让市民出门就有机会持续接受自然教育。

一 广州的自然教育基地建设现状

随着"双减"政策实施，很多孩子的业余精力从课外补课转向了科普文艺课程，由于自然教育有亲近大自然的机会，受到了市民的青睐，尤其是

带娃家长对自然教育的需求量逐年递增。但自然教育并非有生态环境就能开展，还需要有便于市民接触自然又相对安全的宣传阵地，以及开展研学教育所需的人才、教材和教具。

（一）广州市内可供开展自然教育的生态环境状况

截至2020年，广州市已建成城乡公园1202个，其中国家级湿地公园2个，市级以上森林公园19个，面积超过20万平方米的财政管养城市公园就有31个。

2019年6月25日，首届粤港澳自然教育讲坛在广州举办，广东省林业厅开始扶持建设自然教育基地并授牌。2021年，省林业厅共授予80个单位自然教育基地称号。然而在广州市的众多公园中，仅有广州海珠国家湿地公园、广州动物园和广州市流溪河国家森林公园等3家公园主动按《广东省自然教育基地建设指引》要求，开展自然教育基地建设工作，并获广东省林业厅授牌。也只有19家公园开展自然教育活动而被市科创委评为广州市生态科普知识教育基地，部分还只是社区公园，其余公园并未主动发挥自然教育作用。

（二）自然教育队伍营运现状

自然教育不是义务教育的必修课程，一般由自然教育队伍提供教师或志愿者、教材和教具，进驻到自然环境中，以收费的形式为市民开展科普教育活动。目前广州市的自然教育队伍包含三类。

1. 国有自然教育机构

这类教育机构专业性强，拥有自然资源，不以营利为目的。但广州市目前国有自然教育机构不多，较突出的有海珠湿地自然学校、市林业和园林科学研究院和广州动物园等。

2. 大型企业下属自然教育部门

这类单位主要服务本公司，以教育切入市场，致力提升公司影响力。由于自然教育盈利能力弱，这些部门只会稳守本行业，社会效益有限。例如正佳广场自然科学博物馆、神农草堂中医药博物馆等。

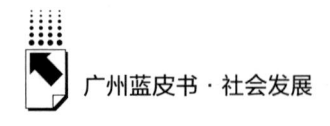

3.私企及部分个人自建组队

这类教育机构或个人以盈利为最大目的,且随着"双减"政策实施,大量补课机构及教师转行涌入无准入门槛的自然教育行列,该类队伍不容易进驻自然环境内教学,却是市场上扩充最快、服务最多的自然教育力量。

二 制约广州市自然教育基地建设发展的因素

国家林业和草原局、国家发展和改革委员会联合印发《"十四五"林业草原保护发展规划纲要》提出"提升自然教育体验质量",把建立自然教育体验场所和平台,为社会提供科研、教育、体验、游憩等公共服务作为重点工作推进。广东省林业厅也于2021年12月发布了《广东省自然教育发展"十四五"规划(2021~2025年)》,制定了广东省五年自然教育基地建设的量化计划。然而作为广东的省会城市、粤港澳大湾区的引擎城市,广州市的自然教育基地建设并未有明显的发展节奏。

(一)广州市"十四五"规划中,自然教育基地建设规划力度偏弱

广州市没有专题的自然教育基地建设计划,也没有制定广州市特色的自然教育基地标准。仅在《广州市林业和园林发展"十四五"规划》中,简单提到要"建立9个自然教育基地和一批自然生态文化教育场所",这个目标与庞大的建成公园体系相比,显然比例偏弱,且规划内并没有任务分解。

(二)自然教育属新兴行业,现有的政策法规难以推动自然教育基地建设

1.公园没有自然教育绩效目标

广州市可开展自然教育活动的生态环境包括各类公园,多数是公益性事业单位,其人员编制只满足安全生产及环境保护等保障工作,并没有开展生态文明活动的定编额,也没有任务指标,因而对自然教育活动开展主动性不高。

2. 企业难以进驻自然环境

公园没有人力和资金，难以自建自然教育基地，多数要依靠市场力量。然而依据《广州市市本级行政事业单位国有资产使用管理办法》规定，企业进驻公园要公开招租，最低限价是由有资质的评估单位以该地块周边商业价值为依据评估的。自然教育的经营难以承担商业用地的成本。

3. 缺乏自然教育规范化开展的行业标准

目前广州市自然教育活动的主管部门尚未明朗，对自然教育活动缺乏规范约束，也会有教育机构只顾营利而罔顾保护，更难总结评估和优化自然教育的效能，这将会制约自然教育的健康发展，也促进不了自然教育基地建设。

（三）自然教育只是萌芽初兴，人才发展未成规模

自然体验教育课程是一门多学科融合的综合课程。高素质的自然教育所需人才涉及自然与环境保护、心理体能、教学等跨界专业人员，培养时间较长。但目前的教学机构都比较青睐可赚快钱的在线教育，愿意录用专业人员且在户外实地开展教育的教学机构不多。加上自然环境不易进驻，导致自然教育企业难成体系发展，许多环境与自然教育专业的人才生存困难，因而容易转行。

三 关于加强广州市自然教育基地建设的建议

自然教育基地建设是开展自然教育的前提和基础。依据《广州市林业和园林发展"十四五"规划》，广州市将继续建设7个森林公园、新增14个高标准城市公园。2025年后广州市城乡公园总数将超1579个，这将是开展自然教育的丰厚资源，因而需要开展以下几个方面的建设。

（一）编制广州市专题自然教育基地建设规划

广州市鼓励更多成熟的森林公园开展自然教育基地建设、城市公园接受自然教育基地建设指引，尽可能提供自然教育场所。

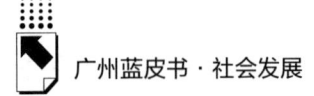

1. 在广州市规划新建的公园中，有意识按相关指引布置各具特色的自然教育所需教学阵地，包括自然体验活动的核心场所、教育主题的路径（包括步道、水道、航道等）以及宣传栏、观察台等。这些在《公园设计规范》里本就是公园配套服务设施，稍加主题设计就可同时用于自然教育课堂。

2. 对原有公园逐年设定修建计划，选择辐射能力强、示范带动效果好的城市综合公园，如越秀公园、云台花园、流花湖公园开展自然教育基地建设。

3. 组织各专类公园如"1+12"儿童公园体系、华南植物园以及文化公园等，依托现有开展科普活动的力量建立自然教育队伍，并把自然教育活动辐射到镇、县级公园内。

（二）完善在自然环境内开辟自然教育基地建设的扶持政策

在财政没有更多专项资金支持的情况下，政策导向格外重要。2019年4月，国家林业和草原局发布《关于充分发挥各类自然保护地社会功能大力开展自然教育工作的通知》，要求各地在自然保护地包括风景名胜区、森林公园等，因地制宜地制订具有自身特色的自然教育计划，把自然教育工作纳入工作全局统筹安排，打造富有特色的自然教育品牌。广州可以参照这一文件实施到广州市的森林公园及城市公园中。

1. 建议市级以上森林公园和湿地公园、面积超20万平方米区级以上城市公园绩效考核时，设定自然教育工作目标

目前大部分森林公园和城市公园均没有开展文化活动的编制人员，但有举办园林活动的财政资金，公园通常以购买服务方式开展活动。由于没有效能考核指标，资金投入与受众数量没有比较分析，公园方易将大部分资金与精力投放到有显性效果的生态环境效益上，而脑力付出较多、效果隐性的自然教育活动，只能靠管理者的主观能动性组织开展，有的只是每年固定做几次活动宣示一下工作内容。因而建议由财政资金维护的市级以上森林公园和湿地公园、面积超20万平方米的城市公园（2020年各区具备管养力度及较大规模生态条件的公园分布如表2),在绩效考核时,要设定自然教育工作目标,让自然教育的社会效益成为负责人任期责任目标之一,在现有人力资源及资金的条件下,依据绩效目标调整工作思路,把自然教育提到公园重要工作中,至少要明确组建可宣传公园生态环境的讲解员队伍。

表2 2020年各区具备管养力度及较大规模生态条件的公园分布

单位:个

行政区	市级以上森林公园	市级以上湿地公园	20万平方米以上财政城乡公园	小计
越秀区			5	5
海珠区		1	0	1
荔湾区			1	1
天河区	3		4	7
白云区	2		7	9
黄埔区	2		3	5
花都区	3	1	5	9
番禺区	1		1	2
南沙区			2	2
从化区	4		0	4
增城区	4		3	7
合 计	19	2	31	52

资料来源:根据广州市林业与园林局《广州市公园名录(截至2020年底)》整理。

2. 制定自然教育基地建设的合作指引,充分发挥专业学会、协会等社会组织的协调和督导作用,提高进驻公园的自然教育队伍素质准入门槛

"双减"政策实施后,大量原文化课补课机构转行涌入没有规范约束的自然教育活动,导致行业内鱼龙混杂。为规避公园管理,一般组织活动不按规范向公园报备,对游客的安全及对环境的保护都没有保障。建议要制定自然教育机构进入公园的准入门槛,规定进驻公园的教育机构,所授课件要与国家生态保护和建设的方针政策不相冲,要有保护环境的意识与宣贯能力,对服务对象的安全要有保障措施,自然教育机构师资以及诚信度要有一定的高度等。借专业学会、协会等社会组织的协调和督导力量,对有意开展自然教育的机构进行评估考核,达标后才能核发准入证进驻各公园开展自然教育活动，进一步完善公园开展自然教育基地建设的文件体系。

3. 允许公益与市场行为并存，适度降低自然教育机构进驻公园的成本

目前大多数自然教育活动是市场行为，自然教育基地建设可在财政管养公园的生态基础上，依靠企业资金启动。但目前公益性事业单位对进驻公园的自然教育企业会望而却步，是因为没有合适的政策指导，作为事业单位该如何收取活动场地租借费用。建议结合《广州市市本级行政事业单位国有资产使用管理办法》，统一制定公园与自然教育机构合作办法，适当给自然教育队伍进驻公园提供场地费用优惠，或以量化的社会效益代替经济效益，从而扶持自然教育在城市绿地内广泛开展。

（三）实施"产学研"深度融合，高质量建设自然教育基地

公园有丰富的自然生态和人文景观，高校有深厚的教学功底，博物馆有研究和宣教力量，市场企业有资金及策划营运能力，这些都是开展自然教育的优质条件。建议在政府规划及政策主导下、凡市级以上森林公园和湿地公园、面积20万平方米以上城市公园加强"产学研"合作，携手在理论研究、人才培养、基地建设、文创发展等方面深度合作，以公园提供生态资源及保护经验、高校及博物馆编写教材和人才输送、企业负责策划营运等融合模式，拓宽思路让更多优秀人才参与到自然教育事业中来，促进自然教育基地的建设和良好发展格局，让市民自觉投入绿色低碳生活，从而建设人与自然和谐共生的宜居广州。

1. 建议高校开展自然教育的理论研究和课程开发，为将来自然教育纳入义务教育体系做准备

广州市高校有不少涉及自然环境以及教育的专业，公园应尽量提供实践场地让广大学子亲临自然环境开展科研、教育等实践活动。作为互助互利，高校也可就不同地域特色为公园编制专属自然教育课程，并让高年级大学生以实习生或志愿者的方式开展自然教学活动。在长期的合作中，高校可以开展相关研究活动，按广州市的本土生态特征评估、总结及优化自然教育模式，推动自然教育学科建设，为将来自然教育纳入义务教育体系积累理论

基础。

2.建议博物馆把对自然生态的研究、展陈及宣教作用辐射至各公园

广州市大部分博物馆都是公益性事业单位，都有研究、展陈及宣教部门，一直把送展进校、送展下乡作为己任。公园也有丰富的人文历史景观与大规模的进园人流。建议公园可与博物馆合作，充分利用博物馆这支集研究、展陈及宣讲于一体的优质队伍，在传承文化、宣讲美学的同时，依托公园的生态环境开展自然生态、自然发展等文化普及活动，把生态文化图片展、工艺展等临时展览引入公园，或依据公园本土的历史文化特征开展游客互动活动，以公园大量的人流量加强临时展览的受众面，在扩大博物馆社会效益的同时，也可提高市民的整体素养。例如广东省博物馆的"行走广州系列"活动就曾带着动物造型的展品走进广州动物园，让游客对照现实与艺术造型来欣赏动物的神韵。广州博物馆的"地球历史与生命演化"、南越宫遗址的"御花苑遗址"等可转化成图片展送到公园，让更多市民了解历史环境与当下的变迁。广州农民运动讲习所的"虫虫飞进课堂里""集齐莲花莲叶小青蛙，召唤春天"等互动课程，都很适合进驻公园惠及广大游客。而更多的镇、县公园更需要有优质的教研队伍送展、送课，在丰富公园活动的同时，提升附近居民的生态文明素养。

3.建议企业以教育切入市场，在资助公园建设自然教育基地的同时，提升企业认知度

首先，随着我国已把生态环境保护摆在治国理政突出位置，很多大型企业在发展的同时也愿意以传播生态保护意识回馈社会。至2020年，广州环保投资集团已在不同行政区投资建成了4座环保公园，并大力开展学生研学活动。广汽本田汽车有限公司也在流溪河流域建成了生态教育基地，让从化乐明村成为亲子与生态体验的"网红打卡地"。大型企业做公益事业，也可以提高公众对企业品牌的认知度。建议有条件的公园与大型企业合作，借企业人力与财力，全方位打造自然教育基地。

其次，自然教育活动涉及不少户外用品。生产企业为了推广自己的产品，都需要有展陈机会。建议城乡公园可以依据公园特性，分阶段接纳部分

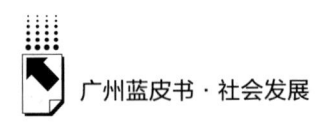

企业的科普宣传队伍，一方面将企业的设施及用品投资给公园开展自然教育基地建设，另一方面也可展示企业的产品品牌效能。

最后，园林设施企业也可为基地建设提供硬件配置。2021年3月广东省林业厅就编制了《广东省自然教育基地建设指引》，提倡自然教育基地建设以提供自然教育课程和自然体验为核心内容，尽量减少人工设施建设。因而自然教育基地建设应避免大拆大建，可以通过增设可移动的园林设施，例如花架廊、艺术展架及艺术板房等完善自然教学所需基本设施。而随着园林事业的发展，园林设施不断推陈出新，很多轻巧精美的园林产品不断问世，园林企业也需要推广应用，因而建议公园可与园林企业合作，引入新颖园林设施，提供限时展陈场地给园林企业，让园林企业负责临时自然课程，同时推广应用园林新产品。

参考文献

方秀、许振渊：《国家森林公园自然教育基地规划策略分析》，《农家参谋》2019年第13期。

李敏：《广州公园建设》，中国建筑工业出版社，2001。

广州市林业和园林局：《广州市林业和园林志（2001-2017）》2019。

广州市林业和园林局：《广州市林业和园林发展"十四五"规划（修订）》2021。

B.23
广州在食品经营环节推行"申请人承诺制"的建议

杨姝琴[*]

摘　要： 食品经营环节推行"申请人承诺制"，是广州深化审批制度改革、优化营商环境的内在要求，旨在进一步简化和优化食品经营许可流程，提高审批效能。目前广州在食品经营环节办理经营许可证存在三大问题：一是办证程序过于烦琐；二是事中事后监管方式粗放；三是创新监管改革动力仍显不足。借鉴深圳、成都和顺德等市在食品经营环节推行"申请人承诺制"的做法和经验，建议：一是以市场需求为导向放宽准入，推行"申请人承诺制"；二是打通数据壁垒，提升办证便利度；三是以改革倒逼，创新事中事后监管。

关键词： 营商环境　申请人承诺制　数据壁垒

我国《优化营商环境条例》和《广州市优化营商环境条例》均多次提及推行告知承诺制，并指出"符合相关条件和要求的，可以按照有关规定采取告知承诺的方式办理"。2020年10月，国务院常务会议决定全面推行证明事项和涉企经营许可事项告知承诺制，以改革更大便利企业和群众办事创业。在食品经营环节推行"申请人承诺制"，是广州建设国家营商环境创新试点城市的内在要求，是广州推动营商环境改革迈入5.0时代的深入探索，旨在进一

---

[*] 杨姝琴，中共广州市委党校经济学教研部副教授。

步简化和优化食品经营许可流程,提高审批效能,引导持证经营,加强事中事后监管,促进经营者落实食品安全主体责任,推动社会信用的构建,保障食品安全。目前广州在食品经营许可领域,出于食品安全管控考虑,暂未全面推行"许可事项告知承诺制",大大影响了广州市场主体满意度和获得感的提升。

一 市场准入告知承诺制的适用范围

市场准入告知承诺制是指在市场主体从事商品生产、经营活动之前,向社会公众通报并做出承诺的一种机制。《中共中央关于制定国民经济和社会发展第十四个五年规划和2035年远景目标的建议》指出,实行企业经营许可证清单制度,强化企业的事中、事后监督。实行市场准入承诺是党的十九大五中全会关于"转变市场监督"的重要举措,相对于以往的"市场准入",其实质在于削弱"前置审核",强化事前监管和事后监管。其弱化体现在实施过程中,不履行事先的程序检查,仅提供书面的形式,即政府主体根据有关法律法规,就行政许可事项的条件、标准及法律责任等内容对行政相对人进行书面告知,申请人对照告知内容进行书面承诺,行政主体根据申请人的承诺及相关材料即可做出是否给予行政许可的决定。在行政审批的市场环境下,政府作为一张"谨慎的过滤器",对涉及公共利益和经济社会秩序的事务进行事前防范,做到"防患于未然"。在"放管服"的过程中,对行政审批的要求,一方面要对其进行深入、仔细的实质性审核,要尽到把关的责任;另一方面要有一定的节制,要掌握适度的度,要尽量降低对个人和财务上的约束。根据我国的行政诉讼法,实行市场准入通知制度时,必须对以实质性形式进行的行政许可行为予以禁止。我国现行的市场准入制度有两类:一是广义的,二是特殊的。

(一)一般性市场准入的告知承诺制

广义市场准入,也就是商业注册,根据我国《行政诉讼法》第12条第5款规定,注册机关按照规定的条件和手续,对市场主体的注册请求进行审核，并将其公开，从而获得市场主体的身份。2001年，在上海市浦东和外高桥地区，首次在工商注册中实行了"通知"制度，并在全国范围内陆续推出了有关政策，使其在商业登记中得到广泛运用。2020年，北京市出台《北京市市场主体登记告知承诺制度实施意见（试行）》（以下简称《实施意见》），《实施意见》与《上海市浦东新区企业设立、开业试行告知承诺制审批方式的细则》相比，其中关于企业设立、开业告知承诺制的规定更为完备。加强对注册后的每日监督，实行双随机抽样，并对未兑现、不兑现的行为给予相应的惩罚；加强对失信行为的监督和处罚，运用大数据技术对有关人员进行信息公开，并采取联合处罚的方式。

（二）特别许可市场准入的告知承诺制

根据《中华人民共和国行政诉讼法》第12条第1款、第2款、第3款、第4款规定，在进入市场前，应在涉及国计民生的具体问题上，增加一些前置许可，确保其满足有关的特殊规定。2018年，国务院发布了《关于在全国推开"证照分离"改革的通知》（以下简称《通知》），明确了19项实行"告知承诺"的审批，包括公共场所卫生许可、食品相关产品生产许可证核发、电影放映单位设立审批、包装装潢印刷品和其他印刷品经营活动的企业审批、假肢和矫形器（辅助器具）生产装配企业资格认定等。《通知》是推进市场准入告知承诺制的一项重大指导，根据《关于全面推开公共场所卫生许可告知承诺制改革有关事项的通知》、住房和城乡建设部《关于实行建筑业企业资质审批告知承诺制的通知》、湖南省市场监督管理局《关于改革期间实行食品相关产品生产许可告知承诺制度的通知》，结合各行业和地区的具体特点，明确了对各种特殊许可的日常监管和处罚规定。广义市场进入本质上是一种形式化检查，但是特殊许可证的市场进入会包括实质性检查，所以应该谨慎使用，以防止违反实质性检查的规定。鉴于我国市场化进程逐步深入，可以采用委托立法的方法来推动对实体审查制度的取代。

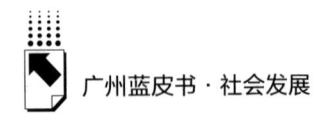

二 广州在食品经营环节办理经营许可证存在的问题

近年来，尽管广州"证照分离"改革通过取消部分审批事项、审批改备案或告知承诺的方式，把一些审批项目进一步简化甚至取消，但在实际操作中，办理食品经营许可证的过程中仍然面临许多堵点、痛点和难点。

（一）办证程序过于烦琐

2020年5月，广州开通企业开办"一网通办"平台，实现企业开办全程网上办理，0.5个工作日取证。连锁企业普遍反映广州办照便利度显著提升，但是企业后续还需要办理食品、公共卫生、环保等许可证，这些属于后置审批，严重拖慢了企业开业的进度。目前广州各区的食品企业监管基本上是根据《食品安全法》《食品经营许可管理办法》相关规定，即使企业总部已经申领《食品经营许可证》，连锁食品经营企业后续每开一家直营分店仍需要申请一次。在连锁食品经营方面，许可审批是在营业场所装修完毕，厨房、前厅设备设施到位，具备营业条件的情况下才提交申报材料。同时，《食品经营许可管理办法》规定，相关机构应自受理申请之日起20个工作日内应做出是否准予行政许可的决定，有特殊原因的可以再延长10天。目前由于广州各区现场核查标准不统一、核查时间过长等现实因素的影响，企业在具备营业条件的情况下，从提交申请到拿到食品经营许可证一般需要三至四周时间甚至更长。这样不仅增加大量的前置审批环节，而且耗费大量时间，大大延缓了企业正式经营的时间。虽然广州市目前已在个别区（如南沙）实行了《大型连锁食品经营单位食品经营许可试行"申请人承诺制"工作实施办法》，但限定条件较多，适用范围很小。

（二）事中事后监管方式粗放

对于餐饮连锁企业而言，既要降低进入门槛，又要加强对食物的安全保护，需要持续地对其进行监督。特别是很多新零售和新业态在餐饮业涌现，给原有的管理思路带来极大的冲击。以往的监管侧重于分区、行业监管，采取人工巡查、专项行动、行政处罚等线上监管手段，已不能满足"四新"经济网络化、扁平化、平台化、融合化的趋势和需求，这给监管机构的权力和信息的分享带来了严峻的考验，执法过程中存在监管缺失、相互推诿、重复执法、选择性执法等问题。比如在共同处罚方面，有的单位建议，要制定一个共同处罚的名单，但实际工作中，其他单位是否能做到，就不得而知了，各有关单位之间的合作也缺少一套行之有效的交流机制和途径，这就要求顶层设计。

（三）创新监管改革动力仍显不足

很多企业表示，广州1.0版本至4.0版本的营商环境改造取得了明显效果，各个行业都在推动重组审批和监督工作，使工作程序大为简化。但是，与国内发达地区在证照分开方面的大胆探索相比，广州在实行"承诺制"和"容缺制"方面较为保守，设立了很高的准入标准，有些事情"放"不完，"证"的环节也进行了一些调整，但是"照"这一块却没有得到有效落实，尤其是广州在国内各大连锁公司中，相对于发达的大城市来说，甚至相对于粤澳大湾区来说，它的体制改革积极性并不高，没有充分地发挥改革的作用。

三 国内城市在食品经营环节推行"申请人承诺制"的改革经验

从目前全国各地餐饮业环境管理改革的情况来看，审批豁免制和告知承诺制是普遍采用的两种方式。成都、深圳和佛山顺德区在这方面已经先行做出示范，并取得了较好成效。

（一）成都市在食品经营环节推行"申请人承诺制"的先行示范

为优化食品经营许可条件、简化许可流程、缩短许可时限，降低食品经营企业准入准营的制度门槛和交易成本，2019年成都市市场监管局会同市

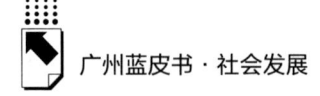

网络理政办出台《关于推行连锁企业食品经营许可"申请人承诺制"的指导意见（试行）》，推行连锁企业食品经营许可"申请人承诺制"。符合条件并申请适用的连锁企业总部，经评审纳入适用范围后，其新开办直营连锁门店申请食品经营许可适用"承诺制"审批，实施"先发证、后核查"规范。为保障食品安全，对于适用该制度取得食品经营许可的门店，通过"证后检查、信用惩戒"等方式加强事中、事后监管，实现科学监管与发展经济之间的良性互动。截至目前，成都市已有28家连锁食品经营企业申请适用（其中24家通过评审），100余家连锁门店适用"承诺制"并成功取得食品经营许可，顺利开展经营。

（二）深圳市在食品经营环节推行"申请人承诺制"的经验借鉴

为了推进食品经营管理体制的改革，简化和完善食品经营许可证管理程序，推动食品经营连锁经营企业健康发展，深圳市在2016年6月发布了《深圳市市场监督管理局关于持续推进大型食品连锁经营单位食品经营许可"申请人承诺制"改革的通知》，对全市范围内的超市、便利店、专业店、综合商场等采用统一商号、统一采购配送食品、统一经营管理规范的门店，实行"申请人承诺制"。新冠肺炎疫情发生后，为了适应市场需要，深圳市工商局在建立"通知承诺制度"等方面做出了很多改革。对大的连锁店实行"审核通过批核制"方式。现在已经有23个餐厅，如星巴克、盒马、喜茶等，有3000多个店面，都已经按照大的连锁店申请者承诺制度取得了相应的营业执照，每次新的分店不再需要办理食品许可证。审批速度大幅提升，批准程序精简，企业对市场的投资积极性不断上升。

（三）佛山市顺德区首推食品企业"一照通"改革

佛山市顺德区工商局在佛山市工商局的指导下，率先开展了试点工作，承担"一照通"的试点工作，把所有涉及的行政审批事项和工商登记事项统一起来，实现一次受理、审批和发照。在此项制度下，仅发放营业执照，而未发放任何食品生产许可。各市场主体仅持一份营业执照，就可以办理相关的食品生产许可证，做到一家企业一照一证。顺德于2020年11月又一次将"一照通"的改革推广到全国的食品销售和餐饮服务领域，今后从事食品销售和餐饮服务的企业都可以在申请营业执照的同时申请食品生产许可证，做到"一张、一次申请、一次跑"。全年受益主体将增加12000户，全年节约5.07万人，全市企业创建效率比原来提高33.1%，激发了市场经济活力。

四 广州在食品经营环节推行"申请人承诺制"的政策建议

在食品经营许可改革的总体思路是将管理重心从事前审批向事中和事后监管转移，通过推行"申请人承诺制"放宽准入，由企业总部签署诚信经营承诺书，集中提交布局流程图予以统一审核，创新食品经营监管方式，实现宽进严管，激发市场活力和动力。

（一）以市场需求为导向放宽准入，推行"申请人承诺制"

由于餐饮企业对自己的品牌意识不强，客观上违法的费用较高，因此，提出在办理《食品经营许可证》时，应当实行"申请人承诺制"。推荐大型餐饮连锁店为以上方法进行试点的企业，包括：超级市场（超级市场）、专门店（专柜）、综合性购物中心、大型餐馆、中型餐馆、小型餐馆、饮品店、糕点店等。特别是新零售、生鲜电商经营模式日趋多样化，提出建立试错、容错机制，降低行业准入门槛，强化事中、事后监管，先落地试行、后规范监管，探索适应新业态特点的审慎包容监管方式，深化商事体制改革，进一步推进"证照分离"，在连锁经营等细分领域推行"申请者承诺备案制度"。各试点单位要签订"诚实守信"，强化公司的内部治理，严格执行有关的法律责任。由市食品药品监督管理局提出，并将"规划流程图"集中报送，经审查合格的上报各区。各连锁店按照总公司上报审批后的规划流程图实施，但在日常监督过程中，如果发现场地布置与初审批准文件不符之处达20%以上，或者有不符合《食品安全法》和《食品经营许可管理办法》的违规行为，将责令整改，依法给予相应的惩罚，甚至可以对其实行取消《申请人承诺制》的试点资格的惩罚。

（二）打通数据壁垒，提升办证便利度

对广州连锁企业食品经营许可推行"申请人承诺制"改革涉及的办事情形、审批和服务事项、办事指南、所需材料和表单、办事流程等进行梳理细化，按照"一套材料、一表登记"的原则，将办理营业执照信息与经营许可信息编制成综合申请表，整合简化文书规范，使办事更便利。按照统一规范和标准，改造升级各相关业务信息管理系统，可借鉴佛山顺德经验，将涉及市场监管部门的商事登记、食品经营许可等事项通过一体化平台统一受理、审批，打通政府部门内部之间数据壁垒，实现各部门、各层级、各业务系统数据信息互联互通、充分共享，最大限度地做到"数据多跑路，群众少跑腿"。

（三）以改革倒逼，创新事中事后监管

广州实施了"两个随机一次"的抽验制度，强化了对案件的事前监督，使案件从受理到结束的全程信息披露，创造了一个公开、公正的市场竞争市场。由于食物生产许可证的简化，使得审批的速度变得更快，但这并不是说拿了就能放心，也不代表可以造假。我国实行"证照分离"，放开了市场，使我国的企业数量迅速增加，但是，我国目前存在的问题并不少，这就给今后的发展带来了新的挑战。广州提出连锁餐饮企业实行"申请者承诺制"的监管办法时，应分别从事中和事后监管两方面进行考量；要对已制定的各项工作事中、事后监督计划和协调监督制度等进行深入和细化，以提高其可操作性，并在实际工作中加以检验和改进；对有潜在危险的因素进行分析，并制定相应的风险预防措施；推行"一次全面、多个领域"的管理办法，有效地实现了专业化监督与一体化监督的有效衔接；通过建立配套的审批预警机制，与信用惩戒联合起来，对虚假承诺的失信行为进行严格监管，对检

查中发现与承诺内容不相符的，给予严肃和严厉的行政处罚，并将经营主体划入失信黑名单，让失信者"一处失信，处处受限"。

参考文献

陈兴华：《市场主体信用承诺监管制度及其实施研究》，《中州学刊》2019年第5期。

黎军：《行政审批改革的地方创新及困境破解》，《广东社会科学》2015年第4期。

李燕：《完善政务服务告知承诺制度推进信用承诺及服务型政府建设》，《宏观经济管理》2021年第3期。

林鸿潮、张涛、李昱音：《公共安全领域告知承诺制的实施困境及其调适》，《中国行政管理》2021年第3期。

中国行政管理学会课题组张定安、鲍静：《深化"放管服"改革建设人民满意的服务型政府》，《中国行政管理》2019年第3期。

B.24
广州加快农业农村现代化面临的问题及对策建议

彭振 左向宇 王阳*

摘　要： 实施乡村振兴战略是新时代"三农"工作总抓手。本报告从五个方面总结了近年来广州实施乡村振兴战略的主要做法和成效，分析了农村产业发展、城乡区域发展、农村资源要素、乡村人才、乡村振兴资金投入等方面存在的问题，并提出五条对策建议：一是强化统筹协调，加强党对"三农"工作的全面领导；二是强化规模经营，培育具有全国竞争力的农业经营主体；三是强化载体建设，打造城乡融合发展"广州样本"；四是强化人才培养，加快实现乡村人才振兴；五是强化投入保障，建立健全多元化可持续投融资机制。

关键词： 乡村振兴　农业农村现代化　广州

民族要复兴，乡村必振兴。脱贫攻坚取得胜利后全面推进乡村振兴，是"三农"工作重心的历史性转移，是以习近平同志为核心的党中央做出的重大决策部署。实施乡村振兴战略是新时代"三农"工作总抓手，也是广州加快实现老城市新活力、"四个出新出彩"的必然要求。为推动广州在新发展阶段的新起点上全面推进乡村振兴，调研组深入从化、增城、花都、南沙

---

* 彭振，广州市委政研室城乡研究处三级主任科员，主要研究方向为城市管理与乡村振兴；左向宇，广州市委政研室城乡研究处处长，主要研究方向为城乡发展与乡村振兴；王阳，广州市委政研室城乡研究处三级主任科员，主要研究方向为城乡发展与规划。

等外围涉农区开展专题调研，梳理了广州乡村振兴的工作成效和存在的问题，提出相应的对策建议。

一 广州乡村振兴取得明显成效

近年来，广州深入学习贯彻习近平总书记关于"三农"工作重要论述精神，大力实施乡村振兴战略，培育发展现代精细农业、精美农村、精勤农民，奋力在全省乡村振兴中当好示范和表率。广州乡村振兴战略实绩考核连续三年居珠三角片区第一，农村居民人均可支配收入增速连续14年超过城镇居民，2021年达到3.45万元，同比增长10.4%，城乡居民收入比缩小为2.15∶1；农业增加值为306.41亿元，同比增长5.5%，农业总产值550.97亿元，同比增长7.1%。

（一）坚持党建引领，提升乡村治理现代化水平

广州市成立由市委书记任组长的乡村振兴工作领导小组（实施乡村振兴战略领导小组），在广东省率先建立市四套班子成员和法检两长联系乡村振兴等工作机制，完善基层党组织领导的共建共治共享社会治理格局，从化区温泉镇、花都区瑞岭村等1镇4村入选第二批全国乡村治理示范镇（村），白云区太和镇、黄埔区埔心村等7镇49村入选2021年省级乡村治理示范镇（村）。

（二）坚持因地制宜，推动都市现代农业高质量发展

广州严格落实粮食安全党政同责，获广东省落实粮食安全政府责任制考核优秀。积极培育蔬菜、畜禽、水产、花卉等特色产业，着力保障重要农产品供给，一批绿色生态循环现代化生猪养殖场陆续投产，2021年生猪年出栏62万头、产能达近5年新高。加快建设国际种业中心，国家"菜篮子"考核获评优秀，与138个地市共建粤港澳大湾区"菜篮子"工程，创建1个国家级、22个省级现代农业产业园。番禺区获批国家级沿海渔港经济区，

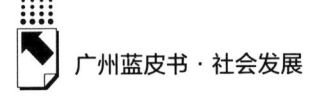

国家级农业龙头企业、上市农业龙头企业数量全省第一。从化区、花都区红山村、增城区正果镇分别入选全国休闲农业重点县、中国美丽休闲乡村及省级乡村民宿示范镇，广州乡村成为市民出游热门目的地。

（三）坚持梯次推进，打造岭南特色生态宜居美丽乡村

统筹布局水、电、气、路、网等基础设施，新改建"四好农村路"860公里，实现村庄保洁覆盖面、生活垃圾无害化处理率、生活污水收集率、生活污水治理完成率、无害化卫生户厕覆盖面5个100%，累计建成城乡碧道821公里，自然村全部达"干净整洁村"标准、88%行政村达"美丽宜居村"标准、180条行政村达"特色精品村"标准，形成21个美丽乡村群和13条新乡村示范带，从化区农村人居环境整治获国务院督查组激励，黄埔区获批"国家生态文明建设示范区"。

（四）坚持普惠共享，提高城乡公共服务一体化水平

健全农村重大疫情防控和公共卫生服务体系，农村"一元钱看病"模式稳步推广，普惠性幼儿园、高质量农村养老设施、长者饭堂实现镇村全覆盖，新时代文明实践中心（站、所）全覆盖，文明镇、村覆盖率均达100%，农民的获得感、幸福感、安全感显著增强。

（五）坚持改革创新，加快推进城乡融合发展

推进国家城乡融合发展试验区改革发展，广清接合片区实施方案印发，积极推进建立城乡有序流动的人口迁徙制度、完善农村产权抵押担保权能等重点改革任务，推进黄埔区、新龙镇创建全省城乡融合发展示范区、试点镇，打造跨区域城乡融合发展典范。持续深化农村土地等综合改革，出台发展新型农村集体经济若干措施，实施强镇兴村行动，基本完成全国整市推进农村集体产权制度改革试点城市任务，黄埔区获评为全国农村集体"三资"管理示范县，从化区获评全国农村承包地确权登记颁证工作典型地区。

二 广州乡村振兴面临的突出问题

（一）农村产业发展水平有待提升

广州现代农业和乡村产业虽然取得长足发展，但仍存在产业结构不合理、产业链不完善、农产品经济效益低等问题。一是农村产业形态不够丰富。存在产业链条较短、产业链断层等问题，在农业产品深加工、冷链物流设施建设等方面相对滞后，如从化、增城部分区域物流通达率低，缺乏农产品大型仓储、冷链等设施，造成生鲜农产品配送能力不足。二是农产品附加值有待提高。市场投放方式粗放，缺少文化品位和品牌意识，存在低端农产品过剩和高端优质农产品供给不足两者并存等问题。三是新型农业经营主体发展较慢。农业龙头企业、家庭农场实力不强，品牌影响力和产业链接能力较弱，农民专业合作社普遍规模小、层次低、质量不高，在农产品销售时规模不大的农民合作社难以获得议价优势，小农户面临的生产成本等问题难以有效解决。

（二）城乡区域发展仍然不平衡

广州城市和农村、工业和农业差距仍然较大，推动城乡融合发展任务艰巨。一是经济发展不均衡。从化、花都、增城等涉农区经济实力不强，农村地区经济发展仍然相对滞后，与中心城区经济发展差距较大。二是城乡居民收入差距大。城乡居民收入绝对差距仍在扩大，偏远村集体收入较低，少数经济欠发达村稳定脱贫基础还较脆弱，面临一定返贫风险。三是基础设施和公共服务不完善。有的山区基础设施老旧、风貌杂乱，乡村建设管护水平亟待提升，教育、医疗、住房、养老等服务难以满足农民需求，农村4G网络覆盖能力有待提升，光纤网络未覆盖全部自然村，5G网络建设进展较慢。

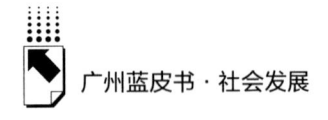

（三）农村资源要素盘活利用不够

随着城镇化不断推进，农民大量进城，农村土地等资源普遍存在浪费现象，价值有待释放。一是土地闲置现象普遍。部分进城农民宅基地或耕地得不到有效利用甚至闲置，分田到户的耕地荒废，"空心村"现象大量存在。二是土地流转效率不高。由于土地分散、农户流转意识不强，土地流转服务政策不够精准，导致集中连片土地规模流转成功率不高，个别地方土地流转地价较高、期限较短，制约了农业规模化发展。目前广州农村家庭承包耕地流转不畅，土地适度规模经营水平不高，一定程度上导致未能培育出具有全国影响力的大型农业龙头企业。三是乡村产业振兴面临用地难题。乡村产业发展需要的设施农业用地适用面小、范围窄、标准上限低，建设用地指标落地难、规划滞后、土地出让成本高、审批手续复杂，用地难已成制约乡村产业振兴的重要瓶颈，特别是文旅项目无法落地问题较突出。

（四）乡村人才仍然比较短缺

随着乡村人才大量流入城市，谁来振兴乡村成为一大问题。一是乡村人才结构不合理。学历水平偏低，初中及以下学历的普通型人才占比过大，高中和中专学历的技能型人才短缺，大专及以上学历的创新型高层次人才极其匮乏。乡村留守妇女、儿童、老人已成为农业生产经营的主力，现代科技管理等难以向乡村渗透。行业分布不均衡，人才大部分集中于第一产业，创新创业、公共服务、乡村治理等领域人才匮乏。二是乡村创新创业环境欠缺。人才薪酬待遇和职称晋升等政策向乡村倾斜力度不够，乡村人才分类评价机制不完善，人才、智力、技术、管理下乡通道不顺畅。三是乡村带头人队伍整体素质仍需提高。虽然近年来通过深入实施"头雁"工程、"青苗"工程、"羊城村官上大学"工程，推进"软弱涣散"基层党组织整顿，以及村（社）换届选举，农村基层党组织成员学历、年龄等得到很大优化，但培养懂农业、爱农村、爱农民的"三农"工作队伍仍有很长的路要走，发掘培养能够团结带领农民发展致富的带头人还有大量工作要做。

（五）乡村振兴资金投入仍要加强

广州村域面积大，占全市总面积约78%，偏远农村地区发展普遍滞后，要改变乡村落后面貌，持续加大资金投入是关键。一是财政投入力度仍需加大。近年来广州涉农财政投入逐年增加，市本级乡村振兴支出占财政支出比重约15%，考虑土地出让收益分配，实际比重更低。二是社会资本下乡投资顾虑重重。由于农村土地、房屋等关键要素产权不清、流转不畅，导致资本下乡顾虑较多，长期投资缺乏信心。三是乡村金融服务体系不够完善。鉴于乡村投资项目周期长、周转慢、风险大，商业性金融机构对加大投入积极性不高，信贷投放按部就班缺乏创新，乡村发展融资难、融资贵等问题未能有效解决。

三 新发展阶段全面推进乡村振兴的对策建议

新发展阶段"三农"工作依然极端重要，全面推进乡村振兴仍然任重道远。广州要深入学习贯彻习近平总书记关于"三农"工作重要论述精神，把握新发展阶段，贯彻新发展理念，服务构建新发展格局，坚持目标导向与问题导向相结合，发挥优势、突出特色，抓住重点、补齐短板，大力实施乡村建设行动，全面推进乡村振兴，加快农业农村现代化，走出一条具有广州特色的超大城市城乡融合发展道路，促进农业高质高效、乡村宜居宜业、农民富裕富足，勇当全省乡村振兴迈进全国第一方阵的排头兵。

（一）强化统筹协调，加强党对"三农"工作的全面领导

一是严格落实五级书记抓乡村振兴要求。推动一级抓一级、层层抓落实，建立健全上下联动、多方协作、整体推进的工作机制，在要素资源保障、新型主体培育、设施农业建设、农业科技创新、基础设施改善等方面

加大政策支持。二是推动农村基层党组织全面进步全面过硬。深入实施"头雁"工程,选优配强农村党组织带头人,抓好村"两委"成员特别是村党组织书记培训,健全考核评价机制,探索推动优秀村党组织书记纳入镇(街)事业编制、进入公务员队伍和镇(街)领导班子。三是加快提高乡村治理现代化水平。完善基层党组织领导的共建共治共享社会治理格局,发展新时代"枫桥经验",推进国家和省级乡村治理示范区、镇、村建设。

(二)强化规模经营,培育具有全国竞争力的农业经营主体

一是加强土地流转。完善农村土地经营权向规模经营主体流转财政激励机制,加快构建"政府鼓励、镇村参与、农民主体、财政奖补、依法有偿"的土地流转新机制。创新点状供地模式,完善配套管理细则,简化审批手续流程,大力破解乡村振兴项目用地瓶颈。二是做强农业龙头企业。实施农业龙头企业培优工程,建立健全农业重点产业"链长制",完善稳链、补链、强链、建链联动协调机制,带动现代农业产业链上下游企业协同发展,对标温氏、双汇等知名农业企业,培育一批国家级、省级、市级农业龙头企业。三是发展农业经营组织模式。加快农民专业合作社规范化建设,鼓励支持联合、重组等方式组建联合社,提高生产经营和市场开拓能力,大力发展家庭农场,建立"合作社+家庭农场""农业龙头企业+合作社+家庭农场"等多种农业经营组织模式。四是做大做强农业特色产业。健全现代农业生产经营体系,实施重要农产品增量提质行动,高标准建设现代农业产业园,发展壮大蔬菜、水产、花卉、畜禽、水果、种业、休闲农业等特色产业集群,大力发展农业总部经济,因地制宜建设城市农业公园和大型田园综合体,加快农村第一、第二、第三产业融合发展。优化都市现代农业发展空间布局,加快构建以广州为枢纽的粤港澳大湾区"菜篮子"生产流通服务体系,推动形成环城都市田园农业发展示范片、从化城乡融合发展示范区、增城高科技农业示范区、花都现代都市农业示范区、南沙现代种业创新示范区"一片四区"格局,提升特色优势农业竞争力。

（三）强化载体建设，打造城乡融合发展"广州样本"

一是加快完善体制机制。发挥城市资源优势和辐射带动作用，加快完善城乡融合发展体制机制和政策体系，推动建立工农互促、城乡互补、全面融合、共同繁荣的新型工农城乡关系。二是强化城乡融合改革试验。深化国家城乡融合发展试验区广清接合片区改革发展，推行"三产融合+三变改革+城乡互动"城乡融合发展模式，创建一批典型项目，抓好升级城乡融合试点，实施强镇帮村带户工程，探索具有"广清一体化"特色的城乡融合发展路径。三是发挥中心镇等的辐射带动作用。高度重视中心镇、特色小镇等载体在乡村振兴中的战略性作用，加强"城区—中心镇—村"的一体化顶层设计，以做大做强中心镇块状经济为抓手，强化中心镇建设，拉动专业镇、特色小镇、美丽宜居乡村等发展，破解城乡二元结构痛点，使城镇充满活力，农村充满朝气。四是因地制宜分类推进乡村建设行动。根据农民意愿，对一些不适宜居住和发展"空心村"进行迁移，将"少乱散"村庄特别是自然村和居民点与中心村整合优化布局，腾出土地空间发展现代产业园区，实现人口和发展要素有效集聚，发展规模经济。对有鲜明地域文化特色的镇村特别是历史文化名镇名村，要打好"特色牌"，保持独特的文化和地域风情，培育休闲旅游、民宿等新产业、新业态。

（四）强化人才培养，加快实现乡村人才振兴

一是充分发挥广州地区农业院校作用。大力支持农业院校发展，强化政策和资金保障，突出重点、找准定位，谋划好专业学科建设，为乡村振兴提供更有效智力支持。二是健全适合乡村特点的人才培养引进机制。实施高素质农民培训工程，建立健全新型职业农民教育培训体系，下功夫做好农民教育培训和农业技术推广，深入实施"粤菜师傅""广东技工""南粤家政"工程羊城行动，持续培育"乡村工匠"，促进农村劳动力技能提升和增收致富。三是完善人才服务乡村激励机制。深化实施激励农业科技人员创新创业改革工作，实行种业专家"揭榜挂帅"制度，加快种业等高端人才引进培

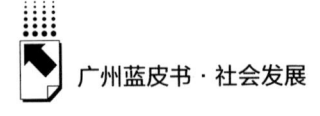

养，完善返乡农民工创业支持政策，持续选派优秀干部、青年人才到乡村振兴一线建功立业。

（五）强化投入保障，建立健全多元化可持续投融资机制

一是完善财政投入持续增长机制。加大涉农资金投入与整合力度，稳步提高土地出让收入用于农业农村比例，创新财政资金投入方式，不断提高贴息贷款、小额贷款、信用担保等投入方式比重，充分发挥公共财政杠杆作用。二是大力解决农业企业融资难、融资贵问题。引导商业性金融机构增加对农业农村信贷投放规模，推动普惠贷款风险补偿机制落地实施，推进农业保险"扩面、赠品、提标"，积极发展新型农村金融组织（机构），鼓励基层依法依规开展农村合作金融探索。三是引导更多社会资本投入。深化"千企兴千村"行动，支持更多企业到乡村投资兴业、扩大生产。支持更多符合条件的企业设立乡村振兴基金，同时严格规范社会资本下乡，完善准入和监管制度，坚决防止城市居民到农村购买宅基地建别墅等行为。

参考文献

中共中央党史和文献研究院：《习近平关于"三农"工作论述摘编》，中央文献出版社，2019。

刘彦随：《中国新时代城乡融合与乡村振兴》，《地理学报》2018年第4期。

陈锡文：《实施乡村振兴战略，推进农业农村现代化》，《中国农业大学学报》（社会科学版）2018年第1期。

贺雪峰：《关于实施乡村振兴战略的几个问题》，《南京农业大学学报》（社会科学版）2018年第3期。

熊小林：《聚焦乡村振兴战略　探究农业农村现代化方略——"乡村振兴战略研讨会"会议综述》，《中国农村经济》2018年第1期。

Abstract

"Prospect and Analysis on Social Development of Guangzhou in China (2022)" is jointly edited by Guangzhou University, the Guangdong Provincial Regional Development Blue Book Research Association, the Publicity Department of the Guangzhou Municipal Party Committee, the Guangzhou Municipal Human Resources and Social Security Bureau, the Guangzhou Municipal Civil Affairs Bureau, and the Guangzhou Municipal Social Organization Administration. The blue book is composed of seven parts: General Report, Social Governance, People's Livelihood Guarantee, Urban Service, Social Investigation, Legal Construction, and Special Research. This book brings together the latest research results of many social issue experts, scholars and workers from relevant departments in Guangzhou scientific research teams, institutions and government departments, making it an important reference material for analysis and forecasting of Guangzhou's social operation and related topics.

In 2021, Guangzhou continued to promote the work of city with the general tone of stable economic growth and supported the construction of an inclusive social public welfare system while striving to progress in the normalization of the Covid-19 epidemic. Guangzhou has completed ten practical matters related to people's livelihood on time and with high quality in the fields of transportation, medical security, basic education, labor and employment, strengthened the construction of a service-oriented government, and continuously stimulated the social management mechanism and innovation vitality. In additions, Guangzhou has deepened the reforms to streamline the government, delegate power, and improve government services and continued to maintain a good momentum of steady development in several important areas of social governance and people's livelihood construction, such as promoting the construction of smart cities and improving the development of medical education.

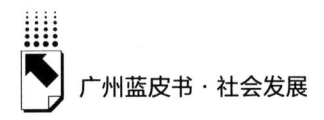

2022, the year of the 20th National Congress of the Communist Party of China, is an important year for carrying out the "14th Five-Year Plan", entering a comprehensive construction of a modern socialist country, and starting a new journey towards the second centenary goal. The general requirements for the work of the Guangzhou Municipal Government are still to adhere to the general principle of making stable progress, fully implement the new development concept, build new development patterns, coordinate the management of the Covid-19 epidemic prevention and control as well as economic and social development of urban and rural districts, and coordinate the development of people's livelihood and economic and social security. Furthermore, Guangzhou needs to continue to promote the construction and reform of the medical and health system, improve the supply capacity of public degrees in basic education, scientifically and balance the allocation of high-quality basic public livelihood resources such as social education, medical care, and health care, promote the coordinated and balanced development of urban and rural areas, and the construction of new smart cities, while building a resilient and safe city concept, and playing well in the overall development and security prevention tasks of regional urban construction.

Keywords: Social Development; Public Service; People's Livelihood Security; Guangzhou

Contents

I General Report

B.1 Analysis of Guangzhou's Social Situation in 2021 and
Outlook for 2022
Research Group of Guangzhou Development Research Institute,
Guangzhou University / 001

Abstract: In 2021, Guangzhou continued to promote the work of city with the general tone of stable economic growth and focused on ensuring and improving grassroots people's livelihood while striving to progress in the normalization of the Covid-19 epidemic. Guangzhou completed ten practical matters related to people's livelihood on time and with high quality, vigorously promoted the reform and construction of the grass-roots social security system, strengthened the construction of a service-oriented government, continuously stimulated the social management mechanism and innovation vitality and continued to deepen the reform of "streamline the government, delegate power, and improve government services". Throughout the year, Guangzhou continued to maintain a good momentum of steady development in several important areas of social governance and people's livelihood construction, such as the promotion of smart city construction and the improvement of medical education. Looking forward to 2022, the trend of social construction and development in Guangzhou will be to coordinate the prevention and control of epidemics, disaster reduction and disaster reduction and the economic and social development of Guangzhou, strengthen basic livelihood security, scientifically balance the allocation of high-quality basic public livelihoods resources such as social education, medical care, and healthy elderly care, promote the coordinated and balanced development of urban and rural areas, and play well in the overall development of regional urban construction and security.

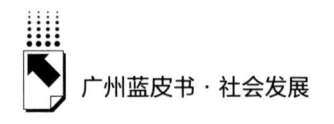

Keywords: Economic Development; Construction of People's well Beings; Social Governance; Overall Development and Security

Ⅱ Social Governance

B.2 Research on Countermeasures for Adhering to the Full Cycle Concept to Improve the Modernization Level of the Guangzhou's Megacity Governance System and Governance Capacity

Research Group of the Policy Research Office of the Guangzhou Municipal Party Committee / 034

Abstract: This report introduces the practical exploration and work results of Guangzhou's promotion of full-cycle management and exploration of megacity governance. Guangzhou deepens the full-cycle management, improves the modernization level of the megacity governance system and governance capacity, and explores the construction of a full-process, all-factor, full-scenario, all-round, and multi-subject megacity governance system, and applies the full-cycle management concept throughout urban planning, construction, management and production, life, and ecology, to create a beautiful home with harmony among people themselves and people with nature, and to accelerate the realization of the old city's new vitality and the "four new and brilliant".

Keywords: Full-cycle Concept; Megacities; Governance Modernization

Contents

B.3 Countermeasure Research on the Modernization Construction of Guangzhou Grassroots Governance System and Governance Capability from the Perspective of Urban Renewal

Research Group of Guangzhou Innovation Community Governance and Development Research Institute / 045

Abstract: *The Opinions of the Central Committee of the Communist Party of China and the State Council on Strengthening the Modernization of the Grassroots Governance System and Governance Capacity* pointed out that grassroots governance is the cornerstone of national governance, and the overall promotion of rural districts and their governance are the keys to realizing the modernization of the national governance system and capacity. In order to thoroughly implement the spirit of the 19th National Congress of the Communist Party of China and the Second, Third, Fourth, and Fifth Plenary Sessions of the Nineteenth Central Committee, and to respond to the innovative development requirements of the Party Central Committee, the State Council, the Provincial Party Committee and the Provincial Government for Guangzhou, this report, under the context of urban renewal focuses on the current situation of grassroots governance system and governance capacity, identifies grassroots governance problems, and puts forward corresponding solutions and policy suggestions, providing a "Guangzhou model" for strengthening the modernization of grassroots governance system and governance capacity.

Keywords: Urban Renewal; Grassroots Governance System; Grassroots Governance Capability

B.4 Research on Building the 3.0 Version of the Guangzhou Social Security Prevention and Control System

Research Group of Guangzhou Municipal Public Security Bureau / 056

Abstract: The Guangzhou Municipal Public Security Bureau have thoroughly implemented the spirit of General Secretary Xi Jinping's important instructions on innovating and improving the construction of the social security prevention and control system, and the requirements from *Opinions on Strengthening the Construction of the Social Security Prevention and Control System* of the General Office of the Central Committee of the Communist Party of China and the General Office of the State Council. In additions, the Bureau also proactively adapts to the development of the times and the needs of reality, guided by smart new police affairs and supported by grass-roots infrastructure, actively explores the upgrade and optimization path of the social security prevention and control system under the conditions of informatization and big data, and makes great efforts in criminal prevention, reduction and administration. The number of police and criminal cases reported has consecutively decreases for five years on year-on-year comparison, and the types of crimes such as double robberies and burglary that affect the public's sense of security have hit a record low that in 2021, there are 251 days with zero "double robberies" reported. People's sense of security has remained at more than 95%, social security continues to improve, and the construction of high-quality and high-level safe Guangzhou has achieved remarkable results.

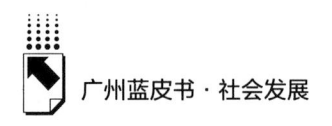

Keywords: Social Security; Prevention and Control System; Intelligent Police Service

B.5 Practical Exploration and Suggestion of Innovative Grid Volunteer Service in Nansha District of Guangzhou

Research Group of Guangzhou Development Research Institute,

Guangzhou University / 068

Abstract: Nansha District makes full usage of the unique advantages of Guangzhou as "City of Volunteers", and innovates to build a new grid management model that is "led and built by the Communist Party with multi governance that focuses on safety, and deepens services". It is a concrete manifestation of the implementation of General Secretary Xi Jinping's important instructions that "Everything is for the people, and everything depends on the people". It is recommended to further expand the scope of the pilot project from point to surface on the basis of the previous stage, to test the existing practices, experiences and models of grid volunteer service projects, and to continuously expand grid voluntary service projects with "themes, positions, and personnel" as the starting point. The depth of volunteer service has truly formed the "Nansha Experience" of grid volunteer service that can be replicated and promoted across the city, the province, and even across the country.

Keywords: Grid Management; Volunteer Service; Social Governance; Guangzhou Nansha

B.6 Analysis and Suggestions on the Current Situation of Electric Bicycle Governance in Guangzhou *Liang Xingzhi* / 077

Abstract: Electric bicycles have become an important means of transportation for most citizens and related operating companies due to their flexibility, lightness, moderate price, and the rapid development of the Internet economy such as express delivery and takeaway. It has played an important role in energy saving and emission reduction and last mile service. However, with the continuous growth of the number of electric bicycles, the unclear management basis and the lack of traffic safety awareness of drivers, more and more traffic safety problems have been caused such as over speeding, running red lights, going the wrong way, not driving in the prescribed lane, not wearing a helmet, and etc. The high incidence of illegal acts has led to chaos in road traffic. This report analyzes the current situation, problems and causes by reviewing the important decisions of Guangzhou transportation, and puts forward countermeasures and suggestions for realizing the modernization of electric vehicles.

Keywords: Electric Bicycle; Traffic Safety Management; Guangzhou Transportation Policy

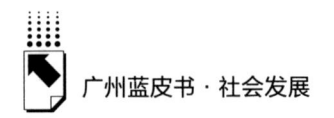

III People's Livelihood Guarantee

B.7 Survey Report on Guangzhou Fertility Willingness in 2021

Research Group of Guangdong Sociological Society / 086

Abstract: In 2021, the research team conducted a fertility willingness survey in Guangzhou. The results show that more than 80% of the respondents are willing to have children, but the proportion who are willing to have three or more children is relatively low; the fertility willingness of women of childbearing age decreases as ages increase; people who choose to be infertile are mostly highly educated; multi-generational living in the same family is conducive to increasing the number of births; the concept of "prioritizing boys over girls" has weakened; heavy economic burden, inability to allocate time and energy, and high work pressure are the three major obstacles to fertility. By comprehensively analyzing the characteristics of the survey respondents' fertility willingness, concept of marriage and childbirth, and demand for fertility support policies, the research team proposed following measures to boost Guangzhou's fertility willingness: build a world-class business environment, continue to attract talents; reduce the comprehensive cost of parenting, improve Support policies for childbearing; build a new type of marriage and childbearing culture to boost families' willingness to bear children; protect women's rights and health and increase their willingness to bear children; increase public resource support for childbearing and strengthen childbearing services.

Keywords: Fertility Willingness; Concept of Marriage and Childbirth; Fertility Support Policy; Guangzhou

Contents

B.8 Research on the Status, Dilemma and Countermeasures
of the Transformation and Upgrading of Guangzhou's
Living Service Industry　　　　　　　　　　*Pan Xu* / 103

Abstract: The transformation and upgrading of the life service industry is an important path to improve the development level and quality of the life service industry and effective means to meet the practical needs of the people's consumption upgrade. It is also important for aspects including promoting consumption development, driving industry innovation, and increasing social employment. This report conducted a survey on 120 life service enterprises in Guangzhou. The results of the survey show that the transformation and upgrading of Guangzhou's life service industry has achieved initial success, but the impact of the epidemic on the operation of enterprises has not subsided, and many enterprises in transforming and upgrading stages are still facing difficulties in aspects of market environment, lack of funds and lack of talents.

Keywords: Life Service Industry; Covid‒19 Epidemic; Enterprise Transformation and Upgrading

B.9 Suggestions for the Full Coverage of AEDs in Public Places
in Guangzhou
　　　　Research Group of Guangzhou Development Research Institute,
　　　　　　　　　　　　　　　　　　　Guangzhou University / 114

Abstract: Sudden death events caused by cardiac arrest mostly occur in public places outside hospitals. For every 1‒minute delay in the rescue time, the survival rate will decrease by 7% to 10%. Early rescue measures including automatic external defibrillator (AED) are very important to improve the survival rate of patients. The frequent occurrence of sudden death cases caused by out-of-hospital cardiac arrest in Guangzhou in recent years has drawn people's attention to AED.

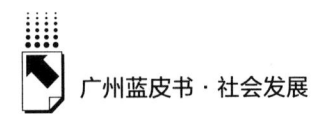

According to the survey, there are various problems in the usage of AEDs in public places in Guangzhou, including lack of quantity, low allocation density and uneven distribution among different regions. Combining with the actual needs of Guangzhou, this report puts forward countermeasures and suggestions from the aspects of configuring AED range, quantity, density, form, management, and publicity and popularization of first aid knowledge.

Keywords: Automated External Defibrillator; Public Places; Full Coverage

B.10 Survey Report on Public Evaluation of the Current Situation and Demand of Elderly Care Services in Guangzhou

Research Group of Guangzhou Social Conditions and Public Opinion Research Center / 125

Abstract: With the increase in the number of elderly people in China and the further deepening of the degree of social aging, the contradiction between supply and demand of elderly care services has become increasingly prominent, and the elderly and their children have also generated new needs and expectations for elderly care services. This report investigates the status of elderly care services in Guangzhou, the needs of elderly care, and the family relationship between the elderly and their children, and focuses on the analysis of groups differ in ages, income levels, and health conditions.

Keywords: Elderly Care Service Evaluation; Elderly Care Needs; Community Service; Family Relationship

Contents

B.11 The Status and Suggestions of Guangzhou's Promotion of Transition Between Kindergartens and Primary Schools

Research Group of Guangzhou Investigation Team of National Bureau of Statistics / 145

Abstract: The transition from kindergartens to primary schools is an important identity change in children's growth. In order to perform a success transition, one would have to follow the laws of children's physical and mental development and learn their characteristics. Trying to understand the progress and difficulties in the transitions in Guangzhou, the Guangzhou Survey Team of the National Bureau of Statistics conducted relevant investigations on relevant departments in Guangzhou as well as schools, teachers, and parents. The investigation results indicate that there have been great achievements in the promotion of the transitions through years of hard work. However, there are still problems to be solved, such as parental education anxiety, content disconnection regarding educational materials from kindergartens and elementary schools, and poor communication between children and schools.

Keywords: Transition Between Kindergartens and Primary Schools; Education Anxiety; Children's Physical and Mental Health

B.12 Suggestions for Guangzhou to Establish a Hierarchical Diagnosis and Treatment Model of "Co-management of Hospitals and Pharmacies"

Guangzhou Democracy Municipal Committee Research Group / 154

Abstract: Since the implementation of the hierarchical diagnosis and treatment system, the construction of primary medical and health institutions has continued to be promoted, and the urban 15-minute and rural 30-minute medical and health service circles in Guangzhou have been formed, laying the foundation for people with chronic diseases to seek medical treatment at walking distance. Regarding the situation that large hospitals are always overcrowded with insufficient medical care capacity for severe patients while community medical service centers are often empty, and that people with chronic diseases still face difficulties in seeking medical treatment in time, this paper summarizes co-management experience of hospitals and pharmacies of the First Affiliated Hospital of Guangzhou Medical University and puts forward following suggestions. Taking chronic diseases as the entry point, through the establishment of a hierarchical diagnosis and treatment model that combines upper and lower linkages, co-management of hospitals and pharmacies, and a combination of prevention, treatment and management, one can systematically optimize the allocation of medical resources, enhance the sense of gain of the people, and solve the urgency and worries of people with chronic diseases.

Keywords: Chronic Disease; Hierarchical Diagnosis and Treatment; Co-management of Hospitals and Pharmacies

Ⅳ Urban Services

B.13 Research on the Path for Guangzhou to Build the Smallest Emergency Response Unit in Megacity

Guangzhou Public Security Bureau Research Group / 165

Abstract: Since 2021, Guangzhou has strengthened and innovated grass-roots social governance, pioneered the construction of the minimum emergency response unit for social security prevention and control, and strived to build a platform with "strict enforcement of orders and bans", leading a social governance pattern with grass-roots co-construction, co-governance and sharing. The early prevention and handling of personal extremes, violence-related terrorism and other emergencies have achieved remarkable results, effectively improving the ability to prevent and resolve major risks and control the social security situation. Abstract: This report summarizes the background significance and exploration practice of the construction of Guangzhou's innovative minimum emergency unit, extracts and condenses its enlightenment thinking, and provides suggestions for strengthening and innovating grass-roots social governance in mega-cities.

Keywords: Minimum Emergency Response Unit; Grassroots Governance; Public Security Prevention and Control

B.14 Experiences and Countermeasures of Promoting Regional High-quality Development Through Urban Renewal in Liwan District of Guangzhou *Xie Xiaona* / 176

Abstract: With the adjustment of the speed and mode of urban development in China, urban development has begun to shift from large-scale construction to the stock utilization and starts to promote urban development through renovation. The Liwan District of Guangzhou City has been committed to the renovation and transformation of the old city in recent years, promoting the old city to rejuvenate with new vitality, and has explored two different transformation modes with areas of Yong Qing Fang and Pantang five street as representations respectively. The two models differ in means and subjects but have both been successful. This report takes these two models as examples, summarizes ideas and experiences, and seeks to explore ways to promote high-quality regional development through urban renewal.

Keywords: Urban Renewal; High-Quality Development; Liwan District of Guangzhou

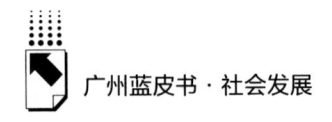

B.15 Research and Suggestions on the Construction of Slow
　　 Urban Transportation System to Smooth Traffic
　　 Microcirculation in Guangzhou　　　　　　*Wang Lina* / 185

Abstract: In 2021, the Guangzhou Municipal Bureau of Statistics conducted a survey on 2,257 residents (1,592 of them were employed) in the 11 districts of Guangzhou through the Ten Thousand Household Residents Survey Network. The survey has found out following facts: subway/bus + motor vehicle is the main travel mode of the traffic microcirculation around the residential area; the average one-way traffic time of working citizens in Guangzhou is 32.1 minutes with 33.5% of them spend less than 15 minutes; the proportion of people with 15 - minute traffic time in the central urban area is lower than that in the peripheral urban areas; 40.3% of the citizens believed that the roads around the residential area were "severely congested"; only less than 50% of the citizens are satisfied with the slow urban transportation system around the residential area and believe that the hardware facilities of the slow urban transportation system have been improved in recent years; the imperfect infrastructure of the slow urban transportation system and the conflicts of the traffic rights are the main difficulties faced by citizens who choose to use slow urban transportations. 80% of citizens are eager for greater management of non-motorized vehicles; 70% of citizens believe that improving the intelligent level of slow urban transportation system management can improve the efficiency of short-distance travel.

Keywords: Traffic Microcirculation; Slow Urban Transportation Systems; Intelligence; Guangzhou

B.16 Countermeasure Research on intelligent prevention and
　　 control of transportation safety in Guangzhou　　*Zhang Zi* / 198

Abstract: Guangzhou, as a megacity with a population of more than 20

million, carries strong responsibility on transportation safety management. In order to fulfill the practical needs of urban transportation safety prevention and control, Guangzhou should use scientific and technological means to carry out intelligent prevention and control application practice and establish an active urban transportation safety prevention and control technology system that includes "normalize avoidance, short-term early warning, and emergency response". This system can put forward intelligent prevention and control countermeasures in response to development trend and demand and promote the significant improvement of the active safety prevention and control level of urban transportation in Guangzhou.

Keywords: Transportation; Intelligent Prevention and Control; Guangzhou

V Social Investigation

B.17 Analysis and Countermeasures Research on Integration Level of Migrant Workers in Guangzhou During the "13th Five-Year Plan" Period   *Chu Shanshan* / 210

Abstract: During the "Thirteenth Five-Year Plan" period, the wages of migrant workers in Guangzhou as well as their integration in economic, social, psychological, political and other aspects has been continuously improved. However, subjective factors such as low education level and skill level, and objective factors such as high housing prices, low income, difficulty in entering household registration, and shortage of educational resources limit the further integration of migrant workers. It is suggested to promote the better integration of migrant workers by optimizing employment services, increasing skills training, accelerating the construction of guaranteed housing, promoting the expansion and quality of education, promoting the equalization of basic public services, improve employment environment and living conditions and secure educations of their children.

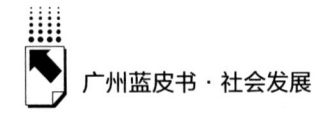

Keywords: Migrant Workers in Guangzhou; Economic Integration; Social Integration; Psychological Integration; Political Integration

B.18 Investigation Report on the Well-being of Guangzhou Residents in 2021

Guangzhou Happiness Psychological Service and Counseling Research Group of South China Normal University / 224

Abstract: Based on the local market conditions in Guangzhou, this report uses the group compiled questionnaire index system with a combination of stratified sampling and simple random sampling to conduct an online survey on 2,000 Guangzhou residents and compares the results with sample data in 2018 and 2019. The result indicates the followings: (1) Guangzhou residents are highly satisfied in the dimensions of spiritual life, social environment and government services, and not so satisfied in terms of ecological environment and social equity; (2) 7 metrics of Guangzhou residents' well-beings are affected by gender, living time in Guangzhou, marital status, education level, place of residence, monthly income and occupation type; (3) At present, the relative sense of deprivation of residents is still relatively common, and there are differences among different social groups (4) The quality of life, personal development and social environment are the most important factors affecting the improvement of residents' well-being, while the quality of life, social environment and social equity are the factors that residents hope the most to improve; (5) The annual data comparison shows that the overall well-being and the scores of the seven sub-dimensions remained at a high level from 2018 to 2021.

Keywords: Guangzhou Residents; Well-being; Annual Comparison

B.19 Research on the Characteristics, Shortcomings and
Optimization Paths of Guangzhou Youth Volunteering
Service Participation *Sun Hui, Wu Changlin* / 248

Abstract: The study found out that Guangzhou youth volunteer service participation has the characteristics that the mobilization is administrative, the education and training are specialized, the security system is standardized, the incentive mechanism is systematic, the service objects are diversified, the service contents are routine, and the service time is fragmented. At the same time, there are pain points and difficulties such as fragmented participation time, which leads to difficulty in personnel organization, administrative mobilization methods that affect activity awareness and social recognition, lack of normalized resource guarantees, and poor matching between effective supply and demand of services. In response to the previous problems, this report puts forward targeted countermeasures and suggestions.

Keywords: Volunteer Service; Volunteer Culture; Fragmentation

B.20 Analysis and Research on the Characteristics of Youth
Group Internet Celebrity in the Guangdong-Hong Kong-
Macao Greater Bay Area *Xie Sujun* / 268

Abstract: The Guangdong-Hong Kong-Macao Greater Bay Area is an important window for China to face the world. Due to its active economic form and diverse youth cultural environment, the internet celebrity youth group has developed rapidly with the images of "single", "migrant", "frequently changed", "highly educated" and "newly employed". Such phenomenon can easily lead to problems such as deformed money concept, unhealthy idealism, sub-health and political inaction. It is suggested to improve the system, strengthen the supervision of the online live streaming industry, empower the law, protect the rights and obligations of the Internet celebrity youth, intervene in multiple ways, promote the social participation of the Internet celebrity youth, public welfare support, and ensure the physical and mental health of the Internet celebrity youth.

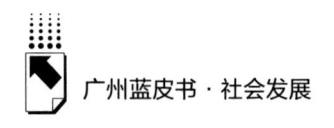

Keywords: Guangdong-Hong Kong-Macao Greater Bay Area; Internet Celebrity Youth; Live Streaming; Idea Leadership

Ⅵ Special Research

B.21 Investigation Report on Legal Actions to Achieve Carbon Neutrality in Guangzhou in 2021 *Xie Wei / 281*

Abstract: In order to meet the needs of achieving the carbon neutralization goal of peak carbon, Guangzhou City has adopted a series of legal actions in 2021. In the revision of the *Guangzhou Ecological Environmental Protection Regulations* and the newly formulated local regulations, rules and normative documents, the strategic requirements and specific measures to achieve the dual carbon goal are incorporated. Carbon emissions trading has been continuously expanded and deepened to serve the construction of a unified carbon market in the Guangdong-Hong Kong-Macao Greater Bay Area that green and low-carbon finance continues to innovate, green building regulations have been fully implemented, the construction of a low-carbon and green travel transportation system has been accelerated, and the construction of forest carbon sinks has been strengthened.

Keywords: Guangzhou; Civilized Ecological Construction; Carbon Emission Peak and Carbon Neutrality; Legal Action

B.22 Suggestions on Promoting the Construction of Natural Education Bases in Guangzhou to Evoke Citizens' Awareness of Ecological Civilization *Du Hong / 297*

Abstract: Guangzhou has been making full effort to improve the level of urban ecological management and continue to build a garden city. However, while paying attention to the explicit green ecological effect, natural education products with recessive effect should also be developed. Considering the existing ecological and environmental resources of Guangzhou, this report puts forward suggestions on various aspects including government's leading role, social support, citizen participation and the deep integration of "industry-university-research". It is recommended to strengthen the construction of natural education bases to provide citizens with opportunities to receive outdoor natural education, and cultivate the awareness of ecological civilization.

Keywords: Ecological Civilization; Double Reduction; Natural Education; Carbon Emission Peak; Carbon Neutrality

B.23 Suggestions for Guangzhou to Implement the "Applicant Commitment System" in the Food Business *Yang Shuqin* / 307

Abstract: The implementation of the "applicant commitment system" in the food business is an inherent requirement for Guangzhou to deepen the reform of the approval system and optimize the business environment in order to further simplify and optimize the application process for food business license and improve the approval efficiency. At present, there are three major problems in the application process for food business license in Guangzhou: First, the procedures for obtaining licenses are too tedious; second, the supervision method is rough during and after the event; third, the driving force for innovation and supervision reform is still insufficient. Learning from the experience of implementing the "applicant commitment system" in the food business process in Shenzhen, Chengdu and Shunde, this paper proposes: 1. ease on the access and implement the "applicant commitment system" based on market demand; 2. reduce data barriers to improve the convenience of certificate issuance; 3. Starting from reforms, innovate pre-post supervision.

Keywords: Business Environment; Applicant Commitment System; Advice

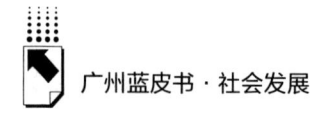

B.24 Suggestions and Countermeasures Regrading Problems that Guangzhou Faces in Accelerating the Modernization of Agriculture and Rural Areas

Peng Zhen, Zuo Xiangyu and Wang Yang / 316

Abstract: The implementation of the rural revitalization strategy is the significant starting point for the work of "agriculture, rural areas, and farmers" in the new era. This report summarizes the main practices and results of Guangzhou's implementation of the rural revitalization strategy in recent years from five aspects, and analyzes the problems existing in rural industrial development, urban and rural regional development, rural resource factors, rural talents, and rural revitalization capital investment. The paper put forward five targeted countermeasures and suggestions: 1. strengthen overall planning and coordination as well as the party's leadership over the work of "agriculture, rural areas, and farmers"; 2. strengthen large-scale operation and cultivate agricultural business entities with national competitiveness; 3. strengthen carrier construction and create the "Guangzhou sample" of urban-rural integration development; 4. strengthen talent training and accelerate the realization of rural talent revitalization; 5. strengthen investment guarantees and establish a diversified and sustainable investment and financing mechanism.

Keywords: Rural Revitalization; Agricultural and Rural Modernization; Guangzhou

权威报告·连续出版·独家资源

皮书数据库
ANNUAL REPORT(YEARBOOK) DATABASE

分析解读当下中国发展变迁的高端智库平台

所获荣誉

- 2020年，入选全国新闻出版深度融合发展创新案例
- 2019年，入选国家新闻出版署数字出版精品遴选推荐计划
- 2016年，入选"十三五"国家重点电子出版物出版规划骨干工程
- 2013年，荣获"中国出版政府奖·网络出版物奖"提名奖
- 连续多年荣获中国数字出版博览会"数字出版·优秀品牌"奖

皮书数据库　"社科数托邦"微信公众号

成为会员

登录网址www.pishu.com.cn访问皮书数据库网站或下载皮书数据库APP，通过手机号码验证或邮箱验证即可成为皮书数据库会员。

会员福利

- 已注册用户购书后可免费获赠100元皮书数据库充值卡。刮开充值卡涂层获取充值密码，登录并进入"会员中心"—"在线充值"—"充值卡充值"，充值成功即可购买和查看数据库内容。
- 会员福利最终解释权归社会科学文献出版社所有。

数据库服务热线：400-008-6695
数据库服务QQ：2475522410
数据库服务邮箱：database@ssap.cn
图书销售热线：010-59367070/7028
图书服务QQ：1265056568
图书服务邮箱：duzhe@ssap.cn

社会科学文献出版社　皮书系列
SOCIAL SCIENCES ACADEMIC PRESS (CHINA)
卡号：338856529328
密码：

基本子库
SUB DATABASE

中国社会发展数据库（下设 12 个专题子库）

紧扣人口、政治、外交、法律、教育、医疗卫生、资源环境等 12 个社会发展领域的前沿和热点，全面整合专业著作、智库报告、学术资讯、调研数据等类型资源，帮助用户追踪中国社会发展动态、研究社会发展战略与政策、了解社会热点问题、分析社会发展趋势。

中国经济发展数据库（下设 12 专题子库）

内容涵盖宏观经济、产业经济、工业经济、农业经济、财政金融、房地产经济、城市经济、商业贸易等 12 个重点经济领域，为把握经济运行态势、洞察经济发展规律、研判经济发展趋势、进行经济调控决策提供参考和依据。

中国行业发展数据库（下设 17 个专题子库）

以中国国民经济行业分类为依据，覆盖金融业、旅游业、交通运输业、能源矿产业、制造业等 100 多个行业，跟踪分析国民经济相关行业市场运行状况和政策导向，汇集行业发展前沿资讯，为投资、从业及各种经济决策提供理论支撑和实践指导。

中国区域发展数据库（下设 4 个专题子库）

对中国特定区域内的经济、社会、文化等领域现状与发展情况进行深度分析和预测，涉及省级行政区、城市群、城市、农村等不同维度，研究层级至县及县以下行政区，为学者研究地方经济社会宏观态势、经验模式、发展案例提供支撑，为地方政府决策提供参考。

中国文化传媒数据库（下设 18 个专题子库）

内容覆盖文化产业、新闻传播、电影娱乐、文学艺术、群众文化、图书情报等 18 个重点研究领域，聚焦文化传媒领域发展前沿、热点话题、行业实践，服务用户的教学科研、文化投资、企业规划等需要。

世界经济与国际关系数据库（下设 6 个专题子库）

整合世界经济、国际政治、世界文化与科技、全球性问题、国际组织与国际法、区域研究 6 大领域研究成果，对世界经济形势、国际形势进行连续性深度分析，对年度热点问题进行专题解读，为研判全球发展趋势提供事实和数据支持。

法律声明

"皮书系列"(含蓝皮书、绿皮书、黄皮书)之品牌由社会科学文献出版社最早使用并持续至今,现已被中国图书行业所熟知。"皮书系列"的相关商标已在国家商标管理部门商标局注册,包括但不限于LOGO( )、皮书、Pishu、经济蓝皮书、社会蓝皮书等。"皮书系列"图书的注册商标专用权及封面设计、版式设计的著作权均为社会科学文献出版社所有。未经社会科学文献出版社书面授权许可,任何使用与"皮书系列"图书注册商标、封面设计、版式设计相同或者近似的文字、图形或其组合的行为均系侵权行为。

经作者授权,本书的专有出版权及信息网络传播权等为社会科学文献出版社享有。未经社会科学文献出版社书面授权许可,任何就本书内容的复制、发行或以数字形式进行网络传播的行为均系侵权行为。

社会科学文献出版社将通过法律途径追究上述侵权行为的法律责任,维护自身合法权益。

欢迎社会各界人士对侵犯社会科学文献出版社上述权利的侵权行为进行举报。电话:010-59367121,电子邮箱:fawubu@ssap.cn。

社会科学文献出版社